21 世纪全国高等院校市场营销类规划教材

商 务 谈 判

主　编　王绍军　刘增田

副主编　周　堃　平　怡

　　　　陈　琳　刘召成

内容简介

本书以培养学生的应用性技能为主要指导思想，系统地介绍了商务谈判的内容及一般程序，同时结合大量实例进行谈判战术及策略的研究，简明扼要地阐述了商务谈判的基本原理和原则，使学生易于掌握商务谈判所需的基本技巧。全书共分十章，在进行商务谈判概述后，分别从商务谈判的准备、策略、僵局处理、签约、语言技巧、沟通与协调、心理、礼仪等方面对商务谈判进行论述，最后简介了国际商务谈判。

本书理论阐述前沿，内容全面，语言平实，案例丰富，可读性、实用性强，适用于市场营销、国际贸易、工商管理及其他经济管理类专业学生使用，同时也可做为商务人员的参考用书。

图书在版编目(CIP)数据

商务谈判 / 王绍军，刘增田主编. —北京：北京大学出版社，2009.7
（21 世纪全国高等院校市场营销类规划教材）
ISBN 978-7-301-15293-5

Ⅰ．商… Ⅱ．①王…②刘… Ⅲ．贸易谈判 – 高等学校 – 教材 Ⅳ．F 715.4

中国版本图书馆 CIP 数据核字（2009）第 091375 号

书　　名	商务谈判
著作责任者	王绍军　刘增田　主编
责任编辑	桂　春
标准书号	ISBN 978-7-301-15293-5/F·2206
出版发行	北京大学出版社
地　　址	北京市海淀区成府路 205 号　100871
网　　址	http://www.pup.cn　新浪微博：@北京大学出版社
电子信箱	zyjy@pup.cn
电　　话	邮购部 62752015　发行部 62750672　编辑部 62756923
印刷者	三河市博文印刷有限公司
经销者	新华书店
	787 毫米 ×980 毫米　16 开本　18 印张　353 千字
	2009 年 7 月第 1 版　2017 年 1 月第 6 次印刷
定　　价	38.00 元

未经许可，不得以任何方式复制或抄袭本书之部分或全部内容。
版权所有，侵权必究
举报电话：010-62752024　电子信箱：fd@pup.pku.edu.cn
图书如有印装质量问题，请与出版部联系，电话：010-62756370

前　　言

　　自有人类社会以来，谈判就存在于人类活动的各个方面。而随着社会经济的发展和进步，商务活动日益频繁，商务谈判逐渐成为经济生活中不可缺少的活动，用以解决就利益分配而产生的相互沟通问题。商务谈判是一门复杂的、需要综合运用多种技能与技巧的艺术。尤其在现代社会经济生活中，商务谈判所涉及的知识领域更为广阔，是融汇了市场营销、国际贸易、金融、法律、科技、文学艺术、心理和演讲等多种学科为一体的综合性学科。要想在生活和工作实践中，特别是在商务活动中取得满意的谈判结果，就必须掌握商务谈判的基本规律，并结合实际加以运用。只有了解、学习并掌握了商务谈判的基本规律，才能以胜利者的姿态面对纷繁复杂的商务交往而游刃有余。为了满足高等院校教育发展的需要，在认真总结多年教学实践的基础上，我们组织编写了本书。

　　本书以培养学生的应用性技能为主要指导思想，系统地介绍了商务谈判的内容及一般程序，同时结合大量实例进行谈判战术及策略的研究，简明扼要地阐述了商务谈判的基本原理和原则，使学生易于掌握商务谈判所需的基本技巧。在结构安排上，本书按内容提示、正文、思考题和阅读材料为顺序，循序渐进，由浅入深；在内容选择上，本书注重理论与实践的结合，启发和引导学生思考，努力做到理论上的前沿性和实践上的应用性，着力培养学生分析和解决问题的能力，以期取得更好的教学效果。本书适用于市场营销、国际贸易、工商管理及其他经济管理类专业学生使用，同时也可作为商务人员的参考用书。

　　本书内容共十章。第一章主要介绍了商务谈判的内涵、概念、基本原则、类型及程序等；第二章主要介绍商务谈判前期准备工作；第三章主要介绍商务谈判不同阶段所采用的一些基本策略和方法，包括报价和讨价还价的策略，让步的原则、方式和方法，成交的促成策略等；第四章主要介绍商务谈判中僵局产生的原因，避免僵局的原则，以及打破僵局的有关策略等；第五章主要介绍成交的促成、合同的签订及履行；第六章主要介绍商务谈判语言表达的技巧、陈述与倾听技巧、"听"与"辩"的技巧以及商务谈判中的行为语言等；第七章主要介绍沟通艺术和文字技巧；第八章主要介绍商务谈判心理所涉及的基本问题，个性与谈判，谈判心理禁忌等内容；第九章主要介绍在商务场合中应遵守的礼仪、礼节规范；第十章主要介绍国际商务谈判的特征与要求以及各国商务谈判的风格。

　　本书由济南铁道职业技术学院王绍军、山东经贸职业学院刘增田担任主编，辽宁经济职业技术学院周堃、长江职业学院平怡、济南大学陈琳、济南铁道职业技术学院刘召成担任副主编。具体编写的情况如下：王绍军（第一、八章）、刘增田（第二、三章）、刘召成（第四章）、平怡（第五、十章）、陈琳（第六章）、周堃（第七、九章）。

由于作者水平所限，对商务谈判的研究和探讨也还处于较浅的层次上，书中不妥之处在所难免，敬请读者批评指正。

编　者
2009 年 6 月

目 录

第一章 商务谈判概述 1
第一节 谈判的内涵 1
一、谈判的含义 1
二、谈判的动因 2
三、谈判的要素 3
第二节 商务谈判的概念 5
一、商务谈判的含义 5
二、商务谈判的特性 6
第三节 商务谈判的原则 6
一、平等原则 7
二、互利原则 7
三、合法原则 8
四、信用原则 8
五、协商原则 8
六、事人有别原则 9
第四节 商务谈判的类型 9
一、按谈判人数分类 9
二、按谈判方向分类 11
三、按谈判内容分类 12
四、按谈判地点分类 14
第五节 商务谈判的程序 15
一、准备阶段 16
二、谈判阶段 17
第六节 商务谈判的成败标准 19

第二章 商务谈判准备 22
第一节 信息准备 22
一、信息准备的意义 22

　　二、信息准备的原则 23
　　三、信息准备的内容 24
　　四、信息的搜集和整理 29
第二节　谈判方案的制订 31
　　一、谈判方案的含义 31
　　二、制订谈判方案的原则和依据 32
　　三、谈判方案的内容 33
第三节　谈判人员的选择与管理 39
　　一、谈判班子的构成 39
　　二、谈判人员应具备的条件 40
　　三、对谈判人员的管理 43
第四节　其他准备 45
　　一、谈判地点准备 45
　　二、组织模拟谈判 48

第三章　商务谈判策略 52
第一节　商务谈判气氛的营造 52
　　一、商务谈判气氛的含义和类型 52
　　二、良好商务谈判气氛的作用 53
　　三、影响商务谈判气氛选择的因素 53
　　四、商务谈判气氛的营造 55
第二节　谈判主动权的谋取 65
　　一、资讯优势制造法 65
　　二、时间优势制造法 66
　　三、权力优势制造法 68
第三节　报价 71
　　一、报价的依据 72
　　二、报价方式 73
　　三、定价策略 75
　　四、报价策略 78
　　五、对方报价时己方应注意的问题 81
第四节　讨价还价 81
　　一、还价前的筹划 81

　　二、讨价还价的策略 82
　第五节　让步 86
　　一、让步的原则 86
　　二、让步的方式 88
　　三、让步策略种种 90

第四章　商务谈判中僵局的处理策略 93
　第一节　僵局的产生 93
　　一、僵局产生的原因 93
　　二、避免僵局的原则 94
　　三、努力建立互惠式谈判 95
　第二节　潜在僵局的处理方法 95
　　一、潜在僵局的间接处理法 95
　　二、潜在僵局的直接处理法 97
　　三、处理谈判僵局的时机 99
　第三节　打破僵局的策略 100
　　一、情绪性僵局缓解策略 100
　　二、严重僵局的处理策略 103
　第四节　化解谈判中的威胁 104
　　一、谈判中的威胁 104
　　二、对付威胁的态度 105
　第五节　正确对待谈判中的劣势 107
　　一、正视谈判中的劣势 107
　　二、改变谈判中的劣势 110

第五章　商务谈判的签约 115
　第一节　商务谈判的成交 115
　　一、成交意图的表达及技巧 115
　　二、成交信号的接收及技巧 120
　第二节　促使成交的策略 124
　　一、商务谈判人员正确的成交态度 125
　　二、成交的促成技巧 125
　第三节　合同的签订 130
　　一、合同的概念及其特征 130

二、商务合同及其特征 130
　　三、合同的形式与内容 130
第四节　合同的履行 134
　　一、合同的执行 134
　　二、合同的变动 135
　　三、合同的终止 135
　　四、合同纠纷及其处理 136

第六章　商务谈判的语言技巧 138
第一节　商务谈判中的语言表达 138
　　一、商务谈判语言的表达类型 138
　　二、正确运用谈判语言技巧的原则 139
　　三、商务谈判语言的表达技巧 141
第二节　商务谈判中的行为语言 142
　　一、眼睛的"语言" 143
　　二、眉毛的"语言" 145
　　三、嘴巴的"语言" 145
　　四、颈部的"语言" 146
　　五、手部的"语言" 146
　　六、腿与足部的"语言" 147
　　七、腰与腹部的"语言" 148
　　八、空间语言 148
第三节　商务谈判中的叙述与问答技巧 150
　　一、商务谈判中的叙述 150
　　二、商务谈判中的提问 152
　　三、商务谈判中的回答 155
第四节　商务谈判中"听"与"辩"的技巧 158
　　一、商务谈判中的"听" 158
　　二、商务谈判中的"辩" 161

第七章　商务谈判的沟通与协调 163
第一节　商务谈判中的沟通与协调 163
　　一、商务谈判中的沟通协调艺术 163
　　二、商务谈判中的语言沟通艺术 164

目录

  第二节 常用的沟通协调策略...167
  第三节 商务谈判中的文字处理艺术...171
    一、商务谈判文字处理的特征...171
    二、商务谈判文字处理的原则...172
    三、商务谈判文字处理的艺术...173

第八章 商务谈判心理...190
  第一节 关于需求层次理论...190
  第二节 现代商务谈判的需求理论...192
    一、现代商务谈判的需求理论...192
    二、现代商务谈判的三个层次...193
    三、现代商务谈判中的不同适用方法...193
    四、需求理论在现代商务谈判中的具体运用..194
  第三节 个性与谈判...197
    一、能力与谈判...197
    二、气质与谈判...197
    三、性格与谈判...200
  第四节 谈判者的追求...204
    一、可能的追求...204
    二、不同追求心理的利用与防范...206
    三、谈判者追求心理阶段变化的对策...209
  第五节 谈判心理禁忌...211
    一、一般心理禁忌...211
    二、谈判中的心理战...212
    三、谈判者的心理素质要求...213

第九章 商务谈判的礼仪与礼节...218
  第一节 商务谈判中的礼仪...218
    一、交谈礼仪...218
    二、迎送礼仪...219
    三、宴请礼仪...221
    四、馈赠礼仪...224
    五、非面对面谈判礼仪...225
  第二节 商务谈判中的礼节...227

商务谈判

　　一、交际的一般礼节 ... 227
　　二、见面时的礼节 ... 229
　　三、称呼礼节 ... 231
　　四、递接名片的礼节 ... 232
　　五、服饰礼节 ... 233
　第三节　商务谈判中的文化差异 ... 235
　　一、商务谈判中文化差异的主要表现 ... 235
　　二、文化差异对商务谈判的影响 ... 236
　　三、商务交往中一些国家的谈判注意事项 ... 237
第十章　国际商务谈判 ... 245
　第一节　国际商务谈判的特征与要求 ... 245
　　一、国际商务谈判的特征 ... 245
　　二、国际商务谈判的要求 ... 249
　第二节　各国商务谈判风格比较 ... 252
　　一、中国商人的谈判风格 ... 253
　　二、亚洲商人的谈判风格 ... 254
　　三、欧美商人的谈判风格 ... 261
　　四、其他地区商人的谈判风格 ... 270

参考文献 ... 276

第一章　商务谈判概述

 内容提示

在现代商务活动中，人们需要相互交往，改善彼此关系，磋商业务问题，进行谈判，达成协议。商务谈判是现代商务活动的一个极其重要的环节。

本章主要介绍商务谈判的一些基本问题，如谈判和商务谈判的含义、特点与作用，谈判的理论、基本原则和主要类型等，它们与以后各章的内容有密切的关系，是进一步学习商务谈判知识和提高谈判能力的基础。

第一节　谈判的内涵

商务谈判是企业进行经济贸易活动的重要手段，它有自身的规律、规则，是科学性与艺术性的统一。商务谈判关系到交易的成败，关系到企业的生存与发展。在进行商务谈判之前，首先要弄清楚何谓"谈判"。

一、谈判的含义

什么是谈判呢？我们很难用一句话准确而充分地表达其内涵。汉语"谈判"一词在《辞源》中是找不到的。据上海辞书出版社出版的《汉语外来词词典》介绍，该词源于日文"谈判"，而日文"谈判"则意译自英语"Negotiation"，即"协商、商谈、磋商"的意思。对于什么是谈判，目前学术界说法不一而足。

其实谈判是一种普遍的人类社会行为，社会生活的每一个领域都充满谈判活动，而生活中的每一个人都是谈判的参与者。在日常生活中，每个人几乎每天都在进行着各式各样的"谈判"。例如，周末一些学生要到郊外去游玩，是租车去还是乘公交车去，大家各抒己见；在小商品市场或农贸市场买东西时与小贩们讨价还价；在谈判桌上抗议供货质量有问题，实际上是希望得到更多的折扣等等，这些就是谈判。谈判在人们身边时刻发生，无所不在。

美国谈判学会会长、著名谈判专家杰勒德·尼尔伦伯格认为："谈判就是人们为了改变相互关系而交流意见，为了取得一致而相互磋商的一种过程。"他认为，一场成功的谈判，对每一方来说都是有限的胜利者。他把谈判看作是一个合作的利己主义的过程，认为对人的行为的认识是任何谈判的基本因素，需要和对需要的满足是谈判的共同基础。由此，杰勒德提出了"谈判的需要理论"，这一理论得到了众多理论家和实践家的赞同，他也因此成为这一理论的代表人物。

英国谈判家马什（P.D.V.Marsh）在《合同谈判手册》中给谈判下的定义是："所谓谈判，是指有关各方为了自身的目的，在每项涉及各方利益的事务中进行磋商，并通过调整各自提出的条件，最终达成一项各方较为满意的协议这样一个不断协调的过程。"按照马什的观点，整个谈判就是一个"过程"。他特别强调这一过程中"调整各自提出的条件"的重要性，调整的结果是走向某种程度的折中。马什的理论和观点在商务领域中有着广泛的运用。

美国谈判专家威恩·巴罗认为："谈判是一种双方都致力于说服对方接受其要求时所运用的一种交换意见的技能，其最终目的就是要达成一项对双方都有利的协议。"

我国某些学者认为："谈判是当事人为满足各自需要和维持各自利益而进行的协商过程。"综合以上各位专家、学者的观点，我们将谈判的基本含义概括为以下几点：

（1）谈判活动必须在两个或两个以上的参与者之间进行，参与谈判的总是具体的人；

（2）谈判的参与者之间存在着某种观点、立场、利益方面的分歧或冲突；

（3）谈判的参与者都具有缩小或消除分歧、缓和或解决冲突、改善或建立关系的欲望；

（4）参与谈判的目的是为了满足需要、交换意见而取得一致；

（5）谈判是一种普遍存在的人类交往活动，这种活动主要凭借语言交流来实现。

由此我们可对谈判作出以下定义：所谓谈判，是人们为了满足各自的一定需求，在一定的时空条件下，采取协调行为，争取达到意见一致的过程。

二、谈判的动因

人们为什么要谈判？谈判发生的一般动因是什么？对此，应从谈判的内涵中去思考。

（一）追求利益

谈判是一种具有明确的目的性的行为。首先，其最基本的目的就是追求自身的利益需要。人们的利益需要是多种多样的。从内容上看，有物质的需要、精神的需要；从层次上看，有生理需要、安全需要、社交需要、尊敬需要、自我实现需要；从时间上看，有短期需要、长期需要；从主体上看，有个人需要、组织需要、国家需要等等。人们的种种利益需要，有些是可以依靠自身及其努力来满足的，但是，更多则必须与他人进行交换来获取。显然，这种交换是比较效益的客观要求，其直接动因是为了利益需要得到更好的满足。

其实，在利益需要的交换中，双方或各方都是为了追求自身的利益目标。就一方而言，当然是要追求自身利益的最大化，但是这种自身利益的最大化如果侵害或者不能保证对方

第一章 商务谈判概述

的最低利益，对方势必宁可退出，利益交换便不能实现。可见，在利益交换中，有关各方追求并维护自身的利益需要，不仅成为谈判之必要，而且是谈判的首要动因。

（二）谋求合作

当今时代，科学技术的发展和社会的进步，出现着两种平行的趋势：一是社会分工日益明显，生产和劳动的专业化日益提高；二是社会协作日益紧密，人们之间的相互依赖性日益增强。在这种社会生活相互依赖关系不断增强的客观趋势下，人们的某种利益目标的实现和实现的程度，不仅取决于自身的努力，而且越来越取决于与自身利益目标相关方面的态度和行为，取决于彼此之间的互补合作。相互之间的依赖程度越强，就越需要加强相互的合作。可见，社会依赖关系的存在，不仅为相互间的互补合作提供了可能性，同时也是一种必要。正是这种在相互依赖的可能中谋求合作的必要，成为谈判的又一重要动因。

（三）寻求共识

借助他人的资源满足自身的利益需要，必然出现不同主体利益归属的要求和矛盾。古往今来，强权掠夺、发动战争曾经达到一方利益目标的手段。然而，随着社会文明的进程和社会生活相互依赖关系及观念的增强，人们越来越认识到暴力并非处理矛盾的理想方式，它不仅造成许多严重后果并留下诸多隐患，而且大多同时或最终仍要通过非暴力的方式解决；人们也越来越认识到摒弃对抗、谋求合作才是处理日益密切的社会联系和相互依赖关系的明智之举，而谈判正是实现互利的最佳选择。只有通过谈判来寻求相互合作的共同利益并达成共识、形成协议，才能使互助互惠成为客观现实。因此，寻求共识进而实现互利合作，同样是谈判的动因之一。

综上所述，追求利益、谋求合作、寻求共识是谈判的三大主要动因。其中，追求利益是谈判的必要；谋求合作及其所依据的相互依赖关系既是谈判的必要，又是谈判的可能；寻求共识则是谈判中能够使追求利益和谋求合作的必要与可能最终成为现实的有效途径。

三、谈判的要素

谈判的要素，是指构成谈判活动的必要因素。不论何种谈判，通常由谈判当事人、谈判议题、谈判背景三个要素构成。

（一）谈判当事人

谈判总是在人们的参与下进行的。谈判当事人，是指谈判活动中有关各方的所有参与者。从谈判组织的角度看，谈判当事人一般有两类人员：台上的谈判人员和台下的谈判人员。

台上的谈判人员，指参加谈判一线的当事人，亦即出席谈判、上谈判桌的人员。一线的当事人，除单兵谈判外，通常包括谈判负责人、主谈人和陪谈人。其中，谈判负责人，即谈判当事一方现场的行政领导，也是上级派在谈判一线的直接责任者，他虽然可能不是谈判桌上的主要发言人，但有发言权，可以对主谈人的阐述进行某些补充甚至必要的更正，是谈判桌上的组织者、指挥者，起到控制、引导和场上核心的作用；主谈人，即谈判桌上的主要发言人，他不仅是场上的主攻手，也是谈判桌上的组织者之一，其主要职责是按照既定的谈判目标及策略同谈判负责人默契配合，与对方进行有理、有利、有节、有根、有据的论辩和坦率、诚恳的磋商，以说服对方接受自己的方案或与对方寻求双方（各方）都能接受的方案；陪谈人，包括谈判中的专业技术人员、记录人员、译员等，其主要职责是在谈判中提供某些咨询、记录谈判的过程与内容以及做好翻译工作等。

台下的谈判人员，指谈判活动的幕后人员。他们在谈判中虽然不出席、不上桌，但是对谈判发挥着重要的影响或起着重要的作用，主要包括该项谈判主管单位的领导和谈判工作的辅助人员。其中：主管单位的领导，其主要责任是组班布阵、审定方案、掌握进程、适当干预；辅助人员，其主要作用则是为谈判做好资料准备和进行背景分析等。

（二）谈判议题

谈判议题，是指谈判需商议的具体问题。谈判议题是谈判的起因、内容和目的，并决定当事各方参与谈判的人员组成及其策略，所以是谈判活动的中心。没有议题，谈判显然无从开始，亦无法进行。

谈判议题不是凭空拟定或是单方面的意愿。它必须与各方利益需要相关，为各方所共同关心，从而成为谈判内容的提案。谈判议题的最大特点在于当事各方认识的一致性。如果没有这种一致性，就不可能作为谈判议题，谈判也就无从谈起。

谈判中可谈判的议题几乎没有限制，任何涉及当事方利益需要并共同关心的内容都可以成为谈判议题。正所谓："一切都可谈判。"谈判议题的类别形式，按其涉及内容分，有政治议题、经济议题、文化议题等；按其重要程度分，有重大议题、一般议题等；按其纵向和横向结构分，有主要议题及其项下的子议题（议题中的议题）、以主要议题为中心的多项并列议题、互相包容或互相影响的复合议题等。由于谈判议题具有多样性，所以各类谈判的复杂程度也就不同。

（三）谈判背景

谈判背景，是指谈判所处的客观条件。任何谈判都不可能孤立地进行，而必然处在一定的客观条件之下并受其制约。因此，谈判背景对谈判的发生、发展、结局均有重要的影响，是谈判不可忽视的要件。

谈判背景主要包括：环境背景、组织背景和人员背景三个方面。

（1）在环境背景方面，一般包括政治背景、经济背景、文化背景以及地理、自然等客观环境因素。

政治背景在国际谈判中是一个很重要的背景因素，它包括所在国家或地区的社会制度、政治信仰、体制政策、政局动态、国家关系等。如国家关系友好，谈判一般较为宽松，能彼此坦诚相待，充满互帮互助情谊，出现问题也比较容易解决；反之，国家关系处在或面临对抗与冷战状态，谈判会受到较多的限制，谈判过程的难度也较大，甚至会出现某些制裁、禁运或其他歧视性政策。有时由于政治因素的干扰，即使谈判的当事人有诚意达成的某些协议，也可能成为一纸空文。此外，政局动荡，该方谈判者自然地位脆弱；政府人事更迭，有可能导致现行政策的某些变化等。

经济背景也是很重要的背景因素之一，尤其对商务谈判有直接的影响，它包括所在国家或地区的经济水平、发展速度、市场状况、财政政策、股市行情等。如：经济水平反映了谈判者背后的经济实力；某方占有市场的垄断地位，其在谈判中就具有绝对的优势；市场供求状况不同，谈判态度及策略也会不同；财政政策与汇率，既反映了谈判方的宏观经济健康状况，又反映了支持谈判结果的基础的坚挺程度；股市行情，则往往是谈判者可供参照和借鉴的"晴雨表"。

文化背景同样不可忽视，它包括所在国家或地区的历史渊源、民族宗教、价值观念、风俗习惯等。在这方面，东西方国家之间、不同种族和不同民族之间，甚至一个国家内的不同区域之间，往往会有很大差异。

（2）在组织背景方面，主要包括组织的历史发展、行为理念、规模实力、经营管理、财务状况、资信状况、市场地位、谈判目标、主要利益、谈判时限等。组织背景直接影响谈判议题的确立，也影响着谈判策略的选择和谈判的结果。

（3）在人员背景方面，主要包括谈判当事人的职级地位、教育程度、个人阅历、工作作风、行为追求、心理素质、谈判风格、人际关系等。由于谈判是在谈判当事人的参与下进行的，因此人员背景直接影响着谈判的策略运用和谈判的进程。

综上所述，谈判当事人、谈判议题、谈判背景是构成谈判活动的三个基本要素。对于任何谈判来说，这三个要素都是不能缺少的。

第二节　商务谈判的概念

一、商务谈判的含义

商务谈判是商品经济的产物。在商品交换中，买方希望以较少的货币获取较多的商品；

而卖方则希望同样的商品获取较多的货币。由于买卖双方各自的需要、欲望及矛盾就产生了所谓的"商务谈判"。

当今社会,经济交往越来越频繁,需要处理和协调的经济利益问题也越来越复杂,因而商务谈判在现代社会各种谈判活动中占有越来越重要的地位。什么是商务谈判?人们对商务谈判的定义一般是指两个或两个以上从事商务谈判的组织或个人,为了满足各自经济利益的需要,对涉及各方面切身利益的分歧交换意见和进行磋商,谋求取得一致和达成协议的经济交往活动,是谈判的类型之一。

二、商务谈判的特性

商务谈判一般具有以下四个特性。

（1）互助性。谈判是"施"与"受"兼而有之的过程。单方面的施与或者接受,无论它是否自愿,都不能算是谈判。

（2）合作性和矛盾性。参与谈判的各方必然具备某种程度的合作性,这样才会使谈判达成协议;同样,由于各自的利益和目的不同,会不可避免地存在矛盾。虽然不同的谈判其合作程度与冲突程度各不相同,但任何成功的谈判都是在合作下对冲突的解决。

（3）不平等性。谈判双方是互惠的,否则谈判将无从发生;但是谈判结果却是不平等的,即：谈判某一方获得的好处多于另一方。导致谈判结果不平等的主要原因在于谈判各方所拥有的实力和技巧不相同。

（4）公平性。因为谈判参与各方对谈判结果均具有否决权,所以不论谈判是多么"不平等",从另一个角度讲,这样的谈判都是"公平的"。

第三节　商务谈判的原则

商务谈判的基本原则也是商务谈判的指导思想和基本准则。遵循必要的商务谈判原则是取得商务谈判成功的基本保证。商务谈判原则是指导谈判活动的行为准则,反映了市场的运动规律,具有普遍的适用性。

案例 1-1

20世纪70年代末,可口可乐公司和百事可乐公司先后与印度政府谈判,想到该国设厂,扩大他们的饮料生产和销售。谈判初期,印度政府出于对本国饮料工业的保护,拒绝他们进入，双方谈判都陷入僵局。但是上述两家美国饮料公司并未气馁，而是继续寻机谈判，抓住对方。后来印度政府提出：如欲进入印度，必须规定今后生产的产品要有相当的份额出口到其他国家，而且要印度政府的监督，使用当地的原料，雇佣当地的劳力，按印度的有关规定汇出利润，这样就出现了又一个僵持的局面。要是过去，看了这些苛刻的规定，百事可乐公司很可能一走了之。但是现在他却一改高傲态度，抢在可口可乐公司前面向印度政府提出了三项保证：一是保证就地取材；二是全部雇佣当地工人或农民；三是在印度设厂生产的产品 50%将出口外销。这一系列的保证从表面看，百事可乐公司让步太多，但从深层次看，百事可乐公司从此成功打入印度市场，并能充分利用印度廉价的劳动力和原料，同时在印度人心目中建立起了一个慷慨无私、互利合作的世界性公司的形象；同时，百事可乐公司在与可口可乐公司的竞争中掌握了主动，从而在印度这块饮料市场上成为一个无与伦比的竞争者。

百事可乐公司的成功在很大程度上就在于其坚守了谈判中的一些重要原则。

一、平等原则

平等原则，要求谈判双方坚持在地位平等、自愿合作的条件下建立谈判关系，并通过平等协商、公平交易来实现双方权利和义务的对等。

在现代市场经济条件下，作为贸易双方的经济实体，都是具有独立法人资格的商品生产者和经营者。因此，谈判双方的法律地位完全平等，不论国家大小、经济实体实力强弱，都要平等相待。同时，商品交换客观上要求自愿交易，不存在谁支配谁的问题，是否成交或怎样成交都要通过双方充分协商。不自愿，双方就洽谈不起来。在谈判中，以势压人，以大欺小，以强凌弱，把自己的意志强加于对方，这是不允许的。在国际商务谈判过程中，双方在观点、利益或行为方式等方面的分歧是客观存在的，只能通过平等协商来解决，不应违背任何一方的意愿，将自己的意志强加给对方。

二、互利原则

互利原则，要求谈判双方在适应对方需要的情况下，互通有无，使双方都能得利。也就是说，在考虑己方利益的同时，要兼顾对方利益，使交易谈判结果实现等价交换、互利互惠。

等价交换是商品交换的客观规律，互利原则正是实现等价交换的前提。在谈判中坚持互惠互利原则，就体现了等价交换的公平合理性。同时，坚持平等原则也要求交易双方在经济利益上互利互惠。当然，互利互惠不等于利益均分，谈判双方可能一方获得利益多一些，另一方获得利益少一些，这主要取决于双方各自的实力和谈判技巧等因素。

一项商务谈判的结果有四种可能,即我赢你输、你赢我输、你输我输、你赢我赢。前两种结果,实际上是一方侵占了另一方的利益,即使在特定情况下出现,也往往是"一锤子买卖";第三种结果是双方都不愿意看到的,因而应尽力避免;第四种结果达到了互利互惠,这是双方通力合作的成果。

三、合法原则

合法原则,要求谈判的内容及其所签订的契约必须符合国际法则及尊重对方国家的有关法规。

根据国际法则和国际商业惯例,凡是违反社会公共利益的协议,或是通过命令、欺诈、胁迫等手段所签订的合同和代理人超越代理权限签订的合同,都是无效合同。无效合同从订立时起,不仅得不到法律的承认和保护,而且还要承担由此引起的法律责任。因此,商务谈判的内容及其最终签订的协议只有遵循合法原则,才具有法律效力。为此,要求商务谈判当事人的发言和双方签订的书面文字一定要法制化,即具有双方一致承认的明确的合法内涵,必要时还应对用语的法定含义作出具体、明确的解释,并写入协议中。

四、信用原则

信用原则,要求谈判双方都要讲信用,重信誉,遵守和履行诺言或协议。信用有如下几种含义:其一,在谈判中,讲真话,不说假话,这叫"言必信";其二,遵守诺言,实践诺言,这叫"行必果";其三,经济学的含义,如商业信誉。信用是诚信无欺的职业道德,也是谈判双方交往的感情基础。讲求信用,表里如一,能给人以安全感,使人愿意同你洽谈生意,还有利于消除疑虑,促进成交,进而建立较长期的商务关系。如果谈判人员不讲信用,出尔反尔,言而无信,那么要取得与对方的合作是不可能的。为此,商务谈判人员及其经济实体要坚持信用原则,以信誉为本,实事求是,言行一致,取信于人。同时,在谈判中也要注意不轻易许诺,一旦承诺或达成协议就必须严格履行。

五、协商原则

协商原则,要求谈判人员在谈判中对人谦让、豁达、宽容,原则性和灵活性有机结合,以便更好地达到谈判目的。

商务谈判过程是一个调整双方利益以求得妥协的过程,每个谈判者所做的一切都是为了维护己方的利益。双方利益的不同,必然会引起这样或那样的分歧与冲突,这就要求双方都应以友好协商的原则解决问题,以求达成一个明智、友好的协议。

在商务谈判中，既要坚持原则性，又要保持灵活性；对于关系己方根本利益的原则问题寸步不让，但又要避免简单粗暴；要以不卑不亢的态度，从实际出发，耐心地、反复地说明立场，争取对方的理解和接受。对某些非原则性问题，则可以在不损害己方根本利益的前提下，必要时作某些让步。在整个谈判过程中，应努力做到有理、有利、有节，以理服人。即使遇到重大分歧，几经协商仍无望获得一致时，宁可中止谈判，另选谈判对象，也不能违反友好协商的原则。谈判当事人应把眼光放长远一些，互相谅解，生意不成友谊在。

六、事人有别原则

事人有别原则，要求谈判双方在谈判中把人和事分开，把对谈判对手的态度和对所讨论问题的态度区分开来，对事不对人。

谈判双方的利益是客观的，但谈判双方的情感、要求、价值观、性格、意志等方面总是在无意识地影响和干扰着双方共同利益的实现。因此，在谈判桌上，双方应坚持事人有别原则，对问题分析是一回事，对人的态度是另一回事，纠正彼此不妥的看法，平息激烈的情绪，就事论事，按质论价，按数付钱而不能因人论事、因人作价或因关系付钱。

第四节 商务谈判的类型

谈判类型是研究商务谈判不可忽视的一个方面，有利于我们更好地掌握不同谈判方式的特点。商务谈判的类型可从下面几个不同的角度来划分。

一、按谈判人数分类

按参加谈判的人数来划分的谈判类型，有一人谈判和小组谈判。

（一）一人谈判

一人谈判是指谈判双方各由一位代表出面谈判的类型。它有多种形式，包括采购员与推销员的谈判、推销员与顾客的谈判、采购员与客户的谈判等。

采用这种谈判类型大多是基于以下原因。

（1）供需双方有着长期的合作关系，谈判双方都比较熟悉，对交易的条款、内容也都比较明确。

（2）推销员或采购员拜访客户（顾客）。双方各自有权决定在什么条件下出售或购买商品。

（3）续签合同的谈判。由于具体内容及条款在以往的谈判中都已明确，只需在个别地方进行调整与修改，谈判内容简单、明确。

（4）在许多重要的、大型谈判过程中，对于某些具体细节的讨论，不需要所有人都参加谈判，或者是从更好地解决问题的角度出发，双方主要代表单独接触比较好，也会采取一人谈判的类型。

从某种角度来看，一人谈判的类型有着其他谈判类型无可比拟的优点。

（1）谈判规模小（注意：这并不等于说谈判内容不重要），因此在谈判工作的准备和地点、时间安排上都可以灵活、变通。

（2）由于谈判双方人员都是自己所属公司或企业的全权代表，有权处理谈判中的一切问题，从而避免了令出多头、无法决策的不利局面。

（3）谈判的方式可以灵活选择，气氛也比较和谐随便，特别是当双方谈判代表比较熟悉、了解对方时，谈判就更为融洽。这就可以消除小组谈判中正式、紧张的会谈气氛和拘泥、呆板、谨慎的言行，有利于双方代表的沟通与合作。

（4）一人谈判克服了小组谈判中人员之间相互配合不利的状况。谈判一方人员的相互配合与信任是战胜对手、争取谈判主动的主要条件。但是，如果小组互相间不能很好配合，反而会暴露己方的弱点，给对方以可乘之机。许多重要的谈判采取小组谈判与一人谈判交叉进行，正是基于这一原因。

（5）一人谈判既有利于双方沟通信息，也有利于双方封锁消息。当某些谈判内容高度保密，或由于时机不成熟而不宜外界了解时，那么一人谈判是最好的谈判类型。

许多谈判专家认为，一人谈判是最简单，也是最困难的谈判，因为谈判人员在谈判中没有别的依靠，只能靠个人的智慧和技能。

（二）小组谈判

小组谈判是指每一方都是由两个以上的人员参加协商的谈判类型。小组谈判可用于大多数正式谈判，特别是内容重要、复杂的谈判，非小组谈判不行。这是由小组谈判的特点决定的。

（1）每个人由于经验、能力、精力多种客观条件的限制，不可能具备谈判中所需要的一切知识与技能，因此需要小组其他成员的补充与配合。

（2）集体的智慧与力量是取得谈判成功的保证。这在谈判双方人员对等的情况下表现得可能不太明显，但如果双方人数有差别，人多的一方就很可能在气势上占了上风，人少的一方可能寡不敌众，甚至丧失自信心，败下阵来。

（3）采用小组谈判，可以更好地运用谈判谋略和技巧，更好地发挥谈判人员的创造性、灵活性。

（4）小组谈判有利于谈判人员采用灵活的形式消除谈判的僵局或障碍。譬如：小组某一成员可以担当谈判中间人或调节人的角色，提出一些建议，缓和谈判气氛，也可以采用小组人员相互磋商的办法，寻找其他的解决途径，避免"一对一"的谈判中要么"不"、要么"是"的尴尬局面。

（5）经小组谈判达成的协议或合同具有更高的履约率，因为双方认为这是集体协商的结果，而不是某个人的产物。集体的决定对其成员有更大的约束力，经由集体讨论产生的协议具有极大的合理性，没有理由不执行。

由此可见，小组谈判最大的优点是发挥了集体的智慧。所以，正确选配谈判小组成员是十分重要的，如小组领导人的选配、主要成员与专业人员的选配等。

二、按谈判方向分类

按谈判方向不同而划分的谈判类型，有纵向谈判与横向谈判。

（一）纵向谈判

纵向谈判是指在确定谈判的主要问题后，对问题和条款逐一讨论和解决，一直到谈判结束。例如：在一项产品交易谈判中，双方确定出价格、质量、运输、保险、索赔等几项主要内容后，开始就价格进行磋商。如果价格确定不下来，就不谈其他条款。只有价格谈妥之后，才依次讨论其他问题。

这种谈判方式的优点是：

（1）程序明确，把复杂问题简单化；
（2）每次只谈一个问题，讨论详尽，解决彻底；
（3）避免多头牵制、议而不决的弊病；
（4）适用于原则性谈判。

这种谈判方式也存在着不足，主要有：

（1）议程确定过于死板，不利于双方沟通和交流；
（2）讨论问题时不能相互通融，当某一问题陷入僵局后，不利于其他问题的解决；
（3）不能充分发挥谈判人员的想象力、创造力，不能灵活地、变通地处理谈判中的问题。

（二）横向谈判

横向谈判是指在确定谈判所涉及的主要问题后，开始逐个讨论预先确定的问题，在某一问题上出现矛盾或分歧时，就把这一问题放在后面，讨论其他问题，如此周而复始地讨论下去，直到所有内容都谈妥为止。例如：在资金借贷谈判中，谈判内容要涉及货币、金额、利息率、贷款期限、担保、还款以及宽限期等问题，如果双方在贷款期限上不能达成一致意见，就可以把这一问题放在后面，继续讨论担保、还款等问题。当其他问题解决之后,再回过头来讨论这个问题。也可以采用这种方法:把与此有关的问题一起提出来,一起讨论研究,使所谈的问题相互之间有一个协商让步的余地,这非常有利于问题的解决。例如:贷款期限不能确定,可与利率、还款及宽限期一起讨论磋商,以促进问题的解决。

这种谈判类型的核心就是灵活、变通,只要有利于问题解决,经过双方协商同意,讨论的条款可以随时调整。有时双方对所要讨论的主要问题要磋商 2～3 遍,第一遍只是对列出的问题提出大致的意见与要求,互相摸摸底,交换一下初步的看法,直到第二遍、第三遍才逐步确定所讨论的问题。

横向谈判的优点是:

(1) 议程灵活,方法多样,不过分拘泥于议程所确定的谈判内容,只要有利于双方的沟通与交流,可以采取任何形式;

(2) 多项议题同时讨论,有利于寻找变通的解决办法;

(3) 有利于更好地发挥谈判人员的创造力、想象力,更好地运用谈判策略和谈判技巧。

横向谈判的不足之处在于:

(1) 加剧双方的讨价还价,容易促使谈判双方作对等让步;

(2) 容易使谈判人员纠缠在枝节问题上,而忽略了主要问题。

总之,在商务谈判中,不是横向谈判,就是纵向谈判。至于采用哪一种类型,主要是根据谈判的内容、复杂程度以及谈判的规模来确定。一般来讲,大型谈判、涉及两方以上人员参加的谈判大都采用横向谈判;规模较小、业务简单、特别是双方已有过合作历史的谈判,则可采用纵向谈判。

另外,采取哪种谈判类型并不是绝对不变的。当双方发现原有的谈判类型不能使双方有效地解决和处理谈判中的问题与分歧时,也可以改变谈判类型,采取双方认可的类型。

三、按谈判内容分类

按谈判内容可将谈判划分为许多种,这里主要介绍几种有代表性的谈判类型,即工程项目谈判、技术贸易谈判、机器设备谈判、产品交易谈判。商务谈判所包括的内容是广泛的。谈判的内容不同,所涉及的问题以及合同的条款也都不同,因而谈判的重点与策略也要做相应的调整。

(一) 工程项目谈判

工程项目谈判与产品交易谈判有很大的区别。如果用买方和卖方的观点来看,买方是工程的使用单位,卖方是工程的承建单位。

工程项目谈判是最复杂的谈判之一。这不仅仅是由于此类谈判的内容涉及广泛,还由于谈判常常是两方以上的人员参加,常包括使用一方、设计一方、承包一方。承包一方又可能有分包商、施工单位，而使用方还可能有投资、管理等方面。

在工程项目谈判中，卖方（即承包方）是通过对其人工成本、分包商成本、所购入原材料和安装设备成本的计算，提高标价来获取利润的。因此，标价越高，获利越大。但是，买方在多数情况下是通过招标的方式来选择自己的谈判对手。这样，在谈判开始之前，双方对标价就有一个大概的估价，在谈判中着重讨论的是工程预算的各项成本费用、工程的质量标准、工期、保险等。同时，承包商的信誉、能力以及技术人员的经验都是影响谈判双方的重要因素。

需要特别强调的是：在施工过程中，买方可能常常会对设计进行一些调整，以提高建筑水平或改变项目的范围。如不能规定明确的计算费用标准，就很可能被承包商钻空子。许多承包商都是靠设计变更以获得"额外收入"来补偿最初投标的低利或无利。

（二）技术贸易谈判

技术贸易是指有偿的技术转让，即通过买卖方式，把某种技术从卖方转给买方的行为。技术贸易与商品贸易有一定的区别。这是由于技术是一种特殊产品，它不像一般商品那样具有可见的形状，可以计量、检验质量。技术不是物，而是以知识的形态存在着，如一项发明创造、一种新的制造工艺与技术资料等等。技术必须"凝结"在劳动力和生产资料中才能变为物质力量，才能充分体现其使用价值。在技术贸易中，当一方转让某项技术时，通常是介绍使用该项技术可以实现何种新的工艺、生产出什么新产品，或者达到何种改进生产状况的预期目标。这种预期目标是否能够达到，对技术引进方来说，只能在签订技术转让协议、经过使用该项技术后，才能体验、评估出来。

商品交换的过程是相对短暂的，一笔交易完成后，双方的买卖关系就告终止。技术交易则是一个很复杂的过程，从谈判签约转让技术到投产受益，往往要延续较长的一段时间。因此，在技术贸易中，每笔交易都要签订合同，对技术转让过程中可能出现的争议都要明确规定。

技术保密是技术交易中的另一个特点。一般商品在成交前是不保密的，甚至可以先试用。但是，在技术市场上，潜在的供方为了保护自身的利益，对技术是保密的。在技术交易签约前，供方对受方是保密的，或者不愿透露技术的关键细节。这在某种程度上也影响技术交易谈判的进行。

（三）机器设备谈判

进行机器设备谈判，必须明确设备的分类，并据此确定谈判的要点。设备一般可分为以下三大类。

（1）标准设备。卖方向每一顾客提供同样的机器设备。一般无须提供配件或附属设备，如打字机、计算机以及部分生产设备。

（2）特制设备。卖方特制某一型号的设备以适应顾客的特定需要。特制设备一般包括配件及附属设备。配件是为了保证机器运转而选用的，如发动机和传动系统；附属设备则是为了提高设备的功能，如空调、收音机等。

（3）定制设备。卖方专门制造机器以满足某一方的特定需要。这种机器可能是由发动机或电气控制装置等标准部件组成，但机器的整体设计和结构是特制的。

一般说来，标准设备选择卖方比较容易，价格也相对便宜；特制设备要选择专门的卖方，价格高昂，但从需要来讲，价格是第二位的；定制设备是标准设备与特制设备的混合，伸缩变动的余地较大，由于其费用昂贵而且卖方较多，买方要认真考虑筛选，可拟出几个其他替代方案，以保证决策最优。

（四）产品交易谈判

产品交易谈判在商务谈判中占很大的比例。由于产品种类繁多、用途广泛、性能各异，因此谈判内容也有一定的差别。但是，不论什么样的产品交易谈判，都包括某些最基本的议题，可归纳为以下几项：① 价格；② 质量；③ 规格、型号；④ 预付款和最终付款；⑤ 原材料、生产工艺；⑥ 包装、运输方式；⑦ 保险；⑧ 关税和许可证；⑨ 交货日期。

四、按谈判地点分类

按谈判地点划分的谈判类型，有主座谈判、客座谈判和第三地谈判（或称中立地谈判）。

（一）主座谈判

主座谈判是指在自己所在地组织的谈判，也包括在自己所居住的国家、城市或办公所在地组织的谈判。总之，主座谈判是在自己做主人的情况下组织的谈判。

主座谈判的特点主要包括以下三点。

（1）谈判底气足。由于是在自己企业的所在地谈判，谈判的时间表、各种资料的准备、新问题的请示等都比较方便，从而给谈判人壮了胆，谈起来底气足。

（2）以礼压客。东道主一般总是以"礼节"来表现自己，礼貌的程度会使对方感到是否受到重视与尊重，这是主座谈判者手中一张有利的牌。

（3）内外线谈判。谈判场所在自己家门口，一方面有利于客座谈判人多了解自己的一些情况，如将参观现场作为支持自己谈判的辅助行动；另一方面可能出现被客座主谈人告状的情况。这就要求主座谈判人要兼顾内外的反应，有效发挥主座谈判的优势。

（二）客座谈判

客座谈判是指在谈判对手所在地组织的谈判。"客座"在某种意义上讲可以是在海外或

第一章 商务谈判概述

国外。当然,从广义上讲,在同一个国家的不同城市,在同一城市的不同办公地点,只要不是在自己企业所在地或办公楼内谈判,都可以看做是"客座"。作为商务谈判,海外或国外的客座谈判更具有代表性。

客座谈判的特点包括以下三点。

(1)语言过关。在海外谈判首先是语言问题,双方应达成一个统一的工作语言,谈判人员要能说会写,否则谈判就要遇到麻烦,甚至无法进行。

(2)客随主便。身处异国会有拘束感,许多陌生的东西可能造成阻碍,所以刚开始谈判时,往往是"客随主便",在谈判上显得较"被动"一些,并应随时、随机变"被动"为"主动",争取"主应客求"的谈判局面。

(3)易坐冷板凳。客居他乡的谈判人,会受到各种限制与束缚,如时间限制、上级授权限制等,可施展的谈判手段有限,往往会落进主座谈判手的"圈套"里,这就要求客座谈判人员要在矛盾的处境中审时度势,灵活调整谈判策略。

(三)第三地谈判

所谓第三地谈判,是指谈判在不属于谈判双方单位所在地之外的第三地进行的谈判。第三地谈判又称中立地谈判。

这类谈判的特点如下:

(1)因为第三地对谈判双方不存在地利的优势之争,较之主、客座谈判更能体现公平;

(2)同时由于谈判地点都不在谈判双方各自单位所在地,能有效减少来自双方及其他方面的干扰;

(3)第三地谈判在一定程度上还能确保谈判的私密性,对于不易事先公开的、或者容易引发争议的谈判能起到保护作用。

显而易见,上述三类谈判对谈判双方的利与弊往往不尽相同,因此各方均会主动争取有利于己方的选择。在谈论、选择谈判地点时,既不应该听之任之,也不应当固执己见。正确的做法是应由各方各抒己见,最后再由大家协商确定。

第五节 商务谈判的程序

商务谈判是一项比较复杂的活动,易于受各种主、客观因素的影响。因此,谈判桌上往往风云变幻、跌宕起伏。同时,各种商务谈判的具体谈判内容不同,当事各方的目标、实力、风格、策略等不同,造成各种商务谈判的千差万别、多姿多彩。当然,一般比较正式的商务谈判,总是依照一定的程序进行。商务谈判的程序或步骤,大体上可以分为三个阶段。

商务谈判

一、准备阶段

商务谈判直接影响组织的交易活动目标的实现，并关系到组织的经济利益和生存与发展。而谈判前准备阶段的工作做得如何，对谈判的顺利进行和取得成功至关重要。

商务谈判前的准备阶段，应当包括以下各项工作。

（一）选择对象

选择对象，即选择谈判的对手。当己方决定争取实现某项交易目标而需进行商务谈判时，首先要做的准备工作就是选择谈判对象。选择谈判对象，应根据交易目标的必要性和相互间商务依赖关系的可能性，通过直接的或间接的先期探询，即相互寻找、了解交易对象的活动，在若干候选对象中进行分析、比较和谈判的可行性研究，找到己方目标与对象条件的最佳结合点，以实现优化选择。

（二）背景调查

在确定谈判对象的基础上，即应以"知己知彼"为原则，对谈判背景进行认真的调查研究。背景调查包括对己方的背景调查，但尤其要做好对谈判对象的背景调查。调查的内容应包括环境背景、组织背景和人员背景等方面。背景调查实际上是谈判准备阶段的信息准备，要注重从多种渠道获取信息，建立谈判对象档案，并以动态的观点分析问题。

（三）组建班子

商务谈判是一项有目标、有计划、有组织的活动，必须依靠具体的谈判人员去实现。所以，组建好谈判班子，是谈判前最重要的准备工作。在很多情况下，某些组织在即将进行的谈判中其实具有相当的优势，但由于缺乏优秀的谈判人员和协调有序的谈判班子，反而导致了谈判的失败。因此，组建好谈判班子，是谈判取得成功的组织保证。

一般来说，优秀的谈判班子的组建及运作，要抓好三个环节：一是人员个体素质优化，即按照一定的职业道德、知识能力、心理、体力等要求，做好对谈判人员的筛选。二是班子规模结构适当，即一方面应根据谈判的客观需要和组织的资源条件，使谈判班子规模适当；另一方面应从组织、业务、性格、年龄等构成方面，使谈判班子结构合理、搭配适宜。三是实现队伍有效管理，即通过谈判班子负责人的挑选和履行其职责，通过确定谈判方针和高层领导适当干预，实现对谈判队伍间接或直接地有效管理。

（四）制订计划

谈判计划，是谈判前预先对谈判目标、谈判方略和相关事项所做的设想及其书面安排。它既是谈判前各项主要准备的提纲挈领，又是正式谈判阶段的行动指南。谈判计划是谈的重要文件，应注意它的保密性，最好限于主管领导和谈判班子成员才可参阅。谈判计划的制订原则，应当简要、明确、灵活。制订程序，应在明确谈判目标以及所要采取的谈判策略的基础上，经谈判班子成员集思广益，报主管领导审批确定。其主要内容一般包括：谈判的基本目标、主要交易条件、各方地位分析、人员分工职责、时间和地点安排、谈判成本预算、谈判策略谋划、必要说明及附件等。

（五）模拟谈判

模拟谈判，是正式谈判前的"彩排"。它是将谈判班子的全体成员分为两部分，一部分人员扮演对方角色，模拟对方的立场、观点和风格，与另一部分己方人员对阵，预演谈判过程。模拟谈判可以帮助己方谈判人员从中发现问题，对既定的谈判计划进行修改并加以完善，使谈判计划更为实用和有效，同时能使谈判人员获得谈判经验，锻炼谈判能力，从而提高谈判的成功率。模拟谈判的原则是：一要善于假设，提出各种可能出现的问题；二要尽量提高仿真程度，假戏真做；三要把促使对方做出己方希望的决定作为模拟谈判目标；四要认真总结经验，进行必要的反思。模拟谈判的形式，除现场彩排演练以外，还可根据谈判的实际需要，采用列表回答、提问论辩等。

二、谈判阶段

谈判前准备阶段的各项工作完成后，便可以按照谈判计划的时间和地点开始正式的谈判阶段。这个阶段，就是谈判当事人为实现预定的交易目标就交易条件与对方协商的阶段，是全部谈判程序的中心和关键。

谈判阶段，依照活动过程可以分为若干相互联结的环节或步骤。为了简明起见，这里划分为以下三个环节。

（一）开局

开局，是指谈判当事人各方从见面开始，到进入交易条件的正式磋商之前的这段过程。开局的主要工作有三项。

（1）营造气氛，即通过相互致意、寒暄、交谈等，营造一种和谐、融洽、合作的谈判气氛，使谈判有一个良好的开端。

（2）协商通则，即根据谈判议题先对谈判目的、计划、进度等非实质性的安排进行协商，并相互介绍谈判人员。

（3）开场陈述，即分别简介各自对谈判议题的原则性态度、看法和各方的共同利益。各方陈述后，有时需要做出一种能把各方引向寻求共同利益的进一步陈述，这就是倡议。同时，通过对对方陈述的分析，也可大体了解对方对谈判的需要、诚意和意向，这就是探

测。开场陈述之后，谈判即导入实质性的磋商。

（二）磋商

磋商，即按照已达成一致的谈判通则，开始就实现交易目标的各项交易条件进行具体协商、讨价还价。它是谈判阶段的核心和最具有实质意义的步骤。磋商过程，又包括以下三个阶段。

（1）明示和报价明示，即谈判各方通过各种信息传递方式，明确地表示各自的立场和意见，暴露出分歧点，以便展开讨论。报价，不仅指在价格方面的要价，而且泛指谈判一方向对方提出的所有要求。

（2）交锋。交锋，即谈判各方在已掌握的各种谈判信息的基础上，为了实现各自的谈判目标和利益，针锋相对、据理力争、反驳论辩、说服对方的沟通交流的过程。交锋，常常是一个充满着挑战性的艰辛过程。交锋中，作为谈判人员，一方面要坚定信念、勇往直前；另一方面又要以科学的态度、客观的事实、严密的逻辑为基础，倾听、分析对方的意见并回答对方的质询。

（3）妥协。妥协，就是经过激烈的交锋，为了突破谈判僵局，防止谈判破裂和实现谈判目标所做出的让步。谈判不能"一口价"，磋商中的交锋也不可能任由各方一直无休止地争论和坚持己见。

为了寻求各方都可以接受的条件和共同利益，适时、适当的妥协是完全必要的。妥协的原则应是：有所施、有所受，有所失、有所得。在商务谈判中，必须从各方共同利益的大局着眼，求同存异、互谅互让。从这个意义上可以说，善于做出妥协让步，恰恰是谈判人员成熟的表现。

（三）协议

协议，即协商议定，就是谈判各方经过磋商，特别是经过交锋和妥协达到了共同利益和预期目标，而拟订协议书并签字生效。协议标志谈判的成功，之前谈判席上唇枪舌剑的对手，顿时亲密无间、互致祝贺。

（四）履约阶段

经过谈判阶段，除中途破裂、分道扬镳者外，多数会达成协议。而谈判破裂者，有一部分还会重开谈判，最终达成协议。达成协议，是谈判各方反复磋商取得的共识。而且，谈判达成一致的条件均具有不可更改性，即只要谈判各方达成协议、签字生效就不能再随意更改，这叫做谈判结束的"不二性"。所以，达成协议应当说是谈判成功的结果和标志。但是，达成协议又只是交易合作的开始，许多合同内容如交货、支付等都只能是后续工作，因此，从实现交易目标的角度，达成协议绝不是大功告成。完整的商务谈判程序，必须包括履约阶段。

履约阶段，主要工作是检查协议的履行情况，做好沟通并认真总结。其中，如对方违约，应按照协议索赔；出现争议，需按照协议仲裁。只有整个合同期协议的全部条款得到了落实，谈判各方的交易目标及其交易合作才真正实现，谈判才画上了圆满的句号。

第六节　商务谈判的成败标准

商务谈判，以经济利益为目标追求，以价值价格为议题核心。但是，并不能简单地说能够取得最大的经济利益，特别是最大的短期利益就是成功的商务谈判。因此，把握评价商务谈判的成败标准，对于谋划商务谈判，全面实现谈判目标和取得谈判的成功，有重要意义。

评价商务谈判的成败标准，从根本上来说，就是要以效益原则为指导，既要考察谈判带来的经济利益，又要考察投入的谈判成本；既要考察经济效益，又要考察社会效益，以克服商务谈判中的单纯经济观点和短期行为。具体说来，应当包括以下三项。

（一）经济利益

评价商务谈判的成败，不能离开交易各方可以获得的直接经济利益。如货物买卖谈判，作为买方，最重要的当然应看货物的品质是否优良、价格是否低廉；而作为卖方，主要则看卖价是否理想、支付条件是否有利等。可以说，交易各方可获得的经济利益的大小，是评价商务谈判成功与否的首要标准。但是需要指出，这不应当是唯一标准。

（二）谈判成本

商务谈判是一个"给"与"取"兼而有之的过程。为了获得期望的交易利益，也需要一定的投入，这种投入就是谈判付出的成本代价。谈判成本包括费用成本和机会成本。

商务谈判的费用成本，是指谈判全过程的费用消耗。谈判全过程，是指从谈判准备开始，一直到协议签字生效和善后工作结束。无论谈判成功与否，由谈判过程所带来的时间、人力、物力、财力等消耗，都要形成谈判费用成本。这种费用，一般计入组织的管理费，并成为总成本的一部分，最终参与经济效益核算。而谈判的经济效益，就是谈判协议生效期间产生的总收入与谈判全过程的费用之间的比率，或者是谈判带来的总收入减去谈判总费用所得的净收入。谈判的费用成本，是谈判的显性成本。在谈判产出的经济利益固定的情况下，谈判的费用成本越低，谈判的经济效益越高。所以，谈判费用成本的高低，可以成为评价谈判成败的标准之一。

商务谈判的成本还包括机会成本。经济学上的机会成本，是指把一定的资源用于生产某物品，而放弃生产另一物品所付出的代价。商务谈判的机会成本可以有两种含义：一是把一定的时间、人力、物力、财力等用于谈判过程，而放弃了把这些要素用于生产经营过程所带来的收入。这种放弃的收入，就是谈判的机会成本。二是与现有对象谈判合作，就放弃了与其他对象谈判合作的机会，而后者可能带来更为理想的合作效果。这种放弃，同可能失去将有限的资源用于其他领域的机会一样，也是一种机会成本。谈判的机会成本，是谈判的隐性成本。相对于费用成本，这种机会成本的意义更为重要。因为费用成本，无非是诸项费用的累加，往往数额有限。而在市场经济下，抓住一个谈判机会的同时意味着放弃了更多的其他机会，这种放弃可能付出巨大的代价。所以，必须重视对谈判的机会成本的研究与把握，并在做出谈判决策时予以充分考虑。一项成功的商务谈判，应当能为组织把握住最好的商业机会创造条件。

（三）社会效益

商务谈判的社会效益，是指商务谈判所产生的社会效果和社会反映。社会效益，包括多方面的内容，有些是有形的，更多是无形的；有些是可以计量的，更多是无法计量的，只能定性描述；即使是可以计量的社会效益，也只能间接折算，而且计量的指标形式不是以价格为量纲，多通过社会效果、社会声誉、社会福利等来反映。例如，某货物买卖，有利于建立和巩固良好的供应者关系或经销者关系，有利于提高组织的知名度、美誉度和树立良好的组织形象；某技术贸易，会带来高、新科技项目，有利于环境保护，增加了就业机会，成为新的经济增长点；某项工程承包的完成，有助于改善该地区的投资环境，促进该地区的经济发展和社会进步等等。商务谈判追求的社会效益，同社会市场营销观念有相似之处。把社会效益作为评价商务谈判的成败标准，有利于将谈判当事人的谈判哲学提升到一个新的高度。

思考题

1. 为什么要进行谈判，谈判的概念包括哪些基本点？
2. 商务谈判的主要特征有哪些？
3. 商务谈判的主要类型有哪些？
4. 横向谈判和纵向谈判分别有何优缺点？
5. 如何评价商务谈判的成功与失败？

第一章 商务谈判概述

 阅读材料

琼文和苏卡的一天

琼文和苏卡是一对年轻的夫妻。一大早，他们就起来了。他们家的热水器制热效果不好。昨天已经修过了，换了两个零件，共花去413元，但热水效果还是不好。于是琼文拿着换下的零件去鉴定，零件是好的。琼文知道上了当，还好零件在自己手里，明天维修人员才过来取零件。琼文心里明白，明天要讨回413元钱，可能需要一场艰难的谈判，必要时可能需要采取一些诸如情绪爆发的谈判策略。

琼文是一家制造厂设计组的负责人。琼文到达公司后，在办公室门口遇到了采购部经理艾笛。艾笛提醒琼文，琼文必须解决一个问题：在琼文主管的部门中，工程师们没有通过采购部而直接与供应商联系。琼文知道，采购部希望负责所有与卖主的接触，但他也知道工程师们急需技术信息进行设计，而等着从采购部反馈信息将大大延长设计过程。琼文与艾笛都意识到上司希望部门经理之间不存在分歧。如果这个问题被提交到总经理那里，那么对他们双方都不利。看来，琼文得准备和艾笛进行一次内部谈判，以解决艾笛提出的问题。

临近中午时，琼文接到汽车销售商打来的电话。琼文想买一辆好车，但怕苏卡不同意花太多钱。琼文对销售商的报价很满意，但他认为能让销售商的价格再优惠一些，因此他把顾虑告诉销售商，从而给销售商增加压力，希望压低车价。

琼文下午的大部分时间被一个年度预算会议所占用。在会上，财务部门随意将各部门的预算都削减30%，接着所有的部门经理不得不进行无休止的争论，以努力恢复他们在一些新项目的预算。琼文已经确定了所能退让的限度（即谈判的底线），而且决定一旦这个限度被超过，他就要进行抗争。

傍晚时分苏卡和琼文去逛商店。他们看到一件新潮大衣，标价590元。苏卡反复看了这件大衣后，对店主说："能不能便宜点？"店主说："那你给个价吧。"苏卡想了一下说："480元怎么样？"店主二话没说，取下大衣往苏卡手里一送："衣服归你了，付钱吧。"苏卡犹豫了，她想走。店主火了："你给的价格怎能不要，你今天一定得要。"苏卡又要有一场艰难的谈判了。

【问题与思考】
（1）谈判解决问题要做些什么准备工作？
（2）举例说明我们生活中的若干谈判现象。

第二章 商务谈判准备

 内容提示

俗话讲,不打无准备之仗,商务谈判当然也不例外。做好谈判前的各项准备工作,是取得谈判成功的重要保障,也是谈判工作的必要环节。

本章介绍商务谈判前期准备工作的各个方面,特别是信息准备的内容和方法,谈判方案的制订,谈判班子的组织,谈判地点的选择,谈判场所的布置,模拟谈判的组织等。

第一节 信 息 准 备

信息准备是指搜集、整理、分析各种与商务谈判有关的信息资料的过程。信息准备是商务谈判的基础工作,是商务谈判准备的重要环节,做好信息准备工作,对推动谈判的成功,实现谈判利益起着重要的作用。

一、信息准备的意义

1. 谈判信息是制定谈判方案的依据

谈判方案正确与否,在很大程度上决定着谈判的成败得失。一个好的谈判方案应当做到谈判目标正确,谈判策略切实可行,谈判时间的选择和控制得当。要使所制订的谈判方案具备以上特征,就必须有可靠的信息作为依据。否则,谈判方案就成了无源之水、无本之木,其合理性、科学性也就无从谈起,谈判也不会取得良好的结果。

2. 谈判信息是控制谈判过程的手段

信息、时间、权力是进行谈判控制的三个最基本的要素,它们自始至终对谈判的发展方向和进程产生着影响,同时也是谈判者谋取谈判主动权的基本手段。要想做到对谈判过程的有效控制,必须首先掌握详尽、准确的谈判信息,同时利用手中拥有的各种权力和对谈判时间的有效控制来影响谈判的发展方向和进程。

3. 谈判信息是促进谈判成功的基础

掌握大量、准确的谈判信息,就能够从扑朔迷离的谈判中发现机会,捕捉到达成协议的共鸣点，使谈判活动从无序到有序，进而促成谈判双方达成最终的协议。

二、信息准备的原则

1．准确性

即信息资料的真实性、可靠性。真实是信息的生命，收集的信息要力求真实可靠。要保证信息准确可靠，首先要求资料的来源渠道是可靠的，是有据可查的，不能是道听途说的小道消息；其次要多渠道收集信息，通过不同渠道所获取信息的相互认证，来判断信息的真伪，通过多渠道获取信息也实现了从不同角度考察即将展开的谈判的意图，而不至于仅从一个角度片面看待这场谈判。

2．全面性

即信息资料的完整性、系统性。残缺不全的信息对谈判是无益的，因此要求搜集的信息资料必须是与谈判有关的全方位的信息。这就要求信息的搜集应从多方位展开，广泛搜集，防止遗漏重要信息资料，力求资料全面系统，使所收集的信息能从整体上反映出此次谈判的本来面目。

3．科学性

即对资料的搜集、分析要科学、客观，不能凭空臆测得出结论。比如：进行市场调查时，调查表的设计要科学；在进行现场考察时应全面、客观；在信息处理加工时，采用科学的方法，把可信度低，模糊程度高，不明确的信息暂时搁置起来；在信息的真伪甄别时，采用对比的方法。

4．针对性

信息准备是一项内容繁杂的工作，需要耗费大量的精力和时间，再加上与谈判有关的信息量又很大，短时间内很难把所有情况都调查清楚。这就要求在进行信息的搜集和整理时，把重点放在与谈判联系最密切的信息资料收集上，要将最急需了解的问题作为优先调查内容。

5．及时性

即信息资料的时效性。信息有很强的时效性，尤其是一些在时间和空间上变化较大的重要信息更是如此。只有适时的信息才有可能变成财富，这就要求在进行信息的搜集和整理时，要时刻关注发展变化着的相关情况，快速地进行信息资料的整理、分析和传递。

6．长期性

信息搜集和整理是企业的一项长期工作，企业管理者在企业的日常管理工作中要重视这项工作，建立完善的信息收集网络，不间断地将各种重要信息随时进行收集、存档，从而为企业经营、商务谈判提供决策依据。

商务谈判

三、信息准备的内容

商务谈判是一项复杂的企业经营活动,其影响因素多,可控性差。一般来讲,凡是对谈判产生影响的信息都应在搜集整理的范围之内。概括起来,这些信息应包括以下几个方面。

(一)对方信息

对谈判对手信息的搜集和分析研究是信息准备工作中最为关键的一环。谈判对手的信息资料也是谈判信息中最有价值和最难搜集的信息。在商务谈判中,如果不设法最大限度地获取谈判对手的信息,就很难深入地分析了解谈判对手,就会冒较大的风险。谈判对手的信息是复杂多样的,在信息准备过程中,应侧重搜集谈判对手的下列信息。

1. 对方的基本情况

首先应该掌握对方企业的性质、注册资金、主营业务范围、控股股东等基本信息。这样可避免因错误估计对方而造成失误,甚至上当受骗。应尽可能选择在国内或某一经济区域内具有一定知名度、注册资金雄厚、主营业务清晰、控股股东实力强大的企业作为谈判的对象。当然与这样的对手谈判不是一件轻松的事,要求有较高超的谈判技巧,谈判目标也不能过高,但一旦谈判成功,谈判利益就有了保证,较少有上当受骗的事情发生。

对那些知名度不高的企业,只要身份合法,资产真实有效,主营业务清晰,生产经营情况正常,也是较好的谈判对象。这些企业往往处于创业阶段,急于开拓市场,谈判条件一般不会太苛刻,有利于实现己方利益的最大化。对没有确切的办公场所,没有营业场所或自己的产业,人员不多的"皮包"型公司,一定要查清楚其真实情况,谨防上当受骗,尤其不要被对方虚假的招牌、优惠的条件所迷惑。

2. 对方的营运状况

尽可能掌握对方企业的营运状况。生产经营状况不好的公司,往往会负债累累,履约能力很差,会带来较大的违约风险。如果对方一旦破产,会给己方的利益造成很大的损失。

3. 对方的信誉

对方的信誉主要体现在以下两个方面:一是对方主体的合法资格;二是对方的资本、信用与履约能力。如果谈判对手主体资格不合格或不具备与合同要求基本相当的履约能力,那么所签订的协议就是无效协议或者是没有履行保障的协议,谈判就会前功尽弃,甚至会蒙受巨大的损失。

(1)对对方法人资格的审查,可以要求对方提供有关证件,如法人成立地注册登记证明等,详细掌握对方企业名称、法定地址、成立时间、注册资本、经营范围等。还要弄清对方法人的组织性质,是有限公司还是无限责任公司,是母公司还是子公司或分公司。因为公司组织性质不同,其承担的责任是不一样的。还要确定其法人的国籍,即其应受哪一国家法律管辖。对于对方提供的证明文件还要通过一定的手段和途径进行验证。对对方合法资格的审查还应包括对谈判人代表资格或签约资格进行审查。在对方存在保证人时,还应对保证人进行调查,了解其是否具有担保资格和能力。在对方委托第三者谈判或签约时,应对代理人的情况加以了解,了解其是否有足够权力和资格代表委托人参加谈判。

(2)对谈判对手资本、信用及履约能力的审查。

对谈判对手资本审查主要是审查对方的注册资本、资产负债状况、收支状况、销售状况、流动资金状况等有关事项。对方具备了法律意义上的主体资格,并不一定具备很强的行为能力,因此,应该通过公共会计组织审计的年度报告,银行、资信评估机构出具的证明来核实。

对谈判对手商业信誉及履约能力的审查,主要调查该公司的经营历史、经营作风,产品的市场声誉、财务状况,以及在以往的商务活动中是否存在不良的商业信誉。在国际贸易中还应避免产生认识上的误区,如"外商是我们的老客户,信用应该没问题""客户是朋友的朋友,怎么能不信任?""对方商号是大公司,跟他们做生意,放心"等。对老客户的资信状况也要定期调查,特别是当其突然下大订单或有异常举措时,千万不要掉以轻心。

4. 对方的真正需求

谈判对手的谈判目标是什么,所追求的核心利益是什么,哪些是他们的附属利益,对这些问题己方应做到心中有数,这些信息是己方制定报价目标和讨价还价策略的重要依据。

5. 对方谈判人员的权限

谈判的一个重要法则是不与没有决策权的人谈判。不了解谈判对手的权力范围,因而将没有足够决策权的人作为谈判对象,不仅在浪费时间,甚至可能会错过更好的交易机会。一般来说,对方参加谈判人员的规格越高或者与企业核心领导人的关系越密切,权限也就越大。如果对方参加谈判的人员规格较低,己方就应该弄清楚对方参加谈判人员是否得到授权,对方谈判人员在多大程度上能独立做出决定,有没有决定是否让步的权力等等。如果对方是代理商,必须弄清其代理的权限范围及对方公司的经营范围。

6. 对方谈判的最后期限

任何谈判都有一定的时间限制,谈判时限与谈判目标、谈判策略有着密切联系。谈判者需要在一定的时间内完成特定的谈判任务,可供谈判的时间长短就成了决定谈判者制定谈判策略和谈判目标的重要影响因素。可供谈判的时间越短,用以完成谈判任务的选择机会就越少,最后期限的压力常常迫使人们不得不采取快速行动,立即做出决定。可供谈判时间较长的一方,往往拥有较大的主动权和选择权。掌握了对方谈判时限,就容易了解对

方在谈判中可能会采取的态度和策略,己方据此可制定相应的谈判策略。

7. 对方的谈判风格和个人情况

谈判风格是指在谈判中反复、多次表现出来的特点,了解对手的谈判风格可以更好地采取相应的对策,尽力促成谈判成功。此外,还要尽可能了解对手谈判班子的组成情况及个人情况,比如,主谈人背景;谈判班子内部人员的相互关系;谈判班子内每个成员的资历、能力、信念、性格、心理类型、个人作风、爱好与禁忌等。

(二) 己方信息

古人云"知人者智,自知者明"。在谈判前的信息准备工作中,不仅要调查分析谈判对手的情况,还应该正确了解和评估谈判者自身的状况。没有对自身的客观评估,没有自知之明,就很难做到对双方实力的准确判断,从而做出正确的决策。自我评估首先要看到自身所具备的实力和优势,同时要客观地分析自己的不足。

商务谈判多为互利合作型谈判,满足自身的需要是参加谈判的目的,同时还应考虑如何满足他人的需要。谈判者应该分析自己的实力,认清自己到底能满足对方哪些需要,如:己方的生产经营状况;己方的财务状况和支付能力;己方能够提供的商品数量、商品品质、商品的技术指标;己方的售后服务能力与水平;己方与铁路等运输部门的关系等等。如果己方具有其他企业所没有的满足对方需要的能力,或是己方能够比其他企业更好地满足对方的某种需要,那么己方就拥有了更多的与对方讨价还价的优势。

(三) 市场信息

市场信息是商务谈判可行性研究的重要内容,在目标市场基本确定的情况下,对目标市场的相关资料进行搜集和整理,也是信息准备的重要环节。有关市场方面的信息资料十分丰富,而市场信息的准备主要是调查目标市场的供求情况、竞争情况。

1. 需求情况

包括目标市场上该产品的市场需求总量、需求结构、需求的满足程度,潜在需求量等方面的情况。通过这方面资料的搜集与整理,摸清目标市场上消费者的消费需求和消费心理,掌握消费者对该产品的消费意向,客观估计该产品的竞争力,以利于和谈判对手讨价还价,取得更好的谈判效益。

2. 销售情况

包括该类产品在近几年的销售量及销售量变动趋势,销售价格及价格变动趋势;该类产品及替代产品的进、出口情况等。通过对该类产品销售情况,进、出口情况的调查分析,可以使谈判者了解该类产品的市场容量,从而确定科学、合理的谈判目标。

3. 竞争情况

包含目标市场上竞争对手的数量；主要竞争对手的生产规模、产品性能、价格水平等；竞争对手所使用的销售渠道、销售组织形式、优惠措施、售后服务；竞争产品的市场占有率等。通过调查，使谈判者能够掌握竞争对手的基本情况，寻找他们的弱点，评估己方产品的竞争能力，在谈判中灵活掌握谈判条件。

（四）相关环境信息

谈判是在一定的法律制度和特定的政治、经济、文化背景下进行的，这些因素会直接或间接地对谈判产生影响。特别是涉外商务谈判，其相关环境因素甚至会对谈判产生决定性的影响。因此在谈判准备阶段也应认真搜集整理这方面的信息资料。

1. 谈判对手所在国家和地区的政治状况

（1）谈判对手所在国家和地区的经济运行机制和宏观经济政策。在计划经济体制下，企业的经营在很大程度上受经济政策的影响，这就要求谈判者弄清楚此次交易有多少列入国家计划，有没有争取到相应的计划指标，以最大限度降低谈判风险。在市场经济条件下，企业有较多的自主权，生产经营的自由度较大，较少受政策的直接干预。

每个国家在不同的历史时期，由于经济发展状况和经济目标的不同，都对应着一些相应的宏观调控政策，这些政策对行业的发展有着直接的影响，在商务谈判中要充分考虑这一点。

（2）谈判对手所在国家和地区的政局稳定性。政局的稳定性关系到协议的履行有没有保证，因此必须了解对方所在国家和地区的政治制度、政策倾向，政府可能发生的更迭，非政府组织对政府的影响，发生战争和武装冲突的概率等，尽最大努力将谈判的政治风险降低到最低。

（3）谈判对手所在国家和地区政府的贸易倾向。比如某些阿拉伯国家有时往往拒绝同那些与以色列有密切政治经济关系的国家及其企业进行商业交易。

2. 宗教信仰

宗教信仰往往涉及民族尊严，在某些国家和地区，宗教对政治制度、法律制度、经济体制有很大的影响，人们的日常行为也要符合宗教教义。在谈判过程中必须尊重对方的宗教信仰，这就要求谈判人员对谈判对手所信仰的宗教的礼仪礼节、宗教禁忌有充分的了解。

3. 法律制度

首先要熟悉我国与经济活动有关的现行法律法规，比如：税法、经济合同法等。其次还要认真了解谈判对象所在国家和地区的经济法律法规及相应的国际法，比如：当事人所

在国家和地区的财税政策，联合国国际货物销售合同公约，联合国国际贸易法委员会仲裁规则等法律法规。在国际商务谈判中，要善于运用国际商务谈判的一些基本原则来解决实际问题，以取得更好的谈判效果。

4．商业习惯

商业习惯在国际贸易中显得更为重要。几乎每一个国家和地区都有其特定的贸易规则和习惯，如果不了解这些习惯就很有可能产生误解，影响谈判的顺利进行，弄不好还会落入对方的"习惯"陷阱，造成重大的损失。

商业习惯的表现形式多种多样，比如：是否任何事情都要见诸文字；律师的作用；是否存在潜规则，如存在潜规则方式如何；一个项目是否可以同时与多家公司谈判；业务谈判的常用语言是什么；合同文件是否可以用两种语言来表示以及两种语言是否具有同等的法律效力等等。

同时需要强调，语言是交流磋商必不可少的工具，良好的外语技能有利于更好地了解对方，提高双方交流的效率和质量，避免沟通过程中的障碍和误解。许多国家的人都认为，对方懂得自己的语言是对自己民族的尊重，比如：法国人对自己语言的热爱和"保护"众所周知，对在法国不讲法语的外国人，他们的热情与欢迎程度会大大降低。

5．社会文化

掌握了谈判对手所在国家和地区的社会文化信息，会有利于谈判双方的沟通和交流，对谈判产生推动作用。社会文化包括文化教育、生活方式、社会习俗等多个方面，比如：商业交往中习惯使用的称呼；是否只能在工作时间谈业务，在业余时间是否也可谈业务；社交场合中是否应该带妻子；送礼的方式，礼品的内容；妇女可否参与经营业务；是否守时；餐饮习惯等。

6．基础设施

对方所在国家和地区的基础设施是否完善，关系到谈判的效率和履约能力。在投资贸易中还会影响投资的效果和收益。基础设施包括多个方面，比如：该国的通讯状况，交通运输状况等。

（五）交易品信息

交易品信息也是信息准备的主要内容，主要包括：

（1）交易品的关税；

（2）交易品品质的表示方法，衡量交易品质量的指标，世界各地对交易品品质的最新规定和要求；

（3）交易品与其他品牌同类产品在品质、性能、用途上表现出来的差异；

第二章　商务谈判准备

（4）交易品数量的表示方法，计量单位；

（5）谈判对象所在国家和地区对交易品包装的相关规定；

（6）谈判对象所在国家和地区对交易品保险方面的特殊规定，对保险用语的法定解释，国际上同类商务在保险的险别、投保方式、保险金额等方面的通常做法；

（7）谈判对象所在国家和地区对交易品检验方面的特殊规定，例如在检验内容、检验标准、检验方法、检验时间、检验地点等方面的要求和规定；

（8）谈判对象所在国家和地区在支付货币、支付方式方面的习惯做法。

四、信息的搜集和整理

（一）信息搜集的方法

信息搜集的方法很多，在实际工作中应根据具体情况，选择合适的方法来完成信息的搜集。

1. 通过大众传媒收集信息

案例 2-1

60年代，日本人从中国报纸上看到了中国生产石油的消息，就迫切想知道油田的地点，以判断中国是否需要油管，好与中国做出口生意。日本人首先对报纸上刊登的照片进行分析，王进喜身穿皮袄，头戴皮帽，背景是漫天大雪，便判断油田很可能在东北。报上又说，油田设备是工人们从车站拉到油田的，从而进一步推断，油田肯定离铁道线不远。报上还说到油田的路上很泥泞……综合了各种信息之后，日本人断定油田在北大荒，据此，他们认为中国需要架设油管，随后通过各种途径探听中国人是否愿意购买日本的油管。

当今社会是一个信息的社会，信息的内容形形色色，信息的载体多种多样，充斥在我们日常生活中的大众信息传播媒介上存在着大量的信息，甚至是重要信息。

报纸、杂志、专业书籍、内部刊物中登载着大量的消息、图表、数字、图片，这些信息资料有的与即将展开的谈判密切相关。这个渠道可提供比较丰富的各种环境信息、竞争对手信息和市场信息。谈判者可以通过这些渠道获得比较详细而准确的综合信息。

互联网是当今社会非常重要的信息渠道。在电脑网络上可以非常方便快捷地查阅国内外许多公司信息、产品信息、市场信息以及相关环境信息。

各国政府、国际组织、行业协会定期发布的各类统计报告上包含了大量准确的宏观信息资料。各银行组织、信息咨询公司、各上市公司的定期报告上包含了大量准确的微观信息资料，而且资料详尽，提供了大量的原始数据。

2．市场调查

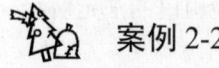

1983年4月，香港光大实业公司的市场调研人员获得了一份重要情报："南美洲智利一家铜矿倒闭，矿主在矿山倒闭前订购了美国的"道奇"、德国的"奔驰"牌各种型号的大吨位载重车、翻斗车共计1500辆，全是未曾启用的新车。为了偿还债务，矿主决定将这批新车进行拍卖。"

董事长王光英先生看到这份情报，精神为之一振。可以想象，此时此刻这份情报很可能也摆到了世界各地许多实业家的办公桌上被研究。1500辆新的"二手车"，这是一笔相当诱人的财富，这是当时我国"四化"建设急需的设备。王先生当机立断，立即组织采购人员，出国谈判。经过一番激烈的讨价还价，使载重量在7吨至30吨之间的载重车以原价38%的价格成交，一举为国家节约了2500万美元的外汇，在当时外汇极其珍贵和现代化建设急需先进装备的年代里，这是多么可喜的成绩。

市场调查是一种针对性很强的信息收集方法，只要调查问卷设计合理，调查对象选择得当，采用这种方法会得到很有价值的特定信息。市场调查有多种运用方法，在实际工作中应根据具体情况，选择适当的方法。

（1）访谈法。是指调查者直接面对访问对象，通过问答的方式获取信息的方法。访谈的形式多种多样，即可召集多人举行座谈，也可对个别对象进行走访。尤其是对知情人士走访显得更为重要，此时更容易获得详细、准确的信息，比如走访记者、公司的商务代理人、当地的华侨、驻外使馆人员等。此外走访各种专门机构，比如商务部、对外经济贸易促进会、银行、进出口公司、本公司在国外的办事处、大使馆等，也能获得很有价值的信息。

在访谈之前，应准备好一份调查提纲，有针对性地设计一些问题。访谈对象回答问题时应做好录音或记录，以便事后整理分析。

（2）问卷法。调查者事先印刷好问卷，发放给相关人士，填写好以后收集上来进行分析。问卷的设计要讲究科学性和针对性，既要有封闭式问题，也应有开放式问题。

这种方法的特点是可以广泛收集相关信息，利于实现调查者的主导意向，易于整理分析，难点在于如何调动被调查者填写问卷的积极性以及保证填写内容的真实性。

3．实地考察

实地考察法主要包括以下两种。

（1）现场观察法。现场观察法是指调查者亲临对方所在地，甚至是对方的生产区、经营区，现场收集情景动态信息。这种方法可以补充以上几种间接方法搜集信息的不足，通过亲临现场观察得到最为真实可靠的信息。但是这种方法也有局限性，比如受交通条件限制对有些现场难以实现现场观察；观察者会受到各种条件限制，使观察不够全面，也难免受主观意识的影响而带有偏见。

（2）会议考察法。通过参加各种商品交易会、展览会、订货会、企业界联谊会、各种经济组织专题研讨会来获取资料。

4．咨询法

咨询法是指通过向公共关系公司、咨询公司咨询来获取信息资料的方法。尤其是通过知名咨询公司获取的资料具有很高的价值。但这种方法获取信息的成本较高。

5．特殊方法

这里所说的特殊方法是指通过非正常手段获取信息的方法，比如通过商业间谍获取信息；通过金钱收买获取信息等。当今社会提倡公平竞争，不赞成使用这些手段搜集信息，但必须清楚有这样一种收集信息的方法，并且采用这种方法搜集的大都是保密程度很高的核心信息。

（二）信息的加工、整理

（1）信息的筛选。对收集的资料进行鉴别和分析，剔除那些与事实明显不符的信息、某些没足够证据证明的信息、某些带有较强主观臆断色彩的信息等。保留那些可靠的信息。

（2）信息的分类。在信息资料的可靠性基础之上将资料进行归纳、分类。将原始资料按时间顺序、问题性质、反映问题角度等指标分门别类地排列成序，以便于更加明确地反映问题的各个层面或整体面貌。

（3）信息的分析研究。对整理好的资料认真进行研究分析，从表面的现象探求其内在本质，由此问题逻辑推理到彼问题，由感性认识上升到理性认识。

（4）提出建议。在信息的分析研究基础之上，做出对问题的正确判断和结论，并对问题的解决提出具有指导意义的建议，供企业领导和谈判者参考。

第二节　谈判方案的制订

一、谈判方案的含义

谈判方案是指针对即将展开的商务谈判，根据客观可能性，运用科学方法，从总体上对谈判目标、谈判策略、谈判时间等做出的决定和选择，是从全局出发对谈判活动进行的

总体谋划和部署。谈判方案的可行性以及正确与否直接关系到谈判的成败,是谈判前期准备的关键所在。

谈判方案中应包括:具体明确的谈判目标;实现谈判目标的策略方法和措施;谈判时间的选择与控制等一系列内容。在商务谈判中,只有制定出科学、合理的谈判方案,才能做到有效地控制谈判,使谈判向己方预期的方向发展,实现己方的谈判利益。

二、制订谈判方案的原则和依据

(一)制订谈判方案的原则

1. 科学性原则

科学性原则是制订谈判方案的重要原则。其要求是谈判方案的制订要用科学的谈判理论做指导,用科学方法进行择优,切忌不切实际的凭空臆造。具体应做到:一是要进行谈判方案的可行性分析;二是要充分考虑影响谈判方案制订的各种因素;三是必须进行谈判方案反馈工作,及时优化调整谈判方案。

2. 择优原则

择优原则是指决策者通过优化筛选,从所有的可行性方案中选择最优方案。其要求是在决策过程中,充分论证所制定的谈判目标的合理性,充分探讨谈判策略的可实施性和有效性,从而选择出操作性最强、效率最高的谈判方案。

3. 系统性原则

系统性原则包括合理性、先进性、合法性、有效性等方面。合理性要求谈判方案适应谈判的形势和双方在技术、商业习惯、财务等方面的例行准则。先进性要求谈判目标是需要经过努力才能达到的在现实基础之上的高目标。合法性要求谈判方案必须符合相关的法律规定,不能与谈判当事方所在国家和地区的现行法律法规、相关国际法和国际惯例相抵触。

4. 创新原则

创新原则要求决策者在制订谈判方案时要有创新、开拓精神,敢于探索新的谈判模式,提出崭新的谈判思路和方法,从而制订出高质量的谈判方案。

(二)制订谈判方案的依据

在制订谈判方案时应重点考虑以下几个方面。

1. 有关谈判的经济贸易法规、政策和规定

不同的国家和地区在经济贸易方面往往有不同的法令和规定,在制订谈判方案时要与其

第二章　商务谈判准备

相适应，不能违反这些政策和规定。在国际商务谈判中还必须遵守相关的国际法和国际惯例。

2．交易的重要性

对于交易额巨大或关系到本企业长远利益的谈判，在谈判目标、谈判策略和谈判措施上都要慎重决策，技巧上要做到稳扎稳打，谈判目标和让步策略要具有一定的灵活性。

3．是否同对方保持长久的贸易往来

如果打算与对方保持长期贸易往来，就必须与对方建立起良好的关系，谈判人员之间也应有密切的私人交往，这样就要求本次的谈判目标不要过分苛刻，处理好短期利益与长远利益的关系，尽量避免采用对抗性较强的谈判策略。

4．谈判时间的限制

如果此次谈判己方无较苛刻的时间限制，则可确定较高的谈判目标和采取较强硬的谈判策略。一般而言，较长时间的谈判，谈判目标的弹性也较大，谈判策略也更加灵活，较短时间的谈判，谈判目标的弹性则较小。

5．双方在谈判中的实力和谈判能力

如果己方的谈判实力和能力居于优势地位，则可确定较高的谈判目标和采取较强硬的谈判策略。反之，则要确定弹性较大的谈判目标和灵活多变的策略，以给己方留下回旋余地。

三、谈判方案的内容

（一）确定谈判目标

1．谈判目标的含义

谈判目标是指谈判应达到的具体要求，是谈判的指挥棒。商务谈判的目标主要以交易条件的形式反映出来，比如交易标的的数量、价格、质量、交货与支付等，此外还包含着提高市场占有率、开拓新市场等要求。

确定正确的谈判目标有利于谈判利益的实现和推动谈判成功，减少谈判的盲目性。

2．自我需求的认定

满足需求是谈判的目的，清楚自我需求的各方面情况，才能制定出切实可行的谈判目标。

（1）希望借助谈判满足己方哪些需求。比如：作为谈判中的买方，应该仔细分析自己到底需要什么样的产品和服务，需要多少，要求达到怎样的质量标准，价格可以出多少，必须在什么时间内购买，对方必须满足己方哪些条件等；作为谈判中的卖方，应该仔细分析自己能够或愿意向对方出售哪些产品，提供的数量是多少，卖出的底价是多少，对方的

支付方式和时间如何等。

(2) 各种需求的满足程度。己方的需求是多种多样的,各种需求的重要程度并不一样。要搞清楚哪些需求必须得到全部满足,哪些需求可以降低要求,哪些需求在必要情况下可以放弃,这样才能抓住谈判中的主要矛盾,保护己方的核心利益。

(3) 需求满足的可替代性。在谈判中需求满足的可替代性大的一方,回旋余地就大,如果需求满足的可替代性小,那么谈判中讨价还价的余地也就小。需求满足的可替代性包含两个方面。

一是谈判对手的可选择性有多大。有些谈判者对谈判对手的依赖性很强,这样就会容易陷入被动局面,常常被迫屈从于对方的条件。分析谈判对手可选择性思考这样一些问题:如果不和他谈,是否还有其他的可选择对象;是否可以在将来再与该对手谈判;如果与其他对手谈判可得到的收益和损失是什么等。

二是谈判内容可替代性的大小。比如:如果价格需求不能得到满足,可不可以用供货方式、提供服务等需求满足来替代;眼前需求满足不了,是否可以用长期合作的需求满足来替代。这种替代的可能性大小,要通过认真分析评价来确定。

(4) 满足对方需求的能力鉴定。谈判者不仅要了解自己要从对方得到哪些需求的满足,还必须了解自己能满足对方哪些需求,满足对方需求的能力有多大,在众多的竞争对手中,自己向对方提供的需求具有哪些优势,占据什么样的竞争地位等。

满足自身的需求是参加谈判的目的,满足他人需求的能力是谈判者参与谈判与对方合作的资本。谈判者应该分析自己的实力,认清自己到底能满足对方哪些需求,比如出售商品的数量、质量、期限、技术服务等。如果己方具有其他企业所没有的满足对方需求的能力,或是谈判者能够比其他企业更好地满足对方的某种需求,那么谈判者就拥有更多的与对方讨价还价的优势。

3. 谈判目标的分类

谈判目标根据实现的可能性可分为三个层次。

(1) 最低目标。最低目标是在谈判中己方必须达到的目标。对己方而言,宁可谈判破裂,放弃该合作项目,也不愿接受比最低目标限度更低的条件。因此,也可以说最低目标是谈判者必须坚守的最后一道防线。

商务谈判一般坚持不亏损原则,所以标的的成本往往是谈判的最低目标,但当谈判是以开拓市场为目的时,就另当别论。

(2) 实际需求目标。实际需求目标是谈判人员根据各种主、客观因素,经过对谈判对手的全面评估,对企业利益的全面考虑,科学论证后所确定的努力争取实现的谈判目标。谈判中的讨价还价往往围绕这一目标展开,所以可接受的目标的实现,往往意味着谈判取得了胜利。

（3）最高期望目标。最高期望目标是对谈判者最有利的一种理想目标。实现这个目标，将最大限度地满足己方利益。一般来讲，己方的最高期望目标往往是对方最不愿接受的条件，因此很难得到实现。但是确立最高期望目标是很有必要的，它可以激励谈判人员尽最大努力去实现谈判利益的最大化。在谈判实战中，往往以最高期望目标作为己方的报价，有利于在讨价还价中使己方处于主动地位。

谈判目标的确定是谈判方案制订中的一个关键环节。首先，不能盲目乐观地将全部精力放在争取最高期望目标上，而很少考虑谈判过程中会出现的种种困难，因而造成束手无策的被动局面。一般来讲，谈判目标要有一定的弹性，定出上、下限，根据谈判实际情况进行适当调整。其次，在多条件谈判中最高期望目标不止一个，在这种情况下要将各个目标进行排队，抓住最重要的目标努力实现。最后，己方最低目标要严格保密，除参加谈判的己方人员之外，绝对不可透露给谈判对手，这是商业机密，如果一旦疏忽大意透露出己方最低限度目标，就会使对方主动出击，使己方陷于被动。

（二）明确谈判的策略

1. 谈判策略的含义

在商务谈判过程中为实现特定的谈判目标而采取的各种方法、措施、技巧及其组合称为商务谈判的策略。谈判策略形形色色、多种多样，如兵无常势，水无常形。在谈判实战中，要根据对谈判形势的分析，总结出谈判中可能出现的情况，实事求是地制定出谈判可能采用的具体策略，做好万全准备。

商务谈判是"合作的利己主义"的过程，在这个过程中，参与谈判的双方都要为自己获得尽可能多的利益而绞尽脑汁。作为一种复杂的智力竞争活动，谈判高手无不借助谈判策略的运用来显示其才华。因此，谈判策略选用是否得当，能否成功，是衡量谈判者能力高低、经验丰富与否的主要标志。

2. 影响商务谈判策略选择的基本因素

一般来说，商务谈判策略的选择和运用主要取决于以下基本因素。

（1）谈判对象的状况。商务谈判对象的状况是指谈判双方的具体条件及状态，在商务谈判中，要根据双方的具体条件和状态决定所选用的商务谈判策略。通常，商务谈判的对象状况主要包括以下几方面。

商务谈判对象的实力。这是选择商务谈判策略的主要依据，如果谈判对方实力雄厚，处于谈判的有利地位，则我方可选择的策略就受到很大的限制，在谈判中就不宜采用强硬型策略。

商务谈判对象的地位和权力。如果对方主谈判人是职位较高的企业核心领导,有较大的行政权力,那么在选择商务谈判策略时就会受到较大的限制,反之策略选择的自由度就较大。

商务谈判对象的风格和经验。如果对方是一位谈判高手,具有丰富的商务谈判经验,那么一般的谈判策略对其不会产生太大的作用,这时选用的商务谈判策略要多变,节奏也应稍快一些。

商务谈判对象的动机和态度。商务谈判的重要性和与对方长期合作的可能性,通常影响谈判的动机和态度。对态度良好、渴望成功、追求合作的谈判者,所选用的商务谈判策略应柔和一些,尽量避免强烈的对抗。

商务谈判对象的性格和气质。比如对急躁直率的谈判者和温和婉转的谈判者,运用的商务谈判策略应有所不同,一般来说,对前者,多采用诱惑报价,求疵还价,象征性让步等诱其上钩的策略;对后者,则应多采用坦诚相待,利益协调,压力缓解等策略。

(2) 商务谈判的焦点。比如在单因素谈判中,由于利益点过于集中,使谈判变得非常艰难,冲突、僵局随时都会发生,这时最好把单因素谈判转化为多因素谈判,即采用把蛋糕做大策略。

(3) 商务谈判所处的阶段。商务谈判所处的阶段不同,对商务谈判策略的运用也有所不同。例如:在开局阶段为建立友好的谈判气氛,则不宜采用对抗性策略;在讨价还价阶段由于直接关系到利益分配的多寡,双方会互不相让,则谈判的对抗性会很强。

(4) 商务谈判的组织方式。商务谈判的组织方式主要指商务谈判的对象进入谈判的形式、规模和范围。比如:谈判对象是一个实体还是若干实体,是分别谈判还是联合谈判,联合谈判是紧密型还是松散型,这对商贸谈判策略的运用都是有影响的。

3. 商务谈判策略的特征

商务谈判策略有其独有的特征。这些特征是在长期的商务谈判实践经验和教训的基础上总结概括出来的。

(1) 针对性。商务谈判是一种应对性很强的活动。在商务谈判中,任何策略的出现都有其明显的针对性,必然是针对谈判桌上的具体情形而采取的方法和措施。

在商务谈判中,谈判人员一般要针对谈判的标的、目标、手段、对方的谈判风格以及对方可能采取的策略等来制定己方的策略。有效的商务谈判策略必须对症下药,有的放矢。比如,卖方为了卖个好价钱,一般会采取筑高台的策略,实施喊价要高的战术,针对这种情况,买方往往采取吹毛求疵的策略,实施还价要低的战术予以应对。策略与反策略的运用,是商务谈判策略针对性最明显的体现。

(2) 预谋性。从一定意义上讲,商务谈判策略是谈判人员智慧的体现。在谈判中,策略的运用决不是盲目的,无论遇到什么样的情况,出现何种复杂的局面,选择和使用什么

第二章 商务谈判准备

样的应对策略，谈判人员事先应进行商讨和筹划。在商务谈判中，如果没有事先筹划的应对策略，一定会处处被动，遇事措手不及，只有招架之功，没有还手之力。

（3）时效性。几乎所有的商务谈判策略都有很强的时效性。一定的策略只能在一定的条件下才会产生效用或效用最大化，超出这一特定的条件，策略的效用就会大大下降，甚至无效，比如：疲劳战术比较适合对出远差的谈判者使用；最后通牒策略往往是强势一方采用的策略。

（4）随机性。在商务谈判中，无论考虑得多么缜密，方案计划得多么详细，都会因为时间、地点、空间的变化，而使一些事先谋划的策略失去意义，达不到预期的效果。在这种情况下，商务谈判人员必须根据谈判的实际情况，借助过去的经验和现时的创新，随机应变，采取适当的策略来解决实际问题。策略的产生与应用，是一个动态的随时空变化的随机过程，需随时随地吸收信息，及时做出调整。

（5）隐匿性。在商务谈判实践中，谈判策略一般只为己方知晓，而且要尽可能做好保密工作，这就是商务谈判策略使用的隐匿性特征。

隐匿己方策略的目的在于预防对方运用反策略。在商务谈判中，如果对方对己方的策略或谈判套路了如指掌，就会在谈判中运用反策略，应对自如，处于主动的地位，反而对己方不利。

（6）艺术性。艺术性是科学性、技巧性、突然性的总体反映。商务谈判策略的运用应尽量追求具有艺术性，一方面，策略的运用要为自己服务，为实现己方的最终目标服务，另一方面，为了使签订的协议能保证履行，还必须保持良好的人际关系，人际关系好坏也是判断商务谈判成功与否的标准之一。

（三）确定谈判时间

谈判时间也是谈判的构成要素之一。谈判总是在某一特定的时间开始，又在一定的时间内完成。在一场谈判中，谈判时间要素有三个基本参数：谈判的开始时间，谈判过程中的时间控制和谈判的截止时间。

1. 谈判的开始时间

也就是说，选择什么时间来启动这场谈判。开始时间得当与否，有时会对谈判结果产生很大影响。比如一个谈判小组在经历了长途跋涉、喘息未定、身心疲惫之时，立即投入到紧张的谈判中去，就很容易因为舟车劳顿而导致精神难以集中，记忆和思维能力下降，因而误入对方圈套。所以应对谈判开始时间的选择给予足够的重视。一般说来，在选择开始时间时，要考虑以下几个方面。

首先，准备的充分程度。俗话说：不打无准备之仗，在安排谈判开始时间时也要注意

给谈判人员留有充分的休息时间,以免疲劳、仓猝上阵。

其次,谈判人员的身体和情绪状况。谈判是一项精神高度集中,体力和脑力消耗都比较大的工作,要尽量避免在身体不适、情绪不佳时投入谈判。一般也不要在饱餐后投入谈判,因饱餐后人的思维能力也会明显的下降。

再次,谈判的紧迫程度。尽量不要在自己急于买进或卖出某种商品时才进行谈判,如无法避免,应采取适当的方法隐蔽这种紧迫性。

最后,从谈判的竞争技巧考虑,可以利用对方疲劳或在对方的最后期限临界点时开始关键问题的谈判,在对方精力不足、反应迟钝、时间压力极大的情况下,迫使对方让步。但有一点,这些工作应安排得天衣无缝,否则会招致对方的反对,引起对方的反感。

2. 谈判过程中的时间控制

在谈判进行过程中,可以利用对谈判时间进行有效控制的技巧,摆脱不利局面或争取更大的主动。比如:在需要时间去构思一些关键问题时,在需要时间去核实一些需要弄清楚的问题时,在需要时间去调整谈判策略时,为了回避对方提出的己方暂不知如何回答的问题时,可以采取暂停的方式影响谈判的发展方向和进程,常用的借口有资料忘记带了,去卫生间,身体不适等,当然,不能让对方察觉出己方是有意暂停。

对大、中型商务谈判来讲,很少经一次磋商就能达成协议,大多数要经历多轮磋商才能达成一致。这样,在两次磋商之间就有了一个谈判的时间间隔。在谈判实战中应充分利用这一时间间隔,舒缓紧张的谈判气氛,调整各自的谈判目标和谈判策略。比如在谈判双方互不相让、紧张对峙的时候,宣布暂停谈判两天,由东道主安排一些旅游等轻松的活动,在友好、轻松的气氛中,双方的态度、主张有可能会有所改变,在接下来的重新谈判中,就更容易达成一致。

3. 谈判的截止时间

即谈判的最后期限。每一场谈判都不可能没完没了地进行下去,总有一个结束谈判的具体时间。在同一场谈判中的谈判对象,由于所处的环境不同,其确定的谈判截止时间是不一样的。谈判的截止时间是确定谈判策略的重要因素之一,谈判时间的长短,往往直接决定着谈判者是选择轻松舒缓的谈判策略还是速决速胜的谈判策略。这一时间还对谈判中处于劣势的一方构成很大的压力,因为他必须在限期到来之前,做出让步达成协议还是放弃交易终止谈判的选择,做这样的选择是很艰难的。

一般说来,大多数的谈判者总是想达成协议,为此,弱势一方只能做出让步。在商务谈判中常常利用这一点,迫使对方让步,实现更大的谈判利益。因此,在谈判中应始终保守住"己方谈判的最后期限"这个秘密,同时要时刻警惕对方对这个秘密的探测,避免对方利用这个秘密对己方展开攻击。

第二章 商务谈判准备

（四）预计可能会发生的问题

在制定谈判方案时，应把困难估计得充分一些，把谈判中可能会出现的问题设想的全面一些，并预先作好多套应对方案，当谈判中出现异常情况时，能及时启动备用方案，以免手忙脚乱，丧失谈判的主动权。

第三节 谈判人员的选择与管理

组建一支能打硬仗、高效、精干的谈判班子，是谈判成功的根本保证。高质量的谈判班子是通过高素质的谈判人员和谈判班子的整体优化实现的。

一、谈判班子的构成

谈判班子是指参加谈判的全体人员所组成的群体。要做好谈判班子的组建工作，首先要解决好以下两个基本问题。

（一）确定谈判班子的规模

合理的谈判班子规模不是绝对的，必须根据具体情况来确定。既可以是一个人，也可以是多人。一场谈判应配备多少人员，应视谈判内容的繁简，技术性的强弱，时间的长短，谈判能力的高低以及对方谈判人员的多少来确定。

对于小型商务谈判，谈判人员多为1～2人，多数情况下只由一人全权负责，这种小型的商务谈判对人的综合素质及临场经验要求较高。对于中型商务谈判，由于交易金额较大，需要协商的内容较多，工作量也较大，为了减少失误，谈判班子多由3～4人组成一个谈判小组。

对于大型商务谈判，由于涉及的内容广泛，专业性强，资料繁多，工作量大，所以配备的谈判人员要更多一些，一般为5～8人，有时多达十几人，构成一个谈判代表团。代表团内根据实际工作需要，划分成若干个谈判小组，如商务小组、技术小组、法律小组等，每个小组负责不同方面的谈判。也可以组成台前和幕后两套班子，"台前班子"主要负责正面谈判，"幕后班子"负责搜集、整理相关资料，为台前班子提供技术服务。

每个谈判班子必须确定一名主谈人，负责谈判的领导、组织、协调工作。总体来讲，谈判班子的规模要遵循精干、实用、高效的原则。班子的人员不可过多，决不能存在冗员，以免内部意见难以统一，增大内耗。当然，班子的人员也不可过少，以免工作过于劳累，影响工作效率和工作质量。

（二）设计谈判班子的结构

一套好的谈判班子应具有一个合理的结构。在较为正规、复杂的中、大型商务谈判中，应尽量配齐各方面的人才，组成一个结构合理、长短互补的谈判班子。

（1）知识结构。在商务谈判中，由于交易标的和交易条件的不同，谈判所涉及的知识面很广，应根据谈判的需要，在谈判班子中配备有关方面的专业人才，比如商务专家、技术专家、法律专家、金融专家等，对外谈判还应有翻译人员。各类人员不仅应精通本专业的知识，而且要对其他方面的知识也有所了解，比如技术人员应懂得一些商务方面的知识，商务人员应懂一些金融、法律方面的知识，否则，很难做到各方面人员之间的相互协作。对于规模小、影响不大的谈判，参加谈判的专业人员可以身兼数职。

（2）性格结构。组建谈判班子时，还应考虑有一个合理的性格结构，即讲究谈判人员性格的协调，通过性格的互补作用，达到优化谈判班子的目的。比如活跃和沉静两种性格可以很好互补。分配任务时，也应考虑性格因素，比如：对内向型性格的人，宜安排内务工作，如资料、信息的整理等；对外向型性格的人，宜安排了解情况，搜集信息，对外的沟通协调等交际性工作；性格沉稳，思维缜密，组织能力强，且富有进取心的人，宜作为主谈人。切忌把那些具有典型性格特征的人安排到与本人性格相背的工作中去。

（3）年龄结构。组建谈判班子时，还应考虑谈判人员的年龄结构。不同年龄段的人群由于阅历的不同，其知识的宽度、深度、时代感，经验的多寡，处事的方法，体力和精力相差很大。比如：老年人阅历深，经验丰富，人际关系广，但体力、精力较差，知识老化，进取心往往也不强；中年人经多年的工作磨炼，经验丰富，体力、精力较充沛，知识面广，工作责任心强，富有进取心；青年人的经验不足，考虑、处理问题欠周全，但体力、精力充沛，知识的时代感强，工作的冲劲足，富有进取心。

总体而言，谈判班子应以中年人为主，以青年人和老年人为辅。切忌谈判班子是由清一色的青年人或老年人组成。此外，班子内成员间必须关系融洽，能求同存异。

二、谈判人员应具备的条件

一方面谈判是智慧和能力的较量，谈判人员必须具备与之相适应的知识和能力，另一方面谈判中存在着各种巨大的利益，谈判人员必须能够抵制各种利益的诱惑。为了满足谈判工作的要求，谈判人员应具有良好的道德素养，广博的知识面，较强的业务能力和良好的性格气质。

（一）道德素养

具有良好的道德素养，是对谈判人员最基本的要求，因为这决定着谈判人员能否坚持

第二章 商务谈判准备

不懈地维护国家和民族的尊严,全心全意为企业谋利益。

(1)能够自觉贯彻执行国家的路线、方针、政策,遵守国家的法律、法规,有强烈的爱国热情和高度的责任感,廉洁奉公,不谋私利。尤其在涉外商务谈判中,能够坚定地维护国家和民族的尊严,维护集体的利益。

(2)具有强烈的事业心和正确的职业动机。有强烈事业心的谈判人员,在谈判中即使面临重重困难,也不会轻易放弃自己的立场,总是以百折不挠的精神,充分发挥自己的智慧和能力,去克服一切困难。当谈判取得一定成果时,也不会居功自傲,而是朝着更高的目标努力攀登。具有正确职业动机的谈判人员,往往会有强烈的职业自豪感,能够正确理解商务谈判的意义,自觉抑制个人行为,严格服从谈判纪律。

(3)具有团结合作的工作作风。谈判工作的协作性很强,必须由各方面协同完成,一个人的能力再强,离开了各方面的支持与配合,也会寸步难行。团结合作是谈判人员必须具备的优良品质。一个优秀的谈判人员,必须懂得尊重他人,能虚心听取各方面的建议和意见,把自己融入集体之中。

(二)知识要求

商务谈判涉及的知识极为宽泛,一般的商务谈判要涉及商务、技术、金融、法律、社会文化、宗教等多方面的知识。某些特殊的商务谈判还会涉及一些尖端科学,如生物工程、微电子、系统集成、纳米技术等方面的知识。这就要求谈判人员要有宽阔的知识面,掌握与商务谈判有关的各学科的相关知识,尤其是对与本企业所生产经营产品有关的技术、市场、产业政策等方面的知识要有深入的了解。

一般来讲,商务谈判人员需要具备以下各方面的知识。

(1)熟悉我国经济贸易方面的方针政策,了解国家关于对外经济贸易方面的政策和措施。

(2)熟悉我国颁布的相关经济法律法规;了解有关国际贸易、国际技术转让和国际货物运输等方面的法规和惯例;了解谈判对象所在国家或地区的相关贸易政策、法律、法规、措施和管理制度等方面的知识。

(3)掌握交易标的的相关知识,比如商品的原料、生产工艺、质量标准、检验、包装、运输等方面的知识。

(4)掌握与交易有关的商务、金融方面的知识,比如商品成本核算及定价、价格条件、货物保险、汇率、支付币种的选择、支付方式等。

(5)掌握谈判对象所在国家和地区的社会文化、民俗、宗教等方面的知识。

(6)对涉外谈判人员,应当熟练地掌握外语,甚至要求能用外语直接洽谈。

(三) 业务能力

谈判人员的业务能力，是指谈判者能够驾驭谈判的能力，它是多种能力的集合，其中主要包括观察能力、语言表达能力、应变能力、自控能力、判断能力、控制能力等。这些能力是谈判人员在谈判中发挥作用所应具备的必要条件。对谈判者能力的具体要求，因谈判人员的地位、作用和职责的不同而不同。

(1) 观察能力。观察能力是指谈判人员对谈判对象进行观察并善于发现和抓住其典型特征及内在实质的能力。谈判人员如能在同对手的接触中判断出对方的真实谈判意图等重要的信息，勾画出对方的谈判轮廓，对己方采取相应对策具有重要意义。

例如：在谈判中当己方的提议遭到对方的拒绝时，要善于分辨出是哪种情况的拒绝，是真的拒绝，还是策略性假意的拒绝。如果是后者，应能提供各种提议进行针对性讨论，促进协议的达成。

(2) 语言表达能力。语言表达能力是指谈判人员在谈判中运用语言和行为传递有关信息的能力。谈判人员的语言表达能力主要体现在语言的表现力、吸引力、感染力和说服力上。此外，语言表达还要准确、适度，防止说理无据、强词夺理、任意发挥和不计后果。

在商务谈判中谈判双方都应为自己留下余地，协议的达成也是双方妥协的结果，因此，谈判人员应具有高超的语言表达能力，不要轻易向对方说"不"。

(3) 应变能力。商务谈判的情势总是处在不断的变化之中，这要求谈判者具有快速的反应能力。对突发情况，能做出快速、准确的反应，及时调整谈判的策略和方法。

(4) 自控能力。自控能力是指谈判人员在环境发生激烈变化时，自身克服心理障碍的能力。谈判是相当严肃认真的活动，有时甚至是紧张激烈。要求谈判者善于在激烈对抗的形势中控制住自己的情绪和行为，坚定信念，以宁静的态度和恰当的举止来说服和影响对方。辩论时，思想要高度集中，态度要温雅平和，万一发生争执，也须持之以礼，切忌喜怒形于色。

(5) 判断能力。判断能力是由一个或几个已知的前提条件推断出新结论的能力。在谈判过程中，谈判各方对己方的核心信息都会守口如瓶，谈判人员往往要通过已掌握的信息推测对手的其他信息，为谈判的控制和决策服务。从这种意义上讲，谈判的过程也是一个判断推理的过程。如果在判断推理上能胜对手一筹，就能更加有效地控制谈判。

(6) 控制能力。控制能力是指谈判人员有目的的运用各种谈判策略和技巧，使谈判的发展变化保持在既定轨道之内的能力。谈判的发展趋势变幻莫测，前景难于预测，有时还会十分微妙，稍有不慎就可能坠入迷雾之中。这就要求谈判人员能运用各种手段和方法把握住谈判的发展方向，善于捕捉转瞬即逝的机会，使谈判按预定的轨道向前发展。

第二章 商务谈判准备

（四）良好的性格气质

谈判人员的理想性格气质是：性格开朗，举止、风度幽雅，谈吐幽默风趣，思维敏捷，能够克制自己，具有团队精神，善于听取他人的意见，具有百折不挠的进取心。

（五）谈判班子领导人应具备的条件

谈判班子领导人（即主谈人或首席谈判代表）是谈判班子的核心。整场谈判主要是在双方主谈人间进行。因此，主谈人水平的高低，直接关系到谈判的成败。作为谈判班子的领导人，除了应具备普通谈判人员所具备的条件之外，还应具备优秀的组织协调能力、对外沟通能力和决策能力。

（1）组织协调能力。是指谈判领导人在谈判过程中解决各种矛盾冲突，使谈判班子成员为实现谈判目标而密切配合、统一行动的能力。协调能力主要体现在善于解决矛盾冲突，善于鼓动和说服等方面。

（2）对外沟通能力。商务谈判是一项多方协同的工作，作为谈判领导人在内部要做到上情下达，一方面要对企业的决策者和企业的发展壮大负责，另一方面要对谈判班子的组织协调和谈判结果负责。对外还要处理好与对方的关系，使对方对己方的信任感不断提高，以利于协议的达成。

（3）决策能力。谈判领导人必须十分熟悉谈判各方面的情况，能依据谈判形式的变化，抓住时机，果断做出正确的决策。

（4）谈判领导人的工作方式最好与班子中其他成员的工作方式相一致。

谈判人员谈判能力的高低，在很大程度上取决于谈判人员的知识水平、实践经验和对自我的塑造。谈判人员应通过认真学习、勤于实践，在日常生活中有意识的主动培养良好的道德情操，塑造良好的性格，不断增强自身的业务能力。

三、对谈判人员的管理

（一）谈判成员的分工与协作

谈判小组成员在谈判过程中，既要根据谈判内容和各人专长进行适当地分工，明确各人的职责，又要在主谈人的指挥下，互相密切配合，彼此呼应，形成目标一致的谈判统一体。

一般说来，谈判人员的职责分工是：

（1）谈判领导人负责谈判的领导、组织、决策、协调工作，把握谈判的全局；

（2）技术人员要对有关商品的技术性能、质量指标、商品的原料与生产工艺、商品包装、货物的验收等条款的完整性和准确性负责；配合商务人员对谈判标的的价格进行分析；

（3）商务人员负责交易价格、运输、保险、交货、支付等条件的谈判；配合法律人员

拟定或审查合同文本；配合谈判领导人做好对外联络工作；

（4）法律人员要对合同条款的合法性、完整性、公正性负责，依照要求，负责合同条文的谈判，合同文稿的草拟和审查；

（5）金融方面的人员要对谈判中的支付、结算等条款负责，在支付方式、结算货币的选择方面向商务人员提供建议；

（6）翻译人员负责语言的翻译工作，翻译内容准确，并有义务提醒己方谈判人员的不妥谈话内容，但不能向外商表达个人意见。此外还应做好谈判双方的沟通交流工作。

各类人员虽然在职责上各有分工，各负其责，但在谈判中绝不能"各人自扫门前雪"，而应该服从主谈人的指挥，相互配合，彼此呼应，发挥整体作战的功能。

（二）严格谈判纪律

谈判人员必须严格遵守谈判纪律，主要有：

（1）严格遵守保密制度，不得泄露有关谈判的一切信息，没有统一安排不得私自与对方工作人员通讯和约会；

（2）必须绝对服从领导的工作安排，不得闹情绪，要顾全大局；

（3）班子集体决定的事情，必须严格执行，个人的不同意见只能保留；

（4）严格执行请示报告制度，如实反映谈判情况；

（5）在谈判中各成员必须相互支持，不得相互拆台或制造事端；

（6）讲究礼仪，谈吐文明，举止大方，行为规范；

（7）严禁酗酒。

（三）对谈判人员的激励

通过对谈判人员的激励，充分调动谈判人员的积极性，进而推动谈判的成功，谋取谈判利益。对参与谈判的人员，无论是主谈人还是二线人员，均应有激励措施。激励有正向激励和反向激励，两者各有特点，在一定的条件下均可达到鼓励谈判人员积极向上，争取谈判最佳效果的目的。

1. 正向激励

正向激励是指针对谈判人员表现出的杰出谈判才能，顽强的工作精神，一丝不苟的谈判态度及显著的谈判效果予以奖励，以表示肯定和赞扬。正向激励的方法有三种。

（1）晋升职位。即把人事干部的考核与谈判中的表现相结合，对于表现优秀者可以提升职位。

（2）提高奖金或安排休假。即把谈判目标的实现与否与奖金或带薪休假相结合，以对优秀者表示奖励。

第二章 商务谈判准备

(3) 表扬。即根据其具体事迹,以个别谈话或通报表扬形式及时予以激励。

2. 反向激励

反向激励是指对谈判人员表现出的工作疏忽、失误、不负责任行为,以及对谈判造成的不良影响等情况进行的批评或制裁。反向激励的方法也有三种。

(1) 批评。即针对错误行为对责任人进行个别或公开批评,以明辨是非,告诫他人,整肃谈判队伍。

(2) 撤换。即对那些对外造成恶劣影响,对内造成不良后果的谈判人员,采取撤换的手段,让其退出谈判班子,以示处罚,并为后面的谈判创造条件。

(3) 降职降薪。即对已经产生实际经济损失或造成极其恶劣影响的人员,进行撤换、降职、降薪的处罚,以警戒其他谈判人员。

第四节 其他准备

一、谈判地点准备

商务谈判地点的选择和场所的布置虽不像外交谈判、政治谈判那样苛刻,但合适的谈判地点和优美的谈判场所对商务谈判也会产生积极的影响,因此选择一个合适的谈判地点,布置一个优美的谈判场所对商务谈判来讲也是很有必要的。

(一) 不同谈判地点的利与弊

商务谈判地点的选择通常有三种情况:一是在己方国家或公司所在地谈判,即主场谈判;二是在对方所在国家或公司所在地谈判,即客场谈判;三是在谈判双方之外的国家或地点谈判,即中立地谈判。在商务谈判中由于很少涉及国家主权、政治等敏感问题,故很少采用中立地谈判。不同地点均有其利与弊,在谈判时应根据谈判的具体情况,尽可能选择对己方有利的谈判地点。

1. 在己方国家或公司所在地谈判

有利因素:

(1) 谈判者在家门口谈判,心理上有一种安全感和优越感,增强了谈判的信心;

(2) 己方谈判者不需要耗费精力去适应新的地理、社会文化环境,从而可以把精力更集中地用于谈判;

(3) 可以选择己方较为熟悉的谈判场所进行谈判,按照自身的文化习惯和喜好布置谈判场所；

（4）作为东道主，可通过对场外活动的安排调控谈判的气氛和进程，从心理上对对方施加影响；

（5）"台前"人员与"幕后"人员的沟通联系比较方便，谈判队伍可以非常便捷地随时与高层领导联络，获取所需资料和指示，谈判人员心理压力相对比较小；

（6）谈判人员免去车马劳顿，以逸待劳，能够以饱满的精神和充沛的体力去参加谈判；

（7）可以节省去外地谈判的差旅费用和旅途时间，提高经济效益。

不利因素：

（1）由于身在公司所在地，不易与公司其他工作彻底脱钩，经常会由于需要解决公司事务而干扰谈判，分散谈判人员的注意力；

（2）由于离高层领导近，联系方便，会产生依赖心理，一些问题不能自主决断而频繁地请示领导，也会造成失误和被动；

（3）己方作为东道主要负责安排谈判会场以及谈判中的各种事宜，要负责对客方人员的接待工作，安排宴请、游览等活动，所以己方负担比较重。

2. 在对方国家或公司所在地谈判

有利因素：

（1）己方谈判人员远离家乡，可以全身心投入谈判，避免主场谈判时来自工作单位和家庭事务等方面的干扰；

（2）在高层领导规定的职责范围之内，更有利于发挥谈判人员的主观能动性，减少谈判人员的依赖性；

（3）可以实地考察对方公司情况，获取更直观的信息资料；

（4）免去了繁琐的招待、场所布置、安排活动等事务。

不利因素：

（1）由于与公司本部相距遥远，某些信息的传递、资料的获取比较困难，某些重要问题也不易及时磋商；

（2）谈判人员对当地环境、气候、风俗、饮食等方面会出现不适应的情况，再加上旅途劳累、时差等因素，会使谈判人员身体状况受到不利影响；

（3）在谈判场所的安排、谈判日程的安排等方面处于被动地位。

3. 在双方地点之外的第三地谈判

在双方所在地之外的地点谈判，对双方来讲是平等的，不存在偏向，双方均无东道主优势。

在双方所在地之外的第三地谈判也存在较多的弊端，比如双方首先要为确定谈判地点

第二章 商务谈判准备

而谈判，要确定一个使双方都满意的谈判地点也不是一件容易的事，在这方面要花费不少时间和精力。

一般来讲，第三地谈判通常被相互关系不够融洽、信任程度不高的谈判双方所选用。

4．在双方所在地轮流谈判

有些多轮谈判可以采用在双方所在地轮流交叉谈判的办法，这样的好处是对双方都是公平的，轮流担当东道主和客人的角色，对增进双方的相互了解，融洽感情是有益的。

（二）谈判场所的选择与布置

1．谈判场所的选择

商务谈判的场所应满足以下几方面要求：

（1）谈判场所所在地的交通和通信方便，便于人员来往和沟通；

（2）环境安静、优美、舒适，避免外界干扰；

（3）生活设施良好，使谈判者不会感觉到生活不方便、不舒服；

（4）作为东道主应当尽量征求对方人员的意见，满足对方人员的要求。

2．谈判场所的布置

（1）主谈室布置：主谈室应当宽大舒适，光线充足，色调柔和，空气流通，温度适宜，使双方能心情愉快、精神饱满地参加谈判。谈判桌居于房间中间。主谈室一般不宜安装电话和录音设备，如有必要，主谈室中可以安装多媒体演示系统。

（2）休息室布置：休息室是供谈判双方在紧张的谈判间隙休息时使用，休息室应该布置得轻松、舒适，以便使双方放松一下紧张的神经。室内最好布置一些鲜花，播放一些轻柔的音乐，准备一些茶点，以便于调节心情，舒缓气氛。

3．谈判的桌式

谈判的桌式应根据谈判的重要性、谈判的规模、谈判双方的密切程度具体安排，并遵循相关的礼仪礼节和国际惯例。谈判的桌式通常有下列三种。

（1）相对式：双方各居谈判桌的一边，相对而坐，谈判桌一般采用长条形桌或长椭圆形桌。这种桌式适用于比较正规、比较严肃的谈判。它的好处是双方相对而坐，中间有桌子相隔，有利于信息的保密，同方谈判人员相互接近，便于商谈和交换意见。它的不利之处在于人为地造成双方对立感，容易形成紧张、呆滞的谈判气氛，对融洽双方关系有不利的影响。

（2）圆桌式：谈判对象环绕坐在谈判桌的周围，谈判桌一般采用圆形桌或多边形桌。这种桌式多用于多边谈判，体现出谈判各参与方之间的对等关系。

（3）并列式：谈判双方在沙发上并列而座。这种就座方式适合于双方比较了解、关系比

较融洽的谈判。它的好处是双方不表现为对立的两个阵营,相互对视的时间较短,心理压力较轻,有利于活跃谈判气氛。不利之处是不利于谈判人员之间的内部交流和资料的保密。

总之,谈判场所的选择和布置要服从谈判的需要,要根据谈判的性质、特点,根据双方之间的关系、谈判策略的要求来决定。

二、组织模拟谈判

模拟谈判是在谈判之前,根据各种假设和推测,进行的想象练习和实际演练。虽然我们可以就谈判制定详细的计划,但这还不足以成为谈判成功的充分保证。为了最大限度地保证谈判的成功,对一些重要的、难度较大的谈判,可以采取模拟谈判的方法来进一步完善谈判的准备工作。

(一) 模拟谈判的作用

模拟谈判对促进谈判的成功具有重要的作用。

(1) 通过模拟演练能暴露可能被忽视的问题和己方的弱点,找出可能出现失误的方面,使谈判准备更有针对性。

(2) 对拟订的谈判策略、措施进行检验,并在此基础上进行修正和完善,使原定计划更具有实用性和有效性。

(3) 使谈判者获得一次临场锻炼的机会,充分体验角色和相互之间的配合,找到自己所充当角色的比较真实的感觉,提高谈判人员的应变能力,以减少失误。

(二) 模拟谈判的关键

模拟谈判的效果如何,直接关系到谈判准备工作的好坏,要想使模拟谈判真正发挥作用,关键是做好下列两方面的工作。

1. 科学地做出假设

假设是模拟谈判的前提,也是模拟谈判的基础,根据所掌握的信息资料,对谈判对象进行全面、正确的假设是模拟谈判成功的关键。假设主要包括以下几个方面:对方的谈判风格和能力;对方的谈判目标和条件;对方可能采取的策略和技巧;对方对己方策略的反应和对策等。

进行正确的假设,关键在于提高假设的准确性,使之尽可能接近事实,为此必须注意以下五个方面:

(1) 正确假设的推理基础是准确、全面、及时的信息资料;

(2) 必须由具有丰富商务谈判经验的人提出假设。商务谈判是一项实践性很强的工作,没有经过实战的磨炼，只是凭空猜测，提出来的假设和设想经不起实践检验；

（3）必须明确区分哪些是事实本身，哪些是自己的主观臆测；

（4）必须按正确的逻辑思维推理，不能违背思维的一般规律；

（5）参加模拟谈判的人员应有较强的角色扮演能力。一方面在安排模拟谈判角色时，要根据人员的性格特征针对性地让其扮演相关角色；另一方面，要求模拟谈判人员能克服自己的思维定式和心理障碍，尽量从对方的角度考虑问题。

2．进行正确的想象练习

模拟谈判中的想象练习首先要从谈判全过程的想象入手，并注重细节的想象。从谈判的开始到结束，按照谈判进程的顺序，想象各个阶段、各种情形，比如谈判的气氛，谈判的难点和焦点，可能发生的特殊情况等。

（三）模拟谈判的形式

模拟谈判主要有两种形式，一种是戏剧式，另一种是沙龙式。

1．戏剧式

戏剧式也称全景模拟法，是指将谈判小组成员一分为二，一部分人扮演谈判对手，并以对手的立场、观点和作风来与另一部分扮演己方者交锋，预演谈判的过程。有时也会另外组成一套班子全景式模拟对方，与己方谈判班子对抗。

戏剧式模拟谈判最大的优点是能直观地站在对方角度思考，这样可以使己方在谈判策略设计方面更加具有灵活性和针对性；丰富我方在消除双方分歧方面的建设性思路；明确己方可接受的解决问题的方案和双方的妥协方案。

在采用戏剧式模拟谈判时，要注意以下两点：

（1）合理地想象谈判的全过程，即注重谈判过程的想象，想象在谈判中可能发生的一切情形，比如谈判气氛，对方可能提出的问题，我方的答复等，而不是只想象事情发生的结果。

（2）尽可能地扮演谈判中所有会出现的人物。这种对人物行为、决策、思考方法的模拟，能使己方对谈判中可能会遇到的问题有所预见。

2．沙龙式

又称"头脑风暴法"，是指组织谈判人员和相关方面的专家聚集在一起进行充分讨论，根据个人的经验，对本次谈判中己方的利益、对方的目标、对方可能采取的策略、我方的对策等问题畅所欲言，自由发表意见，共同想象谈判的全过程。这种形式的优点是谈判人员充分发表意见，相互启发，共同提高谈判准备工作的水平。要组织好沙龙式模拟谈判，必须注意两点：一是要有一个富有谈判经验的组织者；二是参加者不要只限于谈判人员，还要请有关专家及具有丰富商务谈判经验的人参加，使想象更准确。沙龙式模拟谈判特别

商务谈判

欢迎反对意见,这些意见有助于己方完善谈判方案,从多角度评价方案的科学性和可行性,提高谈判成功的概率。

模拟谈判的仿真程度越高,对谈判计划做出的修正才更可信和更具有价值。

 思考题

1. 商务谈判的准备工作主要从哪些方面展开?
2. 为保证谈判的成功,需要搜集哪些方面的信息资料?
3. 信息搜集整理的方法有哪些?
4. 在制定谈判方案时应考虑哪些因素?
5. 一个完整的谈判方案中应包括哪些内容?
6. 如何才能制定出切实可行的谈判目标?
7. 商务谈判策略的含义是什么?在制定谈判策略时应考虑哪些因素?

 阅读材料

美国谈判专家建游泳池

美国有位谈判专家想在家中建个游泳池,建筑设计要求非常简单:长 30 英尺,宽 15 英尺,有温水过滤设备,并且在 6 月 1 日前做好。谈判专家对游泳池的造价及建筑质量等方面是个外行,但这难不倒他。在极短的时间内,他不仅使自己从外行变成了内行,而且还找到了质量好价钱便宜的建造者。

谈判专家先在报纸上登了个想要建造游泳池的广告,具体写明了建造要求,结果有 A、B、C 三位承包商来投标,他们都递交了承包的标单,里面有各分项工程所需的器材、费用及工程总费用。谈判专家仔细地看了这三张标单,发现所提供的温水设备、过滤网、抽水设备、设计和付钱条件都不一样,总费用也有差距。

接下来的事情是约这三位承包商来他家里商谈,第一位约定早上 9 点钟,第二位约定 9 点 15 分,第三位则约在 9 点 30 分。第二天三位承包商如约而来,他们都没有得到主人的马上接见,只得坐在客厅里彼此交谈着等候。

10 点钟的时候,主人出来请第一位承包商 A 先生进到书房去商谈。A 先生一进书房就宣称他的游泳池一向是造得最好的,好游泳池的设计标准和建造要求他都符合,顺便还告诉主人 B 先生通常使用陈旧的过滤网,而 C 先生曾经丢下许多未完成的工程,并且 C 先生现在正处于破产的边缘。接着又换了 B 先生进行商谈,从他那里又了解到其他人所提供的水管都是塑胶管,自己提供的才是真正的铜管。C 先生告诉主人的是,其他人所使用的过滤网都是品质低劣的产品,并且往往不能彻底完工,拿到钱之后就不管了,而他则是绝对做到保质保量。

　　谈判专家通过静静地倾听和旁敲侧击地提问,基本上弄清楚了游泳池的建筑设计要求及三位承包商的基本情况,发现 C 先生的价格最低,而 B 先生的建筑设计质量最好。最后他选中了 B 先生来建造游泳池,而只给 C 先生提供的价钱。经过一番讨价还价之后,谈判终于达成了一致。

【问题与思考】

(1)分析本次谈判中信息准备的特点;

(2)谈谈本次谈判中所运用谈判策略的特点。

第三章 商务谈判策略

 内容提示

本章主要介绍商务谈判在不同阶段所采用的一些基本策略和方法,如商务谈判的开局气氛营造策略;谈判的主动权谋取策略;报价的依据,报价的方式,定价策略,报价策略;讨价还价的策略;让步的原则、方式和方法;成交应具备的条件,成交的表达策略,成交信号的接受策略,成交的促成策略。

第一节 商务谈判气氛的营造

商务谈判的开局对整场谈判有着重要的影响,一个良好的开局会为接下来的谈判取得成功打下一个良好的基础。商务谈判者都是为了现实的利益而来,都想通过谈判获取更多的利益,因此谈判者之间很难做到完全的相互信任,总会存在着某些猜忌。要想使谈判能够顺利进行并最终取得成功,必须尽可能地在谈判对象之间建立起信任感,消除相互之间的猜忌。所以,成熟的谈判人员大多会在谈判一开始就主动营造一种热情友好、真诚合作、认真解决问题的谈判气氛,借此推动谈判的顺利进行,促成谈判的成功。

一、商务谈判气氛的含义和类型

(一)商务谈判气氛的含义

谈判气氛是指谈判对象之间的相互态度,以及由此引起的谈判人员心理、情绪和感觉上的反应。

谈判气氛在谈判对象刚一碰面时就开始形成,即第一感觉。随着双方接触的深入,尤其是谈判进入到利益纷争阶段后,双方的态度会发生修正或改变,谈判的气氛也会随之发生变化,因此,在谈判过程中谈判气氛不是一个常量,而是一个变量,谈判者需要随时关注谈判气氛的变化。

谈判气氛是由参与谈判的所有谈判者的情绪、态度和行为共同塑造的,任何谈判个体的情绪、态度和行为都可能影响甚至改变谈判气氛。而谈判气氛也会影响到谈判者的情绪、

第三章 商务谈判策略

态度和思维，从而对谈判产生不同的影响。因此，如何营造一种有利己方的谈判气氛，从而控制谈判和谈判对手，就成了谈判者需要认真研究的重要课题。

（二）商务谈判气氛的类型

对于不同的商务谈判，由于谈判对象和谈判内容的不同，所形成的谈判气氛也不尽相同，概括起来，商务谈判的气氛有如下几种类型：

（1）热情友好、互谅互让、轻松愉快的谈判气氛；
（2）坦诚友好、平等协商、互利共赢的谈判气氛；
（3）简洁明快、节奏紧凑、速战速决的谈判气氛；
（4）冷淡、平静、慢条斯理、旷日持久的谈判气氛；
（5）紧张、强硬、对立的谈判气氛。

不同的谈判气氛对谈判的影响是不同的，一种谈判气氛可在不知不觉中会把谈判朝某种方向推进，比如：热烈、积极、合作的气氛会把谈判朝着达成一致的方向推进；冷淡、对立、紧张的气氛会把谈判推向更为困难的境地。

二、良好商务谈判气氛的作用

商务谈判气氛的好坏直接关系到整场谈判的顺逆成败，会对谈判的进程和结果产生重要的影响。

商务谈判大多属于互利合作型谈判，成熟的谈判人员大多会努力实现互利互惠的谈判结果。自商务谈判的开始，谈判人员就会努力营造热情友好、真诚合作、认真解决问题的谈判气氛，借此推动谈判的顺利进行，促成谈判。

（1）良好的商务谈判气氛会为已经开始的谈判奠定一个相互信任的良好基础；
（2）良好的商务谈判气氛会向对方传达一种友好合作的信息；
（3）良好的商务谈判气氛能减少对方的防范心理；
（4）良好的商务谈判气氛会有利于协调双方的思想和行动；
（5）良好的商务谈判气氛能显示谈判者的文化修养和谈判诚意。

许多谈判案例表明，在谈判开局阶段建立起一种良好的商务谈判气氛是非常必要的，这有利于谈判双方之间的沟通和协商。

三、影响商务谈判气氛选择的因素

不同的商务谈判，会有不同的谈判气氛。谈判气氛的选择受到谈判双方实力对比、谈判形势等一系列因素的制约和影响。要选择适当谈判气氛，必须全面考虑以下诸因素，在

实施时还要依据谈判经验进行适当调整。

(一) 谈判双方之间的关系

谈判双方之间的关系,可以概括为如下几种情况。

(1) 双方在过去有过业务往来,且关系很好,则这种友好的关系应作为双方谈判的基础。在这种情况下,开局阶段的气氛应是热烈、真诚、友好和轻松愉快的。开局时,我方谈判人员在语言上应是热情洋溢的,交谈内容上可以畅谈双方过去的友好合作关系,也可适当地称赞对方企业的进步与发展,态度上应该比较自由、放松、亲切。

(2) 双方有过业务往来,但关系一般。那么开局的目标是要争取创造一个比较友好、和谐的气氛。此时我方的谈判人员在语言的热情程度上应有所控制,在内容上,可以简单聊一聊双方过去的业务往来及人员交往,也可说一说双方谈判人员在日常生活中的兴趣和爱好。在态度上,可以随和自然。

(3) 双方过去有过一定的业务往来,但我方对对方的印象不好,则开局阶段谈判气氛应是严肃、凝重的。我方谈判人员在开局时,语言上在注意礼貌的同时,应该比较严谨甚至可以带一点严肃。交谈内容上可以就过去双方的关系表示不满和遗憾,并希望通过磋商来改变这种状况。在态度上应该充满正气,与对方保持一定距离。

(4) 双方是第一次交往。应力争创造一个真诚、友好的气氛,以淡化和消除双方的陌生感,以及由此带来的戒备心理,为后面的实质性谈判奠定良好的基础。为此,己方谈判人员在语言上,应该表现得礼貌友好,但又不失身份,交谈内容上多以比较轻松的中性话题为主,也可以就个人在公司的任职时间、负责的范围、专业经历进行一般性的询问和交谈。态度上应是不卑不亢,沉稳中又不失热情,自信但不傲气。

(二) 双方的实力对比

就双方的实力而言,可以分为以下三种情况。

(1) 双方谈判实力相当。为了防止一开始就强化对手的戒备心理和激起对方的对立情绪,以致影响实质性谈判,在开局阶段,仍然要力求创造一个友好、轻松、和谐的气氛。本方谈判人员在语言和姿态上要做到轻松而不失严谨,礼貌而不失自信,热情而不失沉稳。

(2) 我方谈判实力明显强于对方。为了使对方能够清醒地意识到这一点,并且在谈判中不抱过高的期望值,从而产生威慑作用,同时又不至于将对方吓跑,在开局阶段的语言和姿态上,既要表现得礼貌友好,又要充分显示出本方的自信和气势。

(3) 我方谈判实力弱于对方。为了不使对方在气势上占上风,从而影响后面的实质性谈判,开局阶段,在语言和姿态上,一方面要表示出友好和积极合作的态度;另一方面也要充满自信,举止沉稳,谈吐大方,使对方不至于轻视己方。

四、商务谈判气氛的营造

在商务谈判中,谈判对象所处的地位和谈判目标是不同的,谈判各方为取得最大限度的谈判利益,都希望营造一种对己方有利的谈判气氛。比如谈判中的强势一方,可以营造一种"我说了算,你得听我的"的强硬谈判气氛,使对方在恐惧中做出最大限度的让步;谈判中的弱势一方,往往会努力营造一种"先追求平等对话,防止谈判破裂,努力实现己方利益"的柔和甚至是能招致对方同情的谈判气氛。

商务谈判大多为互利合作型谈判,一般来讲,谈判对象在谈判中的强弱不是特别明显,所以谈判对象间应以谋求一致为出发点,营造一种诚挚、合作、轻松愉快的谈判气氛。商务谈判气氛的营造方法有多种,不同的方法适合于不同的谈判对象和谈判环境,在谈判实战中应根据具体情况做到灵活运用。

(一)塑造良好的"第一印象"

在商务谈判的开局阶段,谈判人员的精力最为充沛,反应最为灵敏,听力、注意力、观察力大多处于峰值。在谈判对象会面后的短暂接触中,谈判人员的目光、神态、举止、表情、气质、谈话语调等都会对谈判气氛的形成起着关键性的作用,因此,谈判者可从自己的行为、举止入手塑造良好的谈判开局气氛。

(1)双方见面后不要急于切入正题。要想取得一种良好的谈判开局气氛,需要有一定的时间来酝酿,不能在谈判刚开始不久就进入实质性谈判。花一定的时间,利用各种因素,协调双方的思想和态度是很有必要的。

(2)和蔼可亲的面部表情。人的表情能够直接反映谈判人员的心情是信心十足还是满腹疑问,是轻松愉快还是剑拔弩张,是精力充沛还是疲惫不堪。和蔼可亲的面部表情能给人一种信任感,能间接告诉对方,己方是一个宽厚、仁慈的可信赖的贸易伙伴。

(3)良好的气质。气质是指人们相对稳定的个性特征。良好的气质,是以人的文化素养、文明程度、思想品质和生活态度为基础的。良好的气质首先体现出一个人丰富的内心世界和良好的品德修养,其次还体现出为人真诚,心地善良的良好作风。作为一个谈判者,具备良好的气质可以增强对对方的吸引力和信任感,有利于良好谈判气氛的建立。

(4)翩翩的风度。风度是气质、知识及素质的外在表现。饱满的精神状态,诚恳的待人态度,受欢迎的性格,幽默文雅的谈吐,洒脱的仪表,恰当的举止,能够充分吸引人的注意力,给人以好感。

(5)恰当的服饰。谈判人员的服饰是决定其形象的重要因素之一。服装的款式、色调、整洁、得体与否,饰物的选择与佩带,从一个侧面反映着谈判人员的心理特征,影响着对方对己方的判断。要塑造良好的第一印象,整洁、得体的着装,恰当的饰物自然是不可缺少的。

通过自我形象的塑造，使对方对己方产生好感和信任感，从而建立起良好的谈判开局气氛。

（二）坦诚相待

坦诚相待是近年来很多谈判专家日益重视的一种策略，其基本特点是以开诚布公的方式向谈判对手陈述自己的观点和想法。坦诚相待的妙诀在于获得对方的同情和信任。一般而言，谈判者之间不可能做到完全的相互信任，总会存在着某些猜忌。谈判专家的高明之处，不在于企图消除这种猜忌，而是巧妙地利用这种人所共有的心理，使对方情愿从好的方面进行猜测，创造感情上的相互接近，从而达到使对方支持自己的观点、赞同自己的主张的目的。坦诚相待是获得对方理解、尊重的好方法。如能运用好这一方法，可以把低调的谈判气氛转化为高调气氛，把关系一般的贸易对象转化为利益共享、彼此照应的战略性贸易伙伴。

案例 3-1

我国北方的一座城市曾与美籍华侨洽谈一个合资碳化硅的项目。开始时，这位华侨对这个项目兴趣不大，只是在国内亲友的一再劝说下，才勉强同意与有关方面进行接触。这个城市的洽谈小组由副市长领导，在会谈的过程中，他们对这位华侨的态度十分友好和坦率。他们把自己的实际情况，包括搞这个项目的目的，项目对当地冶金工业发展的重要性，独资兴办这个项目存在的困难，以及他们对国外华侨的期望等和盘托出。这位华侨觉得对方非常的坦率，很受感动，就提出了许多有价值的建议。最后，双方经坦诚的会谈，很快签订了意向书，会谈取得了很好的效果。

运用这一方法营造良好的谈判开局气氛时，应注意下列问题。

（1）要敢于流露己方的真实情感。真实的情感流露往往能满足听者的自我意识，并得到尊重感。为此，要肯于表露自己真实的希望和疑虑，公开自己的立场和目标，用行动使对方认为己方是值得信赖的。

（2）坦诚要适度。坦诚相待并不是要把一切和盘托出，一般情况下，把自己情况的百分之八十告诉对方就称得上很坦诚了。若谈判对方为长期合作的老客户，坦诚的程度可大一些，以增强协作意识。特别指出的是，己方的谈判底线是无论如何不能坦诚相告的。

（3）坦诚也要看对象。坦诚的成功取决于对方的合作，如果向那些一味地谋求自己单方面利益的人和盘托出，会有致命危险。在这个意义上，坦诚相待也具有一定的冒险性。一般来讲，坦诚相待比较适合于有长期的业务合作关系的双方，以往的合作双方都比较满意，彼此又比较了解,不用太多的客套,直接坦率地提出己方的观点、要求,减少了外交辞令,节省了时间,反而更能使对方对己方产生信任感。坦诚相待也比较适合于对待心胸豁达的谈判者,如果对方谨小慎微,这种方法的效果不会太理想。坦诚相待还可用于谈判实力较弱的一方,当己方的谈判实力明显不如谈判对方,并为双方所共知时,坦率地表明己方的弱点,让对方加以考虑,更表明己方对谈判的真诚,同时也表明对谈判的信心和和己方的能力。

(4)谈判人员必须具备坦诚守信的素质。朝令夕改、出尔反尔不可能在谈判对象之间建立起信任感。谈判者的谈判态度、风格也应与坦诚的语言表达相符,虚情假意会加强对方的不信任感。

(5)采用这种方法时,要综合考虑多种因素,例如,自己的身份,与对方的关系,当时的谈判形势等,切忌自作多情。

坦诚对于谈判者的作风而言是极其重要的。言而有信,令对手放心。以心换心,以诚相待,就能促成谈判的顺利进行并达成良好的结果。相反,如果双方顾虑重重,谈判气氛高度紧张,那么就不可能取得良好的谈判结局。谈判要求谈判者精明,甚至精明得令人很难对付,但同时他也必须是个说话算数的人,是个可以信赖的人,这样双方才能真诚合作。不仅谈判桌上需要真诚,合同签订后双方也必须严格执行。

(三)幽默技巧

在商务谈判中,谈判者可以借助风趣诙谐的语言技巧,在哈哈一笑中,打消对方的戒备心理,引起对方的好感和情感的共鸣,使其积极参与到谈判中来,从而营造高调谈判气氛。恩格斯说过:"幽默是具有智慧、教养和道德上具有优越感的表现。"幽默的谈吐,可以使谈判气氛轻松活泼,提高谈判人员对谈判的兴趣。幽默包含多种类型,谑称的幽默、反语的幽默、黑色的幽默、荤段子等。

案例 3-2

在某次贸易洽谈中,双方都很激动,紧张、争执弥漫了整个谈判室,谈判终于陷入僵局。这时一个上了年纪的老先生慢慢说了一个故事。

有一个在越南战场上服役的美军,历经四年艰难的战争生活后退役回家,他拍了一份电报给家中的妻子:"将在星期六下午两点到家,迫不及待,我爱你。"当他星期六下午一点半钟到家时,一切都静悄悄的。他发现后门没关,就从那儿进去了。接着他听见卧室有动静,他心里想,她一定在准备中,于是他冲到房门口,想给她一个惊喜,却见她正和一个男人躺在床上。这个退役美军不由勃然大怒,他跑出了屋子,直接到他双亲的家里,告诉他的父亲,有关他常年在外所受的苦楚,那封电报以及他妻子的不忠。

他的父亲是一个很有哲学味的人，相信任何事情都是可以解释的，于是就来到了媳妇家，看看到底是什么缘故。一小时后，他父亲满面笑容地回来了。"发生了什么事？"满怀怒气的儿子问他："到底是怎么了？"他的父亲说道："我告诉你，任何事情都是可以解释的，她根本没有接到你的电报。"

老先生的话引起了哄堂大笑，而且奇怪的是，谈判的气氛也随之缓和起来。你很难想象居然彼此也都开始认真倾听对方的"充分解释"了。

运用幽默技巧营造良好的谈判气氛时，应注意如下问题。

（1）幽默是一门高超的语言艺术，要驾驭这种方法，对谈判人员的素质要求比较高，谈判人员除了必须具备良好的文化素养以外，还应具有良好的气质和风度。在谈判桌上应避免冷笑话。

（2）千万不要在幽默中加进嘲笑对方的成分。幽默应该是善意的、友好的，要做到调皮而不风凉，委婉而不悲观，尖锐而不刻薄。只有这样才能增进双方之间的感情，强化信任感，消除对方的戒备心理，建立起良好的谈判气氛。

（3）幽默要合时宜，即要符合谈判对象、环境和事项。幽默应因人、因事、因地、因时而发。

（4）尽量避免使用荤段子，尤其是有异性在场时应绝对避免使用，与新客户之间的谈判也应尽量避免使用，过多使用荤段子会使谈判对手怀疑你的人品。

（四）协商一致

所谓协商一致，是指在谈判开始时，为使谈判对象之间产生好感，以协商、友好、婉转的交谈方式，创造或建立起对谈判的一致感觉，从而使谈判双方在愉快友好的气氛中不断将谈判引向深入的一种营造开局气氛的方法。

现代心理学研究表明，人们通常会对那些与其想法一致的人产生好感，并愿意将自己的想法按照那些人的观点进行调整。这一研究结论是协商一致方法的理论基础。从交际心理学的角度看，谈判人员虽然有着不同的身份、地位、社会经历、性格特征，但在谈判过程中都有一种获得尊重，取得合作与友谊的需要。因此，己方在谈判开始时的寒暄和开局陈述时，应注意从当时的客观背景、谈判态势以及谈判对手的年龄、地位、性格等情况出发，力求使己方的表达从方式到内容都符合对方的主观心理要求，从而达到建立起良好谈判开局气氛的目的。运用协商一致方法营造谈判开局气氛时，要求谈判者以一种协商、友好、婉转的口吻来征求谈判对手的意见，而不是以陈述甚至命令的口吻与对方交谈。这一方法容易为对方所接受，促使对方点头称是，忽略彼此间的不同，并使双方在友好、愉快、轻松的气氛中将商务谈判引向深入。

第三章　商务谈判策略

一般来讲，在下列情况下适于采用这一策略：
（1）谈判双方均为老客户，相互之间非常熟悉，彼此都相互尊重；
（2）商务谈判的双方都有良好的谈判意愿，彼此相互信任，对本次交易都表现出极大地热情，均希望能尽快促成当前的交易；
（3）己方希望淡化此次交易的竞争态势，巩固与对方的贸易关系，力图将对方发展为己方可信赖的贸易伙伴。

运用这一方法营造良好的谈判开局气氛时，应注意下列问题。
（1）努力培养双方的一致感，要以协商、婉转的口气表述，比如，"我们先确定会议议程，您看是否合适？"。要淡化语言的主观色彩，切忌"我提出……"，"我方认为……"等谈话方式。
（2）表达用语多为礼貌用语、寒暄用语、假设用语，语气要柔和，音量适中，发音清晰。
（3）拿来征求对手意见的问题应是相对次要的问题，即对手对该问题的意见不会影响到本方的具体利益。
（4）在赞成对方意见时，态度不要过于献媚，要让对方感觉到自己是出于尊重，而不是奉承。

此外，协商一致方法还可用作谈判控制策略，在谈判开始时以协商方式诱使谈判对手走入既定安排，从而谋取谈判的主动权。例如："您看我们先讨论×××条款，然后再讨论×××条款怎么样？"

（五）真诚赞美

赞美法是指通过称赞对方来缩短与对方的心理距离，增强对方的认同感，从而激发对方的谈判热情，调动对方的情绪，营造和谐、友好的谈判气氛的方法。从心理学的角度看，任何人都希望得到别人的称赞和表扬，被称赞者往往会表现出心情的愉悦，认同感的加强，心理防线的减弱。适当的赞辞是商务谈判双方交往的理想媒介，也是融洽谈判双方关系的润滑剂。每一个人都有一些自以为是的方面，人们为此而感到自豪，并希望为他人所知，被他人承认和赞扬，谈判人员也是如此。在谈判过程中，适当地赞美对方可培养良好的人际关系和融洽的谈判气氛，对谈判起到良好的促进作用。

案例 3-3

美国柯达公司创始人乔治·伊斯曼打算捐巨款建造一座音乐厅，一座纪念馆和一座戏院。为承揽这批建筑物内的座椅，许多制造商展开了激烈的竞争。

但是，找伊斯曼谈生意的商人无不乘兴而来，败兴而归。在这样的情况下，美国优美座位公司的经理亚当森前来会见伊斯曼，希望拿到这笔生意。秘书简单介绍亚当森后，便退了出去。这时，亚当森没有谈生意，而是说："伊斯曼先生，我仔细观察了您的这间办公室，我本人长期从事室内装修，但从来没见过装修得如此精致的办公室。"伊斯曼回答说："哎呀！您提醒了我，我都忘记这件事了，这间办公室是我亲自设计的，当初刚建好的时候，我喜欢极了，但后来一忙，一连几个星期都没有机会仔细欣赏一下这个房间。"

亚当森看到伊斯曼谈兴正浓，便好奇地询问起他的经历。伊斯曼便向他讲述了自己青少年时代的苦难生活；母子俩如何在贫困中挣扎的情景；自己发明柯达相机的经过；以及自己打算对社会的巨额捐赠等等。亚当森由衷地赞扬了他的功德心。最后，亚当森不但得到了大批订单，而且和伊斯曼结下了终生的友谊。

赞美对方的话题通常有：
（1）适宜赞美的对方个人因素，如个人的仪容仪表、举止谈吐、风度气质、专业才能、特长、服饰、家庭成员等；
（2）适宜赞美的对方企业因素，如企业规模、品牌知名度、经营业绩、管理水平、服务水平等；
（3）赞美对方所在国家和城市，如名胜古迹、人文环境、社会风貌、历史名人、自然环境等。

采用赞美法时应该注意以下几点。
（1）选择恰当的赞美目标。选择赞美目标的基本原则是投其所好，即选择那些对方最引以为自豪的，并希望他人注意的方面进行赞美。切不可选错赞美目标，乱加赞美，甚至触及个人隐私。
（2）对异性谈判者的赞美，要多加小心，一般应运用笼统的、抽象的赞辞，以避免招致不必要的误会，起到相反的作用。
（3）真诚赞美对方，切忌虚情假意。对对方的赞美一定要自然，恰如其分。不要言过其实，过分吹捧，让对方感到你是在刻意奉承他。
（4）要重视被赞美者的情绪及心理反应。如果对方对己方的赞美有初步的良好反应，可继续实施适度的赞美。如果对方对己方的赞美反应冷淡，应停止赞美。在商务谈判中，并不是所有的谈判者都乐于接近赞美者。就是同一个谈判者，在不同的谈判环境中，对赞美也会产生不同的心理效应，赞美者应尊重被赞美者的个性，照顾到对方的自我意识。

（六）投其所好

几乎每一个人都有其特定的爱好，比如：古玩、字画、音乐、美食、体育运动等等。只要能巧妙的投其所好，就能打动对方，营造出良好的谈判气氛。

第三章　商务谈判策略

案例 3-4

1972年2月，美国总统尼克松应邀访问中国。中美两国紧闭了二十多年的大门终于打开了，但由于历史的原因和意识形态的对立，双方还存在很强的戒备心理和彼此的不信任。为了创造一种融洽和谐的会谈气氛，中国方面在周恩来总理的亲自领导下，对接待的全过程做了精心而又周密的准备和安排，其中的一件轶事曾在外交界传为佳话：在欢迎尼克松一行的国宴上，尼克松竟听到了中国军乐队演奏的，他平生最喜爱的一支曲子《美丽的亚美利加》，这是一支赞美他的家乡的抒情乐曲，尼克松总统绝没有想到能在中国的北京听到他最喜欢的乐曲。敬酒时，他特地到乐队前表示感谢。而这种融洽、热烈的气氛也感染了在场的每一位美国客人。周总理的一个小小的精心安排，赢得了和谐、融洽的谈判气氛，这不能不说是一种高超的谈判艺术，也体现了周总理的过人之处。

（七）先谈点别的

对于初次会面的谈判者，双方都有非常强的戒备心理，见面后直接进入正题会强化这种戒备心，这对于谈判的发展是不利的。谈判双方见面后，花点时间酝酿一下感情很有必要。也就是说，见面后最好先谈点与本次谈判无关的中性话题，以避免见面后的直接交锋，破坏谈判的气氛。

谈判人员可使用的中性话题很多，比如：当前社会人们普遍关心的热点新闻、热门话题；名人轶事；体育新闻、文娱消息；个人的爱好和兴趣；气候、季节；当地的风俗、风景名胜；女性谈判者之间还可以谈谈自己的孩子、着装等等。

案例 3-5

在前英国外交大臣艾登的《回忆录》中，谈到1954年日内瓦会议期间，他邀请周恩来共进晚餐一事。

"我邀请周恩来和他的同事一起共进晚餐。我不打算在席间谈论会议当前的事态，只想随便谈一些往事，因为这样做往往可以找到一些事情或机会，促成双方相互了解。我们的宴会进行得很融洽，我尽量避免讨论会议的工作，周恩来也这样。我们谈到我们的经验以及第二次世界大战远东和欧洲的事态发展。他告诉我中国人民曾经忍受的苦难，他回忆起1934年的长征历程，当时中国红军在亚洲最艰难险阻的土地上迈开双腿，步行6000英里。他的同事也都参加了这次谈话，大家谈得很愉快，也确实是令人感到轻松和必要的一次聚会。"后来证明，周恩来与艾登的这次聚会，对促进两国的正常交往确实起到了积极的作用。

运用这一方法营造良好的谈判气氛时,应注意下列问题:

(1) 选择积极的中性话题。积极的中性话题容易使对方向己方靠拢,并表现出趋附、接受的态度。消极的中性话题则容易使对方背离己方,使对方怀疑己方的谈判诚意。

(2) 应选择双方都知晓且感兴趣的中性话题。对方不清楚或不感兴趣的话题会使对方无法入题,形成不了话题的互动,会造成开局的冷场。

(3) 互述中性话题的时间不可太长,应适可而止,避免过分的闲聊,浪费谈判时间。

(八) 让环境说话

用环境来塑造一种良好的谈判气氛,是商务谈判中行之有效且比较容易实施的一种方法。

优秀的谈判者都深知环境对谈判的影响。美国总统杰弗逊曾经针对谈判环境说过这样一句话:"在不舒适的环境下,人们可能会违背本意,言不由衷。"英国政界领袖欧内斯特·贝文也曾说过,根据他平生参加的各种会谈的经验,他发现,在舒适明朗、色彩悦目的房间内举行的会谈,大多比较成功。

古往今来,用环境来塑造谈判气氛的例子比比皆是,森林小屋、乡间别墅、皇宫大院、豪华酒店,甚至是军舰、游艇、古代牢房都曾留下谈判者的足迹。在商务谈判中,只要能让对方感到新奇,能产生一种异样的滋味,能够激发起对方的兴趣,无论何地都可做谈判的场所。当然,在选择谈判场所时还应考虑谈判的成本。

案例 3-6

1935 年 3 月底,英国外交大臣艾登访问苏联,商讨有关纳粹德国与欧洲局势以及两国友好合作问题。由于在此之前英国和其他国家对苏联的仇视和封锁,对上述问题双方存在不少分歧,为此苏联外长李维诺夫邀请艾登共进午餐。艾登在其《回忆录》中对这次午餐作了这样的记述:

"我们在令人心旷神怡的原野之中的平坦道路上行驶了约 20 英里,到了林中别墅,内有一座花园,甚至还有几只鸭子。这座乡间别墅设备简单,但很风雅,而且这次午餐,即使按照我们好客的主人们的标准几乎也是一次宴会。在正餐前先上的菜照例是鱼子酱和烤小猪,正餐后还有干果布丁。但是,餐桌的中心(从实际位置和政治意义说来都是中心)是装饰着玫瑰花的奶油,上面还有'和平是不可分割的'字样。我对这种情感是赞成的,但即使我不赞成,在受到那样的欢迎之后,我也难以提出反对意见。谈话的题目仍然同正式会谈时一样,但是气氛更加轻松了。"

(九) 运用情感的力量

这一方法是通过某一特殊事件、事物和方法来引发普遍存在于人们心中的情感因素,

第三章 商务谈判策略

并使这种情感迸发出来，从而达到营造谈判气氛的目的。情感是多种多样的，有同学之情、朋友之情、师生之情、恋人之情、亲情，还有崇敬之情、怜悯之情、爱慕之情等等。这些形形色色的情感是维持人与人之间关系的基本纽带。感情的力量是巨大的，为朋友可两肋插刀、赴汤蹈火就是典型的写照。在商务谈判中，巧妙地利用这一力量，能为谈判开拓出一条柳暗花明的通道。

案例 3-7

1945 年 7 月 1 日，黄炎培等 7 位国民参政要员应邀访问延安。"我们 20 多年不见了"这是毛泽东和黄炎培握手时说的第一句话。黄愕然，毕竟是第一次见面呀！毛泽东笑着说："1920 年 5 月某日在上海，先生主持会议欢迎杜威博士，演讲内容……，那一大群听众之中就有一个毛泽东。"黄炎培深感意外，想不到当年在一群听众之中，竟有这样一位盖世英豪。他盛赞毛泽东的好记性，原先的陌生感一扫而空。次日，黄炎培等 6 人又应邀到杨家岭，他走进毛泽东的会客室，蓦然发现当中一幅画极为熟悉，画面是一把酒壶，上书"茅台"二字，壶边几只杯子，画上还有一首诗：

喧传有客过茅台，酿酒池中洗脚来。

是假是真我不管，天寒且饮两三杯。

一种怀旧之感不禁油然而生，这不正是自己的题诗？不错，这幅画原是叔羊（沈钧儒次子）为沈钧儒画的，作于 1943 年国民党掀起第三次反共高潮时。在请自己题词时，因忽然想起了长征中共产党人在茅台酒池里洗脚的谣传，针对这个谣传，题写了这首七绝诗以讽喻之。万没想到，这一幅画竟挂在中共领袖的客厅里！

顿时，一股知遇之情似暖流流通了黄炎培的周身，深感与毛泽东等共产党人一见如故，可以推心置腹。事实证明，延安会谈坚定了黄炎培先生今后方向，而毛泽东精心创设的会谈气氛与环境，又为会谈的成功奠定了基础。

这一方法运用的关键是要敢于流露自己真实的情感，用真情去打动对方。《三国演义》中的刘备就把这一策略运用到了极致，其中的"三顾茅庐"和"长坂坡摔子"就是这一策略成功运用的典范。

（十）低调谈判气氛的营造

低调谈判气氛是指紧张、强硬、对立，或者是消极、冷淡、沉闷的谈判气氛。在商务谈判中，居于明显优势的一方为了实现本次谈判利益的最大化，或者是谈判条件已逼近己方最低目标的一方为确保不亏损，常常主动营造这种不正常的谈判气氛，以此给对方施加

心理压力，迫使对方做出最大限度的让步。

低调谈判气氛会给谈判双方造成较大的心理压力，在这种情况下，哪一方心理承受力弱，哪一方往往会首先妥协让步。因此，在营造低调气氛时，本方一定要做好充分的心理准备，并要有较强的心理承受力。

通常在下列情况下，谈判者会主动营造低调的开局气氛：

（1）一方居于绝对优势地位，另一方有求于该方；

（2）一方还有足够的讨价还价筹码，并且某些条款并未达到本方的要求，如果本方施加压力，对方还会做出让步；

（3）一方有很大的选择余地，不惧怕谈判失败；

（4）谈判条件已逼近己方的最低目标，已无让步的余地，但对方仍紧追不放。

营造低调气氛的方法有多种。

（1）降低谈判的规格。主谈人退场或不出场，由谈判辅助人员和对方保持接触，且不触及谈判的实质内容，谈判态度既不积极，也不主动，顺其自然发展。

（2）沉默法。以沉默的方式来使谈判气氛降温，从而达到向对方施加心理压力的目的。这里所讲的沉默并非是一言不发，而是指本方尽量避免对谈判的实质问题发表议论。

（3）疲劳战术。是指围绕某一个问题与对方死磨硬泡，从生理和心理上使对手疲惫，降低对手的谈判热情。

（4）指责法。是指抓住对手的某些错误横加指责，使对方感到己方蛮横无理，不通人情。

（5）求疵法。类似于指责法，但多用于买方，买方对卖方提供的产品品质、服务质量等横加指责，有意夸大产品疵点，使对方感到不快，甚至使对方也怀疑自己提供的产品或服务的质量水平，从而促成对方的让步。

（6）攻击法。是指通过语言或行为来表达己方强硬的态度和坚强的意志力，从而获得谈判对手必要的尊重，并借以制造心理优势，使对手不敢轻视己方。这一方法通常在以下情况下使用：发现谈判对手在刻意制造低调气氛，这种气氛对本方的讨价还价十分不利，如果不把这种气氛扭转过来，将损害本方的切实利益。

在商务谈判中，谈判气氛并非是一成不变的。谈判人员可以根据需要来营造适合于己方的谈判气氛。但是，谈判气氛的形成并非完全是人为因素的结果，客观条件也会对谈判气氛有重要的影响，比如节假日、天气情况、突发事件等。因此，在营造谈判气氛时，一定要注意外界客观因素的影响。

第二节 谈判主动权的谋取

在商务谈判中,谈判者为了实现己方谈判利益的最大化,都会力求自谈判开始直至结束的全过程中,将谈判的主动权控制在自己的手中,以求控制谈判,引导谈判按照己方的设想向前发展。从一定意义上讲,商务谈判过程就是一场以谋求谈判主动权为手段,通过控制与反控制的较量,实现谈判利益最大化的过程。

谈判也是一个双方观点互相影响的过程,参与谈判的各方都希望在谈判中掌握主动,不为对方所左右,并进而影响对方。在商务谈判中,存在着对谈判的进程和发展方向具有决定性作用的三个基本要素——资讯、时间和权利,要在谈判中掌握主动,最关键的是有效把握影响谈判进程的这三个基本因素。通过在谈判的资讯、时间和权力三方面取得优势,从而谋取谈判的主动权。

一、资讯优势制造法

资讯是指与谈判活动有密切联系的各种信息及状态的总和。资讯优势制造法,是指商务谈判的一方,在充分分析己方所掌握的较全面、较准确的资讯的基础上,利用资讯可能产生的种种效应,以谋取谈判的优势和主动的策略方法。

案例 3-8

1985年7月,长沙人民织布厂与原联邦德国的伊尔玛公司正式签署了购买价值180万马克旧织布机的合同。按合同规定,中方必须在8月底付出一半资金。因客观原因,中方在11月30日才付出这笔资金。经谈判,德方对我方的谅解请求给予同意。但到了12月18日,德方突然要求中方赔偿违约金和利息65万马克。我方一方面对德方表示不解和愤慨,另一方面积极采取应对措施。恰在此时,了解内情的记者在当地影响力较大的《津茨堡城分报》头版头条刊登了题为"织布机引起的激烈争论——中国工厂感到受骗"的长篇消息,还配发了照片,顷刻间引发了公众的强烈反应。不少人认为:"这种商人不能代表德国"。几乎每天都有人来看望在该公司拆卸旧织布机的中国工人。这时,中国工人也积极开展联合活动,利用联邦德国新闻界人士组成的津茨堡"君子俱乐部"邀请中国人参加周末午餐的机会,出示了我方与伊尔玛公司签订的合同、清单,解答了许多问题,得到了当地公众舆论的同情与支持。联邦德国第三大银行大众银行津茨堡分行行长主动帮助我方了解到伊尔玛公司这套设备的来龙去脉和原价。伊尔玛公司在种种不利因素面前最后不仅放弃了65万马克的索赔,还把购买设备的180万马克降到150万马克。再次签约后,双方握手言和,重归于好。

资讯是取得商务谈判成功的钥匙。一方面，资讯是制定谈判策略的依据。谈判策略正确与否，在很大程度上决定着谈判的成败。要使所制定的谈判策略切实有效，就必须要有可靠的大量资讯作为依据；为了使谈判过程始终指向谈判目标，在谈判过程中会随时调整谈判策略，这也必须有准确的咨讯作为准则和尺度。另一方面，资讯还是控制谈判的手段，资讯会产生出种种效应，这些效应会影响谈判的进程和发展方向，它还影响到对谈判趋势的评价和所应采取的措施。在商务谈判中，谁在资讯的占有上拥有优势，谁就有可能制定出正确的谈判策略，并充分利用资讯产生的效应，在谈判中掌握主动权。

运用资讯优势制造法的技巧及应注意的问题如下。

（1）做好搜集、筛选、传递资讯的基础工作。

要形成资讯优势，基本条件是要有谋求资讯优势的迫切需要和现实可能。为此，要力求掌握与谈判活动有密切联系的各方面信息，并保证资讯的全面性、可靠性和有效性；要明确资讯收集的时间和空间，以保证资讯的系统性和连续性；要维持和发展资讯网络，以保证资讯源和资讯流通渠道的广泛性和多样性；要对资讯进行系统分析，以保证资讯的准确性和可利用性。

（2）精心藏匿己方的资讯。

制造资讯优势的策略是一种在公开自己对藏匿自己，在对方的藏匿中发现对方的策略。要把己方真正的利益、需要尽量加以隐蔽，特别是在还没有完全信任谈判对象时，更应如此。

（3）设法获取对方的资讯。

从一定意义上讲，谈判实际上是资讯的较量。掌握了对方的资讯，就能从扑朔迷离、纷乱如麻的表面现象中发现机会和存在的风险，捕捉到达成协议的共振点。

二、时间优势制造法

这里所说的时间，是指谈判所占用的时间、时间的利用和时间产生的效应，主要包括谈判时间的长短，谈判议题在时间轴上的位置，以及谈判时机的把握等方面。时间优势制造法是指商务谈判的一方从其参与谈判活动所占用的时间、时效，对谈判时机的把握及谈判的截止期限上给对方制造心理与组织的压力，并与己方主动、自如支配时间的自豪感形成鲜明对照，从而谋取谈判优势和主动权的策略方法。

案例 3-9

苏联人想购买美国长岛北岸的一块地皮，准备用来为使馆人员建一座娱乐中心。这块

第三章　商务谈判策略

地皮的售价，当时在 36 万到 50 万美元之间，评估定价是 40 万美元。然而苏联人报的最初价格却低得惊人，他们的出价是 12.5 万美元。而且，他们要求秘密谈判，以不公开为条件、付出少量贴水，获得了一年的独家选择权。借此其巧妙地排除了任何可能的竞争对手，使自己在这场谈判中处于有利地位。谈判过程中，卖主明明知道 12.5 万美元的出价荒唐得可笑，可是由于前面的限制，别无选择，谈判对手只能是苏联人。

经过三个月艰苦的磋商，苏方不情愿地表示："我们知道这个报价是荒唐可笑的，也许我们可以增加一点。"这样卖主把要价从 42 万美元降到 36 万美元。可是苏方并没有把 6 万美元的让步看做是一种慷慨的表现，反而把这种让步看做是对方的软弱，他们没有因此而作出丝毫的让步。只是又过了 5 个月之后，他们才十分小气地增加了一点点，把 12.5 万美元提到了 13.3 万美元。

随着截止期一天天临近，苏联人的出价开始逐步上升；
在截止期满前 10 天，苏联人的出价升到了 14.5 万美元；
在截止期满前 5 天，出价涨到 16.4 万美元；
在截止期满前 3 天，加到了 17.6 万美元；
在截止期满前 1 天，又加到 18.2 万美元；
在截止期这天，苏联人报的价格也只有 19.7 万美元。

截止期过后，谈判陷入了毫无希望的僵局，双方的差距仍然很大。一个要价 36 万美元，而一个只愿意出 19.7 万美元。于是卖方自认倒霉准备结束同苏方毫无意义的讨价还价，把这块地皮公开出卖时，苏联人又找上门来了，时间是截止期刚过一天。于是双方又坐到谈判桌旁。又经过一个星期的激烈的谈判之后，苏联人愿意以 21.6 万美元的现金成交。

然而让卖主更可气的事情还在后头，差不多在一年后，苏方卖掉了他们这块用 21.6 万美元购进的地皮，成交价格是 37.2 万美元。

这场谈判是一场典型的输—赢模式谈判，一方是绝对的赢家，另一方是绝对的输家，苏方只考虑自己的利益，对对方的利益毫不顾及。美方由于丧失了谈判的主动权，对对方既无招架之功，更无还手之力。

从时间控制方面考察这场谈判，有以下三个特点。

（1）苏方几乎无任何时间压力，购买这块地皮，只是想用来为使馆人员建一座娱乐中心。

（2）通过付出少量贴水，获得了一年的独家选择权，借此巧妙地剥夺了对方的选择权，在一年之内排除了任何可能的竞争对手，使自己在这场谈判中处于更加有利的地位。

（3）从苏方的这一连串的报价中可看出，苏方实质性的活动都压缩在截止期前五天的时间内。以前漫长的谈判只不过是一种铺垫，他们的目的是要让卖主在这漫长而艰苦的谈

判中，投入大量的时间和精力，增大对方的负担，使对方不会轻易地放弃同他们的谈判。

时间是影响商务谈判的重要因素，谈判的进程、效率、利益等方面无不与之发生联系。尤其是现代信息技术地发展，提高了谈判双方的信息透明度和对直接对抗后果的预知程度。所以，谈判双方为了获得有利的谈判结果，需要在谈判时间控制上下工夫。

运用时间优势制造法的条件是：选用该策略的一方在谈判时间上有足够的弹性；对方在该场谈判中成交的时间压力很大；一方初步摸清，甚至确切知道对方谈判的截止期限；市场对己方有利，作为买方而言是不愁在市场上买不到想要的产品，作为卖方而言是自己的产品属于皇帝女儿不愁嫁，不存在你买不买的问题，只存在我卖不卖的问题。

运用时间优势制造法的技巧及应注意的问题包括以下四点。

（1）保证己方谈判时间有足够的弹性。一般来讲，在商务谈判中谈判双方或多或少均有一定的时间压力，尽管这种压力有时是潜在的。当谈判者在谈判中感觉到时间有压力时，谈判者的才智发挥会受到影响，判断的准确性可能会下降，谈判策略、技巧的运用也会变形。因此，要保证己方的谈判时间有足够的弹性，尽量避免谈判的紧迫程度。在可能情况下，应适当提前进入谈判。

（2）设法对谈判对方施加时间压力，迫使对方在时间和精力上不断增加投资。在同等条件下不同长度的谈判时间，对谈判的结局有很大影响。充裕的谈判时间，可以对谈判中的种种问题进行缜密思考，对谈判中可能动用的策略方法进行周密地筹划，以求得较佳的谈判结果。因此，应尽可能给谈判对手在时间上施加压力，争取每战必捷。

（3）要对己方的"死线"严加保密，并主动弄清并运用对方的"死线"向其进攻。任何谈判都有从开始到结束的预期时间，一些谈判行家习惯把截止期限称之为"死线"。多数谈判的让步和焦点问题的解决其时间都临近"死线"或越过"死线"。在谈判趋近"死线"时，对双方均会产生很大的压力。因此，要对己方的"死线"保密，同时，要设法知晓对方的"死线"，以谋取谈判的主动权。

（4）不要盲目守着"死线"。要认识到，"死线"可能是对方使用的策略，商务谈判的核心是获取经济利益，守着"死线"，但丧失了己方利益的谈判是没有任何价值的。

三、权力优势制造法

这里所说的权力，不单指日常生活中所说的职务、职级的高低或拥有资源的多寡，还包括谈判者为驾驭全局所持有的权位和力量，其包括的范围更广，比如，法定权、强制权、奖惩权、影响力、选择权等均包括在该范围之内。

权力优势制造法是指在商务谈判中谈判人员充分运用所拥有的权力，并设法使对方感觉到己方谈判人员在谈判中的主动性和支配性，从而使对方在心理上承受己方的"造势"

第三章 商务谈判策略

压力,以谋取谈判的优势和主动的策略方法。

在商务谈判中,谈判者拥有相应的权力是极为重要的,这些权力可以控制谈判的进程和发展方向。然而,并不是所有的谈判者都清楚自己所拥有的权力,更不用说去运用这些权力谋取谈判的主动权,作为一位谈判人员应该对此进行深入地研究。

权力优势制造法的具体运用有很多的方法和技巧。

(一)创造条件获得选择的权力

 案例 3-10

出售奥运会电视转播权,一直是主办国的一项重大权益。1980 年奥运会在莫斯科举行,苏联人当然不会放过这个机会。

在苏联人出售莫斯科奥运会电视转播权之前,购买奥运会电视转播权的最高价格是 1976 年美国广播公司购买的蒙特利尔奥运会转播权,其售价是 2200 万美元。

早在 1976 年蒙特利尔奥运会期间,苏联人就邀请了美国三家电视网的上层人物到圣劳伦斯河上停泊的苏联轮船阿列克赛·普希金号上,参加了一次十分豪华的晚会。苏联人的做法是分别同三家电视网的上层人物单独接触,提出的要价是 2.1 亿美元现金!这个价可比历史上最高的奥运会转播权售价要高出近十倍。之后,苏联人就把美国国家广播公司、全国广播公司和哥伦比亚广播公司的代表请到了莫斯科,请他们参加角逐。用美国广播公司体育部主任茹恩·阿里兹后来的话说:"他们要我们像装在瓶子里的三只蝎子那样互相乱咬,咬完之后,两只死了,获胜的一只也被咬得爬不起来了。"

这一招似乎很灵,三只蝎子开始互相乱咬。在谈判进入最后阶段时,三家电视网的报价分别是:全国广播公司 7000 万美元,哥伦比亚广播公司 7100 万美元,美国广播公司 7300 万美元。

这时候,一般人都认为美国广播公司会占上风。因为他们以前转播放十次奥运会中的八次,经验丰富,而且这时的报价也最高。可是哥伦比亚广播公司突然从德国慕尼黑雇来一个职业中间人鲍克。在鲍克的帮助下,1976 年 11 月苏联谈判代表同哥伦比亚广播公司主席佩里进行了会晤。会晤时达成一项交易,哥伦比亚广播公司同意把价格再次提高,甚至还提出了更多的让步条件。

谈判进行到这个阶段,人们都认为哥伦比亚广播公司已稳操胜券了。可是苏联人在 12 月初又宣布了新一轮报价。哥伦比亚广播公司的经理们又坐立不安了,于是再次返回莫斯科准备最后的摊牌。

最后的摊牌日子是 12 月 15 日,苏联人向三家电视网表明:时至今日所得到的结果只不过是每家都有权参加最后一轮的报价。这使美国人极为愤怒，苏联人的这种蛮横无理的做法一时把美国人气跑了。

可是苏联人还是有办法的，第一，它宣布转播权已名花有主，属于美国 SATRA 公司。这是家极小的公司。苏联人的话听起来就像宣称大美人已与一位两岁的婴儿订婚那么荒唐，苏联人要的就是这个，它又使众多的追求者看到希望。第二，请中间人鲍克再次与三家电视网接触，鲍克能言善辩，长于周旋，是个架梯子的老手。经过这一番努力后，奄奄一息的斗士们终于又爬回了竞技场……

最后，苏联人以 8700 万美元的价格把 1980 年莫斯科奥运会的转播权售给了美国国家广播公司。这个价格是上届奥运会的四倍，比苏联人原先所实际期待的还要高出 2000 万。

在这场谈判中苏联人充分认识到了己方所拥有的选择权，并将这种权力的效应力发挥到了极致，从而取得了辉煌的谈判利益。创造条件获得选择的权力关键要使己方的谈判有回旋余地，要争取面对两个或更多的谈判对手，使己方拥有选择的权力，即"货比三家"。在当前的经济环境条件下，这一策略更适合买方，买方根据两个或两个以上的卖方各自竞争的条件，可以在短时间内取得好的交易条件。

一般来讲，在己方没有选择余地的情况下，最好不要投入谈判。

（二）尽量拥有专业特长权力

因专业知识或谈判经验所形成的权力称为专业特长权力。在商贸谈判中，当其他谈判者认识到你具有的谈判经验、专业知识或特殊技能比他们强时，通常会以一种敬畏的态度对待你。作为一位谈判人员，应尽可能掌握与交易标的相关的专业知识，以求赢得对方的信任和尊重，从而争取谈判的主动。

案例 3-11

在二十世纪八十年代初，上海有一家工厂同外商谈判合资问题，谈判在上海进行，在布置谈判场所时，外商希望在谈判室准备一台微机，中方费了好大的力气，满足了对方的要求。

在谈判过程中，每当涉及价格、市场趋势、外汇平衡等问题时，外商总是把事先带来的软盘插进电脑，然后根据电脑屏幕显示的数据、图表来回答问题，表明态度。中方谈判人员面对这神秘的电脑，面对对方运用电脑的能力，几乎惊得目瞪口呆，自然对通过电脑测算出来的数据深信不疑，没有提出任何异议，谈判的结果自然可想而知。

在 20 世纪 80 年代初，中国关闭了几十年的大门刚刚打开，整个世界对中国人来讲非常陌生，更要命的是中国错过了 20 世纪 70 年代的世界技术革命，在那场技术革命中所诞

第三章 商务谈判策略

生的新生事物，中国人了解很少，所以，出现上述的谈判案例也就不足为奇。在那个时期，中国在从国外引进生产线等大量的谈判中吃了不少不懂技术的亏。

（三）适当地发挥权力的威慑作用

在商务谈判的某些关键场合，要适当地显示己方权力的威慑力量，谈判者可利用对某一事项的明确表态，表明己方权力的合法性、合理性、权威性及最后决定性。一般来说，这种做法对对方可以产生一种心理效应，使对方感到己方不仅有实力，而且能从容地应对各种复杂的对抗局面，从而使对方在精神上总处于一种担忧和怀疑自己能力的状态，最终导致谈判的对抗得到缓解，使谈判局势趋于稳定，从而控制谈判的进程。

（四）抓住契机适当地运用冒险的权力

在商务谈判中，为有力地压迫谈判对方，并对其施加有效的影响，有时要抓住机会适当地运用冒险的权力，策略地采取温和而循序渐进的冒险行动。利用最后通牒、截止期限以及中止谈判等手法，把对方逼进险境，使对方无形之中为己方分担了更多的风险。

当然，冒险不等于盲目鲁莽，事先应缜密分析各种资讯，准确估计各种可能，周密筹划多种策略，并要有风险准备和补救方案。同时，这种冒险，主要应注意在战略决策上胜过对方，尽量避免谈判双方的正面冲突，只是在有限的和受控的范围内进行间接对抗。

第三节 报　　价

报价又称发价或开价，是指谈判一方主动或根据另一方要求向对方提出自己的交易条件的行为。提出的交易条件并非仅指交易价格，还包括商务谈判中需要磋商的各项条款及要求。报价标志着谈判进入到了实质性阶段，也标志着双方的谈判利益在谈判桌上"亮相"。

案例 3-12

1972 年 12 月，在欧共体的一次首脑会议上，撒切尔夫人又一次让人们领教了她坚毅刚强的意志力的"铁"味。她在会议上表示，英国在欧共体中负担的费用支出过多，英国投入了大笔资金，却并未获得应有的利益。她强烈地要求将英国负担的费用每年减少 10 亿英镑。这个高得惊人的要求使各国首脑们脸色发青。他们认为撒切尔夫人的真正目标是减少 3 亿英镑（其实这也差不多是撒切尔夫人的真正意图）。于是他们提议只能消减 2.5 亿英镑。他们认为这个数字可以解决问题。可是撒切尔夫人是一个有着坚强意志力的刚毅的女性，她不为 2.5 亿英镑这个似乎是各国首脑公认的数字所动，仍然坚持自己的立场。这一下，会

谈陷入僵局。一方的提案是每年减少 10 亿英镑，另一方却只同意每年减少 2.5 亿英镑，差距太大，双方难以协调。

这种僵持状态的出现是撒切尔夫人意料之中的事。她的真正目标并不是 10 亿英镑，但她的策略就是提出相当多的要求，并顽强地坚持自己的立场，以期改变各国首脑的预期目标。然而对方并没有轻易地改变自己的立场，他们仍然只同意 2.5 亿英镑这个数字，双方处于相持阶段。这时英国和法国这两个在欧共体中处于领导地位的国家相互使用了威胁的手段。撒切尔首相告诉下议院，原则上按照她提出的方案执行，暗示并无选择的余地，同时也是在含蓄地警告各国。而这种作风，又可对法国产生压力。而法国则用另一种手段加以报复。法国开始在报纸上刊登批评英国的文章，指责英国在欧共体中采取的不合作态度，企图以此来解决问题。

撒切尔首相知道，要让对方走近她设定的目标是很困难的，因此必须让对方知道，无论采取什么手段，她都不会改变自己的立场，绝不与对方妥协。她坚强的意志力，顽强的作风，终于迫使对方做出了巨大的让步。一旦对方的立场发生了变动，撒切尔夫人就逐渐把欧共体各国首脑的期待转向自己所期待的目标。最后，欧共体各国终于同意每两年消减 8 亿英镑。撒切尔夫人的真实目标得到了实现。她的高起点的策略取得了应有的效果。

一、报价的依据

报价的前提是确定开盘价，正确的开盘价会为谈判的成功奠定一个良好的基础，为谈判确立一个合理的价格磋商范围。开盘价并不是由报价方随心所欲的，要受成本、市场供求状况、竞争等多方面因素的制约。谈判中也不存在孤立的价格问题。产品价格不仅本身有弹性，而且与其他交易条件有着密不可分的联系。

（1）成本因素。成本是影响报价的最基本因素，商品的报价应在成本的基础上加上合理的利润。贸易中的成本不但指生产成本，还包括生产成本在内的市场成本，即包括产品从生产到交货地的所有费用。此外，还要考虑将来的成本变化和竞争对手的成本。要依据有关成本资料，恰当地确定商品的报价水平。

（2）供求因素。产品的供求关系也是影响报价的最基本因素之一，当供大于求时，产品价格下跌，反之，价格就上涨。

（3）品质因素。商品的品质是交易者最关心的问题之一，也是谈判双方必须洽谈的问题。商品的报价必然要考虑商品的品质，按质报价。

（4）政策因素。每个国家都有自己的经济政策，对市场价格的高低和变动都有相应的限制和法律规定。

（5）商品的价格与谈判对方的主观评价有直接的关系。在报价前，若能摸清对方对己

第三章 商务谈判策略

方产品的真实评价，有利于作出合理的报价。若对方对己方产品的主观评价较好，则报价时可报出一个较高的价格。

（6）产品的技术含量。产品的技术含量越高，结构越复杂，竞争者就越少，价格问题就越不突出，价格弹性也就越大。

（7）对于急需的产品，人们很少计算价格。如果对方是带着迫切需要的心情走向谈判桌，着急考虑的可能是交货期或供货数量，而不是价格。所以，己方尽可高出价。

（8）成交量。按贸易的习惯做法，成交量的大小直接影响价格，成交量大，在价格上应予适当优惠，反之，可适当抬高价格。大宗交易或一揽子交易比小笔生意更能减少价格在谈判中的阻力。

（9）商品的价格高低与销售时机也有关系。旺季畅销，淡季滞销，畅销时可卖个好价钱，滞销时则往往不能不削价贱卖，以避免大量积压，影响资金周转。

（10）企业的声誉、产品的声誉和谈判者的信誉，也会对产品价格产生影响。

（11）给对方一种安全的感觉可以降低价格在其心目中的地位。向对方显示己方产品的可靠性或提供某种保证服务，如免费维修，实行三包，或者送货上门等，都可以使对方乐于接受较高的价格。

（12）支付条件和汇率变动的风险。支付条件是否有利和汇率变动风险的大小，都影响商品的价格。例如，在其他条件相同情况下，采取预付货款方式和采取凭信用证付款方式，其价格应有区别。同时，确定商品价格时，一般应采用对自身有利的货币成交。如采用不利货币成交时，应把汇率风险考虑到商品价格中去，即适当提高卖价或降价买价。

（13）竞争价格。如果竞争者的价格确实比较低，买方就会拿这个价格作参照。因此，面临竞争对手时不宜出高价。

（14）交货地点和交货条件。在国际贸易中，由于交货地点和交货条件不同，买卖双方承担的责任、费用和风险也不同。在确定进出口商品价格时，必须首先考虑这一因素。

二、报价方式

（一）按报价表达的媒介不同划分

按报价表达的媒介不同，报价方式有口头报价和书面报价两种。

1. 口头报价

口头报价是指一方以口头的方式向另一方陈述己方的交易条件。口头报价因不提供文字资料而具有很大的灵活性，但是，如果报价项目较多，会难以被对方准确记忆，容易产生误解，此外，一些复杂的要求，也难以用口头阐述清楚。一般来讲，口头报价只适合于

交易条件比较简单的中、小型商务谈判中。

口头报价一般要做到以下三点。

（1）报价要态度严肃、坚决而果断。当双方都在察言观色揣摩对方的意图、判断虚实之际，无论谁的报价表现出犹豫或虚弱，都会相对地提高对方进攻的信心。这一条的真正意义在于用脸色、词语和语气向对手显示，己方立场坚定，条件合理，很难改变。

（2）报价表达要清楚、明确。即谈判人员报价时所运用的概念要准确无误，词语要恰如其分，不含糊。涉及数字时，为避免口误或记忆造成差错，在给予明确的表达之后，最好也写在纸上递给对方。

（3）对报价的内容尽可能地坚持不解释，不评论。因为对方若有不清楚之处，自然会提出问题。在此之前，谈判人员若主动作出解释或评论，常会使对方察觉到己方的关注或心有顾忌之处。

2．书面报价

书面报价是指一方以文字、数据、图标等书面方式向另一方报出自己的交易条件。以书面形式报价表达清楚，不易产生误解，但书面报价在客观上成为该方承担责任的记录，限制了谈判的灵活性。在书面报价时，应力求按照合同格式及要求书写。

书面报价一般要做到以下三点。

（1）粗细适度。粗到能说明问题，细得有孔可钻。如对产品主要性能、指标、技术条件，说明到适合于购买者的需要即可，不必把各种参数一一列出。待洽谈时根据对方要求再酌情补充说明，以创造让步条件、渲染己方态度诚意。

（2）明暗相间。明示条件投对方所好，暗含条件有利于己方，例如，把服务的价格报得便宜些，但其他条件，如零配件、往返机票、食宿等费用均由对方负担。

（3）留下伏笔。在报价中，把未来可能变化的因素考虑进去，为以后再做新的交易作准备。或者在设备与备件价格上作文章，降低设备价格而保留备件的高价格，待买方日后增加备件时从中获利。

（二）按报价表达的组合方式不同划分

按报价表达的组合方式不同，可将报价方式划分为逐项报价和总体报价两种。

1．逐项报价

逐项报价是指对涉及交易的各项条款分别报价，如在成套设备贸易中，对主要设备逐台报价，对安装调试费、员工培训费、技术指导费、工程设计费、资料费等分项报价。

2．总体报价

即一揽子报价，是指只报出一个总体价格，不对报价进行细化。

以上报价方式哪种合适，应具体分析，不能生搬硬套，越适合于具体情况，效果就越好。

三、定价策略

报价标准的制定是商务谈判中一个十分重要的内容，报价标准的高低不仅决定着谈判利益的得失，也影响着谈判的进程。因此，报多少就成了谈判者必须考虑的一个问题。在商务谈判中，确定报价标准，有科学性的要求，也有技巧性的要求，主要的定价策略有：

（一）基准定价策略

基准定价策略，是指商务谈判的一方根据最低可接受的交易条件确定报价内容的策略方法。

1．运用基准定价法的主要条件

（1）谈判的双方是关系良好的老客户，双方的交易条件基本无秘密可言，采用基准价报价，无须讨价还价，体现了相互之间的信任，有利于继续保持良好的贸易关系。

（2）谈判的对方是己方希望保持长远贸易关系的新客户，为取得对方的信任，建立起良好的贸易关系，也常常采用这一定价策略。

（3）己方面临着强大的竞争对手，为排挤掉竞争对手，也可采用这一定价策略。

（4）买方采用"招标"方式选择交易对象。

（5）谈判的对方比较明了己方的底细，而且实力雄厚，经验丰富，己方的高出价策略迷惑不了对方，甚至会激怒对方。

（6）己方所销售的产品已处于供过于求的不利市场条件下。

（7）己方产品最有利的销售时机已经过去，已处于销售的淡季。

2．运用基准定价法的技巧及应注意的问题

（1）己方最低可接纳的交易条件不应低于产品成本。

（2）在发盘时必须申明此是己方可接受的最低交易条件，己方已无让步的余地，也不再作讨价还价。

（二）高限定价策略

高限定价策略，是指谈判的一方根据可期望的最高交易条件确定发盘的策略方法。

高限定价法是商务谈判中应用最广泛的定价方法，其原因主要有以下五点。

（1）无数的商务谈判实践已证明：如果卖方出价较低，则往往只能以较低的价格成交；如果卖方出价较高，则往往能以较高价格成交；开价高得出乎意料的卖主，在谈判不致破裂的情况下，如果能够坚持到底，往往会有最理想的谈判结果。

（2）在商务谈判中，开盘价给己方的要价定了一个最高限制。往往开盘价一报出，自己就只能从这点往后退，不可能得到更多，因为对方也决不会接受另一个更高的价格。

（3）开盘价的高低会影响对方对己方提供的商品或服务的印象和评价。一般来说，报价越高，对方对己方提供的商品或服务的潜力评价越高，反之亦然。

（4）报价越高，为自己留下的让步余地也越大。

（5）期望水平越高，成功的可能性也越大。报价越高，最后取得的利益也越大。

运用高限定价法的主要条件如下：

（1）己方若能找到合适的理由为己方的高报价辩护，就应采用高限定价法；

（2）对方向己方施加压力，或者预料谈判会很激烈，己方应作高报价以增强讨价还价的余地；

（3）对方急需己方产品，己方没有强有力的竞争对手；

（4）对方是谈判新手，缺乏足够的谈判经验；

（5）己方不打算与对方保持长久的贸易关系，以取得本次谈判利益的最大化为谈判目标。

运用高限定价法的技巧及应注意的问题如下：

（1）确定最高期望的交易条件时，这个交易条件应该是可行的，是合乎情理的，不应显得荒谬，不可接受；

（2）确定开盘价的高低，在具体掌握上要有较大的伸缩性。要考虑到谈判对方的谈判意图和谈判风格，是否打算同对方真诚合作等因素；

（3）确定的开盘价既要寻求己方的最高利益，又要兼顾对方的利益及接受的可能性，使对方也有利可图。

（三）幅度定价策略

幅度定价策略，是指商务谈判的一方根据商品交易条件的上下限来确定报价标准的策略方法。

1．运用幅度定价法的主要条件

（1）己方对谈判对方的情况缺乏了解。在商贸谈判中，由于人生地疏，难以弄到准确的情报资料，难以摸准对方的买卖心理，因此，为使报价更具有灵活性而采用此方法。

（2）己方推出的是新产品，对该产品在谈判对方所在地区的销售状况难以准确把握。

2．运用幅度定价法的技巧及注意事项

（1）确定交易条件的上限不应高到令人无法相信的程度，使人无法接受；不管情况如何不利，确定交易条件的下限不应低于成本价格。应根据市场的供求状况和对方的具体情况灵活地确定上下限。

（2）幅度定价策略确定的是一个报价幅度，在报价时应根据谈判的具体情况，报出一个确定的价格。

（四）心理定价策略

根据销售心理学研究的结果，交易双方的心理状态对交易的成败有着显而易见的影响。不能夸大心理报价对一些经验丰富的谈判者的作用，但是，可以肯定，根据客户的心理因素，采用不同的定价策略会有积极的效果。

心理定价策略具体运用方法主要有以下四种。

1．尾数定价法

尾数定价法是利用人们易于接受带有尾数的价格的心理因素而进行定价的一种方法。常使用的尾数定价法有如下两种：在确定零售价格时，以零头数结尾；按照风俗习惯的要求，价格尾数取吉利数字，以扩大销售。

尾数定价法常对顾客产生以下三种特殊的效果。

（1）便宜。在产品质量以及其他条件一定的情况下，小于整数的带尾数的价格，总是使人感到便宜，如 98.8 元要比 100 元便宜得多。

（2）精确。带有尾数的价格，往往会给人们一种更真实的感觉。价格一般是按实际成本加上适当的利润计算出来的，计算后的价格是整数的情况不是很常见。

（3）中意。某些民族、地区以及商人对某些数字往往具有偏好心理，因此迎合这种心理进行定价，有时也会使价格的接受变得容易一些。如，香港市民对"6、8、9"很喜欢，因为它们分别是是"禄、发、久"的谐音；日本人对"4"和"5"很忌讳，因为其分别为"死"与"苦"的谐音；此外，有些批发商还有自己的吉利数字。

2．整数定价法

整数定价法与尾数定价法正好相反，这是根据某些特殊商品和特殊消费的特点，利用人们"求高贵"、"比豪华"、"讲排场"等心理进行整数报价的技巧。如对于名贵的西服、豪华的轿车、高档的电器、个性化的服务等。整数报价可能会更迎合有特殊需要和较高消费层次的客户的心理需要，产生"一分价钱一分货"的感觉，便于他们的选购和消费。

3．声望定价法

声望定价法即针对客户崇拜名牌，讲求优质，显示身价等心理，有意提高报价的技巧。因为知名企业、名牌产品、高科技产品会给客户带来更好的效益，给人以安全感，它既可以增强报价者的信心，也可以使对方觉得产品质量可靠，刺激购买欲。

4．招徕定价法

招徕定价法即以各类特种促销方式,满足客户特种购买心理的定价策略。为了吸引客户,使客户接受所报价格,可以用特价、拍卖等报价形式,或者用为客户提供诸如免费送货等服务,或者有意降低主机价格然后提高附件和零配件价格等形式达到招徕客户,使其接受既定价格的目的。

四、报价策略

在商务谈判中,报价标准确定后,还要选择一个合适的时机和方法传达给对方,也就是说,报价也要讲究策略,恰当的报价策略是有利于己方目标的实现的。

(一)主动报价策略

主动报价策略,是指谈判的一方根据谈判的形势抢先报价的策略方法。在商务谈判中,如果己方准备充分,各方面的信息资料掌握全面、准确,最好抢先报价,这样做有两种好处:一是可以主动地扩大己方价格的影响,使整个洽谈在思想上划定一个框框,把谈判对方约束在一个特定的范围内,从而顺利达成利于己方的最终协议;二是主动报价提出的交易条件会对商务谈判全过程中的所有磋商持续地起作用。

1. 主动报价策略的运用条件

(1) 预期谈判将会遇到激烈的竞争态势,宜主动报价,以求用己方的报价影响对方的价格判断。

(2) 在开局阶段双方冲突气氛较浓的情况下,宜主动报价。

(3) 己方准备充分,各方面的信息资料掌握全面、准确,宜主动报价。

(4) 对方缺乏谈判经验,宜主动报价。

(5) 己方是谈判的发起人,按惯例,宜主动报价。

2. 主动报价策略的运用技巧和注意事项

若己方对谈判的对方了解得不够,或者己方缺乏谈判经验,则不宜采用主动报价法。否则,会产生一些不良的影响:一方面,因己方对市场和对方的意图缺乏足够的了解,主动报价会限制己方的价值判断,不利于谈判利益的实现;另一方面,己方先报价,会过早暴露己方的谈判意图和谈判实力,使己方处于不利地位。

(二)诱惑报价策略

诱惑报价策略是指商务谈判的一方运用各种手段进行虚假报价,诱使对方上当,从而达到己方目的的策略方法。

第三章　商务谈判策略

1．诱惑报价策略运用的主要条件

（1）对方缺乏谈判经验，或不熟悉市场行情。

（2）己方处于不利的谈判位置，面临着多个竞争对手。

（3）己方故意将价格提高或压低，试探对方反应，摸清对方的底细，即作为一种探测策略使用。

2．诱惑报价策略的主要运用方法

（1）假出价。即卖方（或买方）利用出低价（或高价）的办法消除了同行的竞争，取得了出卖（或购买）的权利，但买卖谈判一旦正式开始，卖方（或买方）就开始利用各种借口开始提价（或削价）。

 案例 3-13

有一位华侨亲属想卖掉自己的房子迁居国外，广告登出后，许多人登门洽购。其中 M 的报价比其他买主的报价要高出许多，这个报价吸引了卖主，卖主便回绝了其他的买主，同意与 M 成交，并要求 M 办理房产过户手续。M 收到卖主的邀请后，先是寻找各种理由，将办理过户手续的日期一再后延。等到卖主出国日期就要到达时，M 出现了，没想到 M 提出这房子对面有处公厕，夏季的气味会很大，表示最多只能以原来报价四分之三的的价格成交。这时，卖主已辞掉了其他的买主，且急于出国，最后不得不降价出售。

（2）不明确的报价，使对方误认为已知道价格，对方收货以后再议价。这种方法多用于日常生活中的零售交易磋商中。例如，你要买苹果，你问："苹果多少钱一斤？"卖方回答："还是原来的价格"，等称好苹果付款时，你才发现对方所说的"原来价格"是 3 元，而你心目中的"原来价格"只是 2.5 元，这时你买还是不买？多数的购买者还是付款了事。

（3）不将报价和盘托出，只报出对对方具有吸引力的那部分，以求首先引起买方的兴趣，诱使对方与己方成交。由于这种低价格一般是以对卖方最有利的结算条件为前提的，或者是在这种低价格交易条件下，买方的利益很难全部实现。如果买方要求改变有关条件，则卖方就会相应提高价格。因此，买卖双方最后成交的总价格，往往优于卖方价格表中的价格。这种报价策略也有人称之为"日本式报价"。

这种报价方法在面临众多外部竞争对手时，是一种比较艺术和有效的报价方式。因为，一方面可以排斥竞争对手而将买方吸引过来，取得与其他卖方竞争中的优势和胜利；另一方面，当其他卖主败下阵来纷纷走掉后，买方原有的买方市场优势已不复存在，变成了一个买方对一个卖方谈判，双方谁也不占优势，从而可以坐下来细细地谈。

这种报价方法对缺乏经验的谈判者更为有效。例如，在我国改革开放的初期，在从国外引进成套生产设备的许多谈判中吃了不少这方面的亏,我们以较低的价格把生产线买来,自以为赚了便宜,可当设备安装完毕,投入生产后才发现必须使用对方提供的原料和配件,而他们提供的原料和配件的价格却高得令人咂舌。

案例 3-14

80 年代初,某国的一家公司向我方提出向我国低价出售一批盒子房。这种盒子房是用工业化方式生产,然后到现场吊装起来。对方的报价很低,我方认为很合算。于是双方的谈判人员开始了谈判。我方的有关领导示意谈判人员努力谈成这笔生意。可是,谈判人员在谈判过程中发现,"盒子房"的重量大,我国建筑业不具备如此大负荷的专用吊车,也不具备把盒子房从港口运到工地的专用运输车辆。某国的这家公司表示可以帮助解决专用吊车和运输车辆,但价格十分昂贵。我方的谈判人员还发现,这批盒子房要从港口运到工地,沿途的道路、桥梁必须加固或者重建。这样把所有的这些费用都加起来,盒子房的价格就高得令人咋舌了。于是,我方谈判人员便停止了这一谈判。

(4)要求对方先报价。当己方对报价标准把握不准,或缺乏谈判经验时采用这一方法,也是一种不错的选择。

案例 3-15

美国著名发明家爱迪生在某公司当电器技师时,他的一项发明获得了专利。公司经理向他表示愿意购买这项专利,并问他要多少钱。

当时爱迪生想,只要能卖到 5000 美元就很不错了,但他没有说出来,只是督促经理说:"您一定清楚我的这项发明专利对公司的价值,所以,价钱还是请您说一说吧!"

经理报价道:"40 万美元,怎么样?"还能怎么样?谈判当然是没费周折就顺利结束了。爱迪生获得了意想不到的巨款,为日后的发明创造提供了资金。

3. 破解诱惑报价的方法

当对方运用诱惑报价策略时,己方的破解方法如下。

(1)对于条件特别优厚的报价,应考虑其中是否有隐情,要引起警惕,要相信天上一般不会掉"馅饼"。也就是说,不要贪小利,须知交易中没有心甘情愿吃亏的人,不要被表面的低价所诱惑,等发现"豆腐已变成肉价"就后悔莫及了。

(2)事先要求对方详细说明全部的价钱,要把所有的加价全部计算进去。可能的话,可以要求对方把全部价格详细地列表。

(3)细查对方过去交易的历史。如发现对方曾使用过这种手段,要十分警觉。

(4)要求对方预付定金或提供担保,使之不易反悔。

第三章 商务谈判策略

(5) 在交易未正式完成前，不要中断和其他卖主（或买主）的联系。
(6) 双方确定交易截止日期。
(7) 悬崖勒马，一旦发现自己会上当，不惜停止交易以免受损失。

五、对方报价时己方应注意的问题

（1）认真倾听对方的报价陈述，切莫干扰对方报价。只有认真倾听对方的报价，才能弄清楚对方报价的内容和意图。如果干扰了对方的报价，无疑将迫使对方终止报价，这样，至少你将得不到对方报价的后半部分。

（2）听完对方的报价后，最好马上复述对方报价的主要内容，以此确认自己真正了解对方的发盘。

（3）假若遇到对方的报价极不合理的情况，也不要马上予以全面回绝，在商务谈判中不要轻易说"不"。

（4）应及时地根据对方的报价，对己方的谈判目标进行调整，在认真分析对方报价的基础上，修改己方的还价。

第四节　讨 价 还 价

一般情况下，当谈判的一方报价后，另一方不会无条件地全部接受对方的报价，而是相应地对对方的报价作出评论和提出自己的要求。讨价是指在一方报价之后，另一方认为其报价水平明显不合理而要求报价方重新报价或改善报价的行为，讨价可以是实质性的，也可以是策略性的。还价是指针对对方的报价和自己的谈判目标，主动或应对方要求提出己方的交易价格和交易条件的行为，即一方报价后，另一方所做出的反应性报价。讨价还价一般理解为谈判双方围绕着交易价格和交易条件进行磋商的行为。

一、还价前的筹划

（一）分析对方报价

（1）分析对方报价的虚实。如果还没搞清对方报价的真实意图就轻率地还价，往往会暴露己方的谈判能力和谈判意图，使己方处于被动地位，甚至吃亏上当。因此，在还价之前，应认真核对对方的报价，充分了解对方报价的全部内容；准确判断对方提出该报价的真实意图；摸清对方报价中哪些是关键的、主要的，哪些是附加的、次要的，哪些是虚设的或诱惑

性的；哪些条件仅仅是交换性的筹码。只有把这一切搞清楚，才能提出科学的还价。此外，对主要交易条件更应认真对待。如果在核对过程中发现有不清楚的地方，应要求对方澄清。

（2）根据对方的报价及己方所掌握的信息资料进行周密的计算。要推算出对方报价的虚头（夸张值）的大小，对交易做通盘的考虑、核查，调整或修改己方在这场谈判中的期望值及保留价格。选择对方报价中虚头最大、己方反驳论据最充分的条款作为杀价的主要突破点，或者以对方报价内容计算的结果为基础，进而考虑己方应该采取怎样的方法，提供哪些方便的条件，以促使双方尽快达成互利性协议。

（二）做好还价前的准备工作

（1）确定是否有必要建议对方重新报价。

（2）确定是否可以对原报价不作还价，而建议改变其他交易条件，使整个报价变得对己方有利。

（3）根据己方的谈判目标设计出多个不同的还价备选方案。

（4）在还价前还应列一张提问表和一张实施要点表。列提问表是便于会谈中掌握所提问题及顺序，并针对对方的薄弱环节适当、适时地提问，给对方造成一定的压力。实施要点表中主要列明由谁还价、谁来提问、何时提问等事项。

总之，应认真做好还价前的准备工作，力求使自己的还价既要给对方造成压力以展示己方的力量从而影响或改变对方的判断，同时又要使对方有接受的可能性。

（三）还价方式的确定

在商务谈判中，还价的媒介一般要与对方的报价相一致，即对方若采用书面报价，己方最好也采用书面还价；对方若采用口头报价，己方最好也采用口头还价。

就还价表达的组合方式而言，还价方式有如下三种。

（1）逐项还价。是指对涉及交易的各项目分别还价。

（2）分组还价。根据己方对对方报价分析，按照对方各项目报价的虚实，将所有项目划分成若干个小组，然后按组还价。

（3）总体还价。即一揽子还价，是指只还出一个总体价格，不对还价进行细化。

在商务谈判中，具体采用哪种方式，应具体分析，不能生搬硬套，越适合己方的具体情况，效果就会越好。

二、讨价还价的策略

有个小例子非常耐人寻味：美国总统格兰特小的时候，看上了邻居家的卷毛小狗，他缠着父亲无论如何也要买下来。邻居开价 25 元。父亲让格兰特自己去谈，并告诉他可先还价

20元,如果对方不同意,再加到22元,最后可以加到25元。小格兰特揣着钱兴致勃勃地跑到邻居家,对他的邻居说:"我一定要买下你家的小狗。我先给20元,如果你不同意,我爸爸说可以加到22元,如果还不够,最后可加到25元。"格兰特如愿以偿地领回了小狗,不久,他那天真的还价也在小镇上流传开来。小格兰特的还价自然只是孩子的嬉戏,他过于迅速和坦率,根本不知道在谈判中如何讨价还价,毕竟那时候格兰特还只是一个孩子。

价格是商务谈判中的核心,交易价格的高低直接决定着谈判利益的得失。因此,讨价还价就成了谈判过程中最重要的环节,一方面讨价还价的策略与技巧在很大程度上决定了交易是否能够成交;另一方面,一旦成交,还将在很大程度上决定着赢利的多寡。为此,掌握讨价还价的策略与技巧,是商务谈判人员必须要做到的。

在商务谈判中,讨价还价的方法很多,在谈判桌上的运用也非常灵活。在此重点介绍如下几种方法。

（一）比照还价法

比照还价法,是指商务谈判的一方通过对对方报价的了解和分析,对比参照标准,按照一定的升降幅度进行还价的策略方法。

1．参照标准

在这一策略方法中,所采用的参照标准有很多:

（1）市场上相近的同类产品的价格或竞争者产品的价格;

（2）该商品的期货价格;

（3）己方测算的该产品成本价;

（4）对方的报价,等等。

2．比照还价法的适用条件

（1）比照还价法一般适合于谈判实力较弱,对交易标的的价格掌握不很清楚,对市场缺乏了解的一方。比如,普通消费者在购买商品时,多采用这一方法还价。

（2）对大宗产品或者是与日常生活关系密切的商品,比较适合用这种方法还价;对于成套设备,技术含量较高的产品,专用产品,名牌产品等商品不宜采用这种方法。

（3）交易标的为己方所熟悉的商品,己方能够较准确地测算出该产品的成本。

3．运用比照还价法的技巧及注意事项

（1）还价起点要低,力求使自己的还价给对方造成压力,能影响或改变对方的判断。当然,也不能低得离谱,应使对方有接受的可能性,能够保持谈判的正常进行。

（2）还价的态度要坚定、果断,语言表达要准确,不要采用模棱两可的语言。

（3）最好能让对方感觉到你是一个行家,你对该产品有足够的了解。

（二）反攻还价法

反攻还价法，是指商务谈判的一方采用反驳攻击的技法，部分否定甚至全部否定对方的报价的策略方法。

1．反攻还价法的运用条件

（1）对方的报价极不合理，策略性虚报的部分过于夸张；

（2）对方缺乏谈判经验，对价格掌握不很明了，对市场缺乏了解。

2．运用反攻还价法的技巧及注意事项

（1）做好反攻的资料准备。即己方根据报价的内容和自己所掌握的价格比较的资料，推测出对方的虚价何在及其程度大小。

（2）做好反攻的对策。一般把对方报价中水分最大、我方反驳论据最充分的内容作为攻击点，由点到面，全面推翻对手的报价。

（3）做好反攻的实施安排。通过对面临问题分门别类来分清问题的轻重缓急，设计出相应的对策。通常的做法是列出问题表格，并以此表为依据同对方交涉。

（4）要有理有据地反驳对方的报价，不做无中生有地攻击，也不能做人身攻击，态度应友好温和。

案例 3-16

中国某公司与外商洽谈购买一批钢管。在这之前中方已向对方购买过这种商品，中方希望能扩大进口，并降低商品价格。但中方知道，在国际市场行情还没有发生变化的条件下，要对方降价很困难。于是在谈判之初，中方就拿对方上次 200 吨货物延期交货的事大做文章，指出："由于贵方上次没有及时交货，使我方错过了好几次销售良机，失去了好几个大客户，从而导致我方损失惨重。"接着，中方向对方列举了一些事实和有关数据。对方听后表示非常抱歉，并对延期交货做了解释。于是中方提出希望这次能减价 10% 来弥补己方上次的损失。在对方答应后，中方进一步提出订购 500 吨的要求。

（三）求疵还价法

求疵还价法，是指商务谈判的一方采用挑剔的方法提出部分真实、部分夸大的意见，试图否定对方报价的策略方法。

1．求疵还价法的运用条件

（1）对方对交易标的的性能、特点、质量指标等商品知识缺乏了解。

（2）对方为谈判新手，或缺乏谈判经验。

(3) 该策略方法主要针对对方所提供的商品质量、品种、规格、花色中存在的缺陷展开进攻。

2．运用求疵还价法的技巧及注意事项

(1) 必须了解交易标的的性能、特点、质量指标等商品知识，只有这样才能对对方提供的产品吹毛求疵，才能挑到点子上，使对方服气。如果能将对方提供的产品挑出一大堆毛病来，比如从商品的性能、质量、款式、色泽等方面吹毛求疵，将会对对方的商品价格造成较大的压力。

(2) 在吹毛求疵时，切忌面面俱到，如果抓不住重点，击不中要害，不但不足以说明问题，而且会引起对方的怀疑，以为在故意刁难，从而影响谈判的气氛和进展。吹毛求疵要有针对性，恰如其分，要把握好分寸，不能与通行做法和惯例相距太远。否则，对方会觉得我方缺乏诚意，以致中断谈判。

(3) 对一些优质产品，名牌产品不能一味贬低。对某些商品的贬低如果过火，可能会激怒对方。

(4) 面对谈判对手，不可直率地表露出己方的愿望和动机，要保持与对方若即若离的状态，使对手处于一种焦虑不安之中，这样即能掌握谈判的主动权，又能保持在谈判不破裂的前提下，取得较佳的成交条件。

(四) "挤牙膏"法

社会心理学家做过一个实验：把一块广告牌插到临近路旁的私人草坪中。如果一开始直截了当地那么要求，多半会遭到拒绝。一个比较可行的方法是，先请求允许把广告牌插在路旁，之后，再请求挪到私人草坪的边缘，这多半会同意，然后，再请求往里挪一些……靠着这步步渐进的方法，许多原先拒绝的人们到最后竟会很欣赏地打量起刚从草坪中"长"出的大牌子。

在商务谈判中，只要能找到充分的理由，通过这种"一点一点向外挤"方法完全可以达到讨价还价的目的。

案例 3-17

一天，马克·吐温走进一家书店，他从书架上取出一本他自己写的书，问了价，然后对小职员说："鉴于我出版了这本书，我理应得到 50%折扣的权利。"小职员同意了。马克·吐温又说："同时，我又是这本书的作者，我应该得到 50%的优惠。"小职员点头屈从。"还有，我作为这家书店店主的私人朋友，我相信你一定同意给我平时通常能有的 25%的便宜，"马克·吐温继续说。小职员点点头又同意了。

商务谈判

"那好吧,"马克·吐温一本正经地说,"根据这些条件,我认为我理所当然可以拿走这本书,那么税是多少?"职员拿起笔,很快的算了起来,算罢,结结巴巴地说:"先生,我大概算了算,我们应该给您这本书,此外,还欠 37.5%。"

马克·吐温买书,虽说是个笑话,方法可是典型的得寸进尺,"一点一点地向外挤。"

有些精明的顾客在商店买东西时,会将这一策略发挥得淋漓尽致,比如:

"我信赖你的诚实,我认为我了解你,你出的数字我决不还价。"——先以道德的压力使对方公平出价;

"等一等,如果我还要买这台带遥控的录像机,会不会在总价上打点折扣?"——以一揽子交易压价;

"还有一件事我要给你提一下,我希望我付给你的价格是公平的,一次双方都获益的交易。如果是这样的话,三个月后,我的企业也要买这么一套,现在就可以定了。"——以远利压价;

"对了,你刚才说你们的现金周转不灵,这使我有个主意,我原先没有想到,我本来打算记账,现在我给你付现金,你看是不是对你更方便点?"——以近利压价。

就这样,一系列合理理由地不断提出,不动声色地迫使对方不断降价。

第五节 让 步

在商务谈判中,谈判双方报价、还价之后,还要进行反复地讨价还价,通过不断调整己方的谈判目标,降低交易期望,使双方的利益逐步趋于一致,最终达成协议。这种谈判双方或单方的不断妥协,逐步降低谈判目标和利益诉求的行为过程称之为让步。商务谈判的让步是商务谈判过程中的重要组成部分,在正规的商务谈判中,很少有报价之后不经讨价还价和相互之间的让步就直接成交的案例。在商务谈判中,何时让步?在哪些问题上让步?让步的幅度有多大?等一系列问题应遵循一定的原则,其方式的选择和技巧的运用也是谈判过程控制中必须要考虑的问题,也许一个小小的让步会关系到谈判的整个战略布局,关系到整场谈判的成败。

一、让步的原则

在商务谈判中,让步的目的是多方面的,可能是为了换取对方均等或更大程度的让步,也可能是为了推动谈判的进程,还可能是为了巩固双方的贸易关系,有利于更大的远期利益的获取。总之,己方所做出的让步应该是有意义的,是为己方利益的取得而让步,决不是为了对方的利益而让步,因此,商务谈判中的让步应遵循一定的原则。

1. 只有在最需要的时候才让步

让步通常意味着妥协和某种利益的牺牲。对让步一方来说,做出让步承诺无疑是痛苦的,因此,不是迫不得已,不要轻易让步。如:不作某些让步会使谈判无法继续下去;不作让步无法使谈判向预定目标推进;不作让步就无法使对方做出更大的让步等等。

2. 让步应有明确的利益目标

让步的根本目的是保证和维护己方的利益。也就是说,通过己方利益的出让能从对方那里获得利益补偿,或者是能换取对方更大的让步,或者是巩固和保持己方在谈判全局中的有利局面和既得利益等。无谓的让步,即没有明确利益目标的让步,是不可取的,这种"善良友好"的表示,未必会取得有利的结果,甚至会被对手视为无能而加以猛烈攻击。

3. 让步内容的选择要有主次之分

商务谈判的过程实质上是一个利益交换的过程,用己方的次要利益交换得到己方关注的重要利益,也就是说,让步是一种极有分寸的行为,有经验的谈判人员,不到万不得已,一般不会首先在原则问题、重大问题,或者对方尚未迫切要求的事项上让步。明智的做法是尽量让对方在原则问题、重大问题上先让步,而己方则在对方的强烈要求下,在非原则的、次要的、较小的问题上适当让步。

4. 控制好让步的次数、频率和幅度

一般来说,让步次数不宜过多,过多不仅意味着利益损失大,而且影响谈判信誉、诚意和效率;让步的频率也不可过快,过快容易鼓舞对方的斗志和士气;幅度不可太大,太大反映了己方条件"虚头大",会激发对方的进攻欲望。

一般来讲,双方的让步应同时进行,如果己方首先做出了让步,则在对方未做出相应让步之前,不要再次让步。也就是说,千万不要让对手轻而易举地得到己方的让步,因为按照心理学的观点,人们对不劳而获或轻易得到的东西通常都不够重视和珍惜。要让对方感觉到己方的让步是艰难的,己方做出的让步体现了己方的谈判诚意。但是,在讨价还价过程中,不可因为对方让步,我就让步,对方让我"半斤",我就必须让他"八两",因为让步是以利益和必要性为依据的。

5. 让步是可以撤销的

一旦发现让步失当时,应果断撤销已作出的让步,谈判人员应清楚,在协议尚未正式签订以前,任何承诺都是可以收回的,当然,让步的撤销应讲究一定的技巧,比如,借对方拒绝在某项条款上让步,己方趁机收回原来的让步承诺,或者要求对方做出相应的让步,以挽回损失。在商务谈判中,从商誉角度看,应尽量避免撤销让步。

6. 把握好让步的时机

让步时机的选择直接影响让步效果。如果让步过早，会使对方误认为是"顺带"得到的小让步，这将会使对方得寸进尺；如果让步过晚，除非让步价值十分重大，否则将失去应有的作用，对控制谈判结果影响不大或不发生任何影响。一般而言，让步的主要部分应放在讨价还价阶段，以影响成交条件，而处于次要的、象征性的让步放在成交阶段，作为最后"甜头"，以促成交易的最终达成，但必须注意强调这种让步的终局性。

二、让步的方式

在商务谈判中，怎样的让步才算得上明智可取呢？具体看这个问题比较复杂，这既涉及谈判双方的心理、性格，也涉及交易标的的特性、市场需求状况、谈判策略、客观环境等一系列因素。然而，如果问题仅仅涉及单因素谈判，如只是因为价格，大致可概括为八种让步方式，现在假定在一场商务谈判中，决定最终让步幅度为100元，则让步方式如表3.1所示。

表3.1 让步方式分类表

让步方式 \ 让步幅度	第一次让步	第二次让步	第三次让步	第四次让步
1	0	0	0	100
2	25	25	25	25
3	10	20	30	40
4	40	30	20	10
5	65	20	10	5
6	90	0	0	10
7	60	40	-10	10
8	100	0	0	0

1. 最后一次一步到位的让步方式

开始时坚决不让，到最后突然做大的让步，这是一种坚定的让步。先让对方一直以为妥协无望，如果对方是个软弱的人早就放弃了讨价还价，但如果对方意志坚强，在等到最后重大的让步后可能会更加斗志昂扬。这种让步方式给人以态度强硬、缺乏合作和成交的诚意之感。故这种让步类型不可取。这种方式的采用者可能自恃实力雄厚，交易地位优越。采用这种方式，又必须解决好两个可能存在的问题：一是对方在再三要求让步而均遭拒绝的情况下，可能等不到最后，就会离开谈判桌，是谈判以失败而告终；二是最后让步虽然很晚，但幅度过大，往往会鼓励对方进一步纠缠，而且进攻可能会更猛烈。

2. 均衡让步方式

这是一种以相等或近似相等的幅度逐轮让步的方式，这种让步方式的缺点，在于对方每次的要求和努力都会得到满意的结果,因此会极易刺激对方更大的欲望,所以这种方式又称之为"刺激型"。但如果双方谈判的时间较长,轮数较多,这种"刺激型"的让步方式就显示出其优越性,每一轮的微小让步,刺激着对方舍不得放弃谈判,但又得不到应有的满足,这样会把谈判时间拖得很长,最后会使对手厌烦不堪,不攻自破。采用这种方式,必须要解决一个问题,即必须使对方意识到己方最后一次的让步已使价格降至谷底,因为在无任何暗示和仍有让步余地的情况下,不再让步,较难说服对方,从而有可能使谈判陷入僵局。

3. 递增式让步方式

这种方式的让步幅度呈逐轮增大趋势,这样会刺激对方要求进一步让步的胃口,而且胃口可能会越来越大,使对方感到"令人兴奋和鼓舞",从而"越战越勇",所以这是一种"激发型"的让步方式。在实际商务谈判中应尽量避免采用这种让步方式。

4. 递减式让步方式

这是一种让步幅度呈逐轮递减趋势的让步方式,其优点在于,一方面显示出让步方的立场愈来愈强硬,暗示对手己方防卫森严,不会轻易作出让步,并且让步行为也较符合常理。另一方面让对方看来仍有让步的余地,使对方始终抱着将交易进行下去的希望。所以,这种让步方式又称为"希望型"。

5. 有限的让步方式

这种让步方式的特点是,开始做出一次巨大的让步,然后让步幅度急剧减少,最后一次的让步幅度很小。这种方式的优点在于,既向对方显示出己方谈判的诚意和强烈的妥协意愿,表示出了极强的合作愿望,同时又向对方巧妙地暗示出己方已尽了最大的努力,做出了最大的牺牲,进一步的退让已几乎不可能,从而显示出己方的坚定立场。这种方式表现出强烈的妥协性和艺术性。一般来说,这是一种符合常理的常见的让步方式。是"稳妥型"的让步方式。

6. 快速让步方式

这是一种风险型的让步方式。其特点是,开始作出的让步幅度极大,但在接下来的谈判中则坚持己方的立场,丝毫不让步,态度骤然转强,然后为打破僵局,通过一次小小的让步促成最终交易的达成。这种让步方式的缺点在于,第一次让步幅度太大,很难实现谈判利益的最大化。优点在于,体现出了己方强烈的谈判诚意和极强的合作愿望,也体现出己方干脆利落、光明磊落的谈判作风,有利于长期贸易关系的维持。

7. 进中有退的让步方式

这种让步方式的特点是第一轮做出一个大幅度让步,第二轮让步达到了极限,表现出极

大的热情与诚意。但在第三轮却安排一个小小的回升，理由可以是多方面的，比如，最近原材料价格上涨或汇率变动导致成本上升，数据计算失误等。一般情况下，对方显然不会接受，然后在第四轮中再假装被迫作出让步，一升一降，实际让步总幅度并未发生变化，但却使对方得到了心理上的满足，从而促成交易的最终达成。这种让步方式的缺点是第一轮和第二轮作出让步幅度达到了极限，不利于己方谈判利益最大化。这种让步方式是一种巧妙的迂回式让步策略，它巧妙的操纵了对方的心理，通过一升一降，有效地打消了对方的进攻欲望。

8．一步到位的让步方式

这种让步方式的特点是，一开始便把己方所能做出的让步和盘托出，全部交给了对方，其用意显然是为了谋求尽快地达成协议，提高谈判效率，争取时间。但是，在商务谈判中，过分坦诚会带来风险，一方面不利于己方谈判利益最大化，另一方面它会使对方向己方发动更猛烈地进攻，逼迫己方继续作出让步，如果己方拒绝让步，就很容易引起僵局或谈判的破裂。当然，如果谈判对象是老客户，彼此非常熟悉，相互之间几乎无秘密可言，采用这种让步方式可充分显示出己方谈判的诚意，体现出强烈的合作愿望，反而会促进交易的达成。

以上八种让步方式只是对让步方式的大致概括，也很难说孰优孰劣，分别适合不同的场合和不同的谈判对手。作为谈判人员，应根据具体情况，灵活选择和应用不同的让步方式，以提高谈判的效果。一般来说，理想的让步应注意三点：

（1）让步要有计划性，应该将一系列的让步组织成一个巧妙的链条，除非另有计策，切忌大起大落；

（2）让步要有导向性，应该通过让步有意识地表达自己的态度和决心；

（3）让步要有针对性，应该能争取让对方获得心理满足，比如卖瓜子，称完后再添一点，顾客就会很满意。

三、让步策略种种

俗话讲"谈判桌上无开口价"，在商务谈判中，为了达成协议，让步是必要的，但是，让步不是随心所欲的轻率行为，必须要慎重。成功的让步策略可以起到以牺牲局部小利益来换取整体巨大利益的作用。在商务谈判中，报价、讨价还价和让步是紧密联系在一起的，没有严格意义上的界限区分，其策略方法也是类似的，相互之间也联系在一起，在此，仅简要介绍几个让步的策略方法。

1．增强欲望的让步

原本就是要让步，但是得让对方付出重大努力后才慢慢点点"赐予"，这叫"吊胃口"，要记住人们总是更为珍惜难以得到的东西。

2．可以反悔的让步

如果让步后觉得不划算，推倒重来，因为那还不算是协定，不要不好意思。

3．指向明确的让步

选择对方能够马上接受的时间让步；选择特定的对手让步；选择特定的好处让步……

4．丝毫无损的让步

不在谈判问题上让步，只是让对方感到心情满意。比如：温和有礼；高规格地接待对方等。因为"人们满意时，就会愿意付出高价"。

这种方法有人称之为象征性让步法，它是谈判心理在谈判桌上的完美运用。

象征让步法的运用技巧包括以下几点。

（1）作倾听的姿态。倾听也是一种让步，倾听对方所说的话，并对对方的要求给予"我会考虑"的答复，能给对方心理上的平衡。

（2）尽量给对方最圆满的解释，使其相信己方的出价是合理的。

（3）如果己方做出了某种承诺，就需兑现。

（4）即使是相同的理由，也重复回答给对方听，对对方温和而有礼貌地再三解释，不使其有冷落感。

（5）向对方解释，向对方提供的条件最优惠。

（6）尽量重复交代在交易之后会给对方提供最完美的服务。

（7）向对方说明其他有能力、有地位的人也与他一样做了同样的选择。

（8）让对方亲自去调查某些事情。

（9）如果有可能，向对方保证未来交易的优惠。

（10）请本单位高级领导接见对方，使对方产生自豪感、荣誉感，从自尊心上满足对方。

（11）让对方了解商品的优点及市场行情。

思考题

1．应从哪些方面着手来塑造良好的第一印象？
2．坦诚相待这个策略运用的技巧和注意事项有哪些？
3．请分析哪些因素决定了所报的价格？
4．定价的策略有哪些？有哪些运用条件和技巧？
5．在商务谈判中，通常采用高限定价法定价，这是为什么？
6．在什么情况下宜采用先报价的策略？
7．诱惑报价策略的运用方法主要有哪些？

商务谈判

8. 讨价还价的策略有哪些？

阅读材料

一次纺织品贸易谈判

中国 X 公司到迪拜与阿拉伯 Y 公司谈判纺织品的交易。阿方 Y 公司收到报价后认为需要研究，约定改日上午 9 时 30 分到 E 饭店咖啡厅会面再具体谈。9 时 20 分，中方 X 公司人员如约到 E 饭店，在咖啡厅一直等到 10 点整仍未见 Y 公司人员影子。这时，有人建议："走吧。"有人开始抱怨，认为"阿方太过分，"X 公司组长说："既已按约到此，就等下去吧。"一直到 10 时 30 分，咖啡已喝了好几杯，阿方人员才晃晃悠悠地走过来。一见中方人员，高兴地握手致敬，但未讲一句道歉的话。

在咖啡厅，阿方要求中方降价。中方组长没有正面回复，而说，"按约定，我们 9 时 30 分来此，已等了一个小时，桌上的咖啡杯数量可以作证，说明我方诚心与贵方做生意，价格不会虚（尽管还有余地）。如贵方有意见，请讲出具体方案来。"阿方代表笑了笑说："我昨天睡得太晚了，我们认为贵方报价难以接受。"尽管中方做了多方面解释，阿方仍坚持中方降价。中方组长建议双方认真考虑对方意见后再谈。阿方代表沉思了一下，提出下午 3 时 30 分到他家来谈。

下午 3 时 30 分，中方人员准时到了阿方代表家，并带了几伴高档丝绸衣料作礼品。在对方西式客厅坐下后，他招来了他的夫人与客人见面，其妻子脸上没有平日阿拉伯妇女佩带的面罩。中方趁势将礼品给了她，引来赞叹声："好漂亮。"阿方代表也很高兴，说："我让她来见你们，是把你们当朋友。"中方随着转入正题。阿方代表让其妻退下，听完了条件后即表示："不管新条件如何，贵方说研究，就拿出了新条件，我佩服贵方信誉好！"于是，他也顺口讲出了他准备的条件。

该回合后，双方已基本靠近，中方组长已觉可以成交，但很自然地说："贵方也很讲信誉，不过还有些差距，怎么办呢？既然来到您的家，我们也不好意思只让您让步，我建议双方一齐让如何？"阿方代表看了中方组长一眼说："可以考虑，但价格外的其他条件呢？""我们可以先清理，然后再谈价"中方应到。清理完后，阿方说："好吧，我们折中让步吧！将贵方刚才讲的价与我方折中成交。"中方说，"这是好建议。不过结果还不大合我方要求，但我很看重它。我建议贵方同意的折中数与我方刚才的折中数成交。"阿方吃吃地笑了："贵方真能讨价还价，看在你们等我一个小时的诚意上，我同意。"于是，阿拉伯手握住了中国手。

【问题与思考】

（1）如何看中方对阿方迟到的处理？

（2）如何看阿方把中方请到家的做法？

第四章　商务谈判中僵局的处理策略

 内容提示

谈判进入实际的磋商阶段以后，谈判各方往往由于某种原因而相持不下，陷入进退两难的境地。我们把这种谈判搁浅的情况称为"谈判的僵局"。商务谈判中的僵局也称作洽谈障碍，即谈判双方在进行意见交换过程中出现的阻碍商务谈判继续进行的局面。谈判中僵局的出现并不可怕，重要的是要正确地对待和认识它，并且能够认真分析导致僵局的原因，以便对症下药，打破僵局，使谈判得以顺利进行。

本章主要介绍商务谈判中僵局产生的原因和避免僵局的原则，直接和间接的处理方法，特别是打破僵局的有关策略。

第一节　僵局的产生

谈判进行时，来自国内不同企业，以及其他不同国家或地区的谈判者，怀着对各自利益的期望或对某一问题的立场和观点，一时难以达成共识，双方又不愿互相让步，就很容易形成僵局。当僵局形成以后，必须迅速进行处理，否则就会对谈判的顺利进行产生影响。在谈判出现僵局的时候，要想妥善处理好僵局，不仅要分析原因，而且要搞清分歧的所在环节及其具体内容，是价格条款问题、法律合同问题还是责任分担问题等等。在分清这些问题的基础上，进一步估计目前谈判所面临的形势，检查一下自己曾经作出的许诺是否存在不当之处，并进而认真分析对方为什么在这些问题上不愿意作出让步以及困难所在等等。特别是要想方设法找出造成僵局的关键问题和关键人物，然后认真分析在谈判中受哪些因素的制约，并积极主动地做好与有关方面的疏通工作，寻求理解、帮助和支持。通过内部协调，就可对自己的进退方针、分寸作出大致的选择。最后，要认真研究突破僵局的具体策略和技巧，以便确定整体行动方案，最终妥善地处理好谈判的僵局。

一、僵局产生的原因

具体地说，僵局产生的原因如下。

（1）谈判的一方由于实力太强。在这种情况下，僵局是作为一种策略来使用的，一方制造僵局来给另一方施加压力，目的是迫使对手就范。

（2）观点的争执。在讨价还价的谈判过程中，谈判双方因意见分歧各持己见，必然会引起争执和冲突；当冲突和争执激化、互不相让时，便会出现僵局。

（3）谈判双方用语不当。谈判双方因用语不当，造成感情上的强烈对立，双方都感到自尊受到伤害，因而不肯作丝毫的让步，谈判便会陷入僵局。

（4）谈判中形成一言堂。谈判中的任何一方，不管出自何种欲望，如果过分地、滔滔不绝地论述自己的观点而忽略了对方的反应，不给对方陈述的机会，必然会使对方感到不满与反感，造成潜在的僵局。

（5）谈判人员素质低下。俗话说事在人为，谈判人员素质的高低往往成为谈判进行顺利与否的决定性因素。无论是谈判人员工作作风方面的原因，还是谈判人员知识经验、策略技巧方面的不足或失误，都可能导致谈判陷入僵局。

二、避免僵局的原则

妥善处理谈判僵局的最有效途径是将形成僵局的因素消灭在萌芽状态。为此，应遵循以下几项原则。

（1）闻过则喜。俗话说，褒贬是买主。谈判出现意见分歧是正常的事，提出反对意见，一方面是谈判顺利进行的障碍，另一方面也是对议题感兴趣或想达成协议的表示。因此，听到对方的反对意见要闻过则喜，应诚恳地表示欢迎。谈判双方从指导思想上都应坚持正确的谈判态度。提出反对意见者，说话要有充分依据，尊重对方；被提意见者要谦虚，欢迎对手畅所欲言。

（2）态度冷静、诚恳，语言适中。谈判中形形色色的反对意见中，有相当一部分是不合理的。谈判者在应对这些反对意见时，决不能用针锋相对的愤激口吻来反驳，而是应该态度冷静、诚恳，解释时语言适中，既不多讲，也不寡言。这样可以减轻对方的负担，满足对方自尊心的需要，而且可以在倾听对方意见的基础上探出对方的动机和真实目的，为制定对策做准备，同时亦应将自己的看法和对方意见的不实之处反馈给对方，从而形成对等谈判的局面。

（3）决不为观点分歧而发生争吵。谈判既是智力的角逐，又是感情的交流。当谈判中的分歧较大时，双方都会不同程度地流露出各自的真实感情，即使在理智的控制下，言谈也难免会出现一些冷嘲热讽的现象，甚至发生情绪上的对立。为此，谈判者必须有较强的自控能力，防止变争论为争吵，不要为观点分歧的争论而出言不逊，要注意语言的委婉性、艺术性，以充分的理由来强化说服力，同时注意对方的情绪变化，分析其心理状态，因势

第四章 商务谈判中僵局的处理策略

利导，寻求解决分歧的途径，使谈判得以顺利进行。

三、努力建立互惠式谈判

所谓互惠式谈判，就是谈判双方都要认定自身需要和对手需要，然后双方共同探讨满足双方需要的一切有效的途径与办法，即：谈判者视对手为解决问题者，而不是敌人；谈判者对于谈判对手所提供的资料采取审慎的态度，而不要不信任对手；谈判中要态度温和，眼光紧盯在利益目标上而非立场上的纠缠，寻求共同利益而不是单纯从自身利益考虑。为了使互惠式谈判能够有效地开展，可以采用多头并进的谈判方法。多头并进，就是同时讨论有待解决的各个项目，如价格、付款条件、交货条件及售后服务等。由于各个具体项目之间有较大的伸缩性可以调整，当其中的一项遇到难题时，可以暂时搁放一下，移到下一项；或是当某一项不得不作退让时，也可以设法从其他项目得到补偿。这种谈判方法，又叫"横向谈判"。这种做法尽管进展缓慢，但可以减轻谈判者的压力，有利于避免僵局。如果采用单项深入式的谈判，每次只集中谈论一个项目，待这个项目双方认定达成协议之后再转到另一个项目，这种谈判方法虽然进度快，但是各个项目之间缺乏呼应，易使谈判双方承受较大的压力，导致谈判陷入僵局。

互惠式谈判的核心是谈判双方既要考虑自己的利益，也要兼顾对方的利益，是平等合作式的谈判。

第二节 潜在僵局的处理方法

一、潜在僵局的间接处理法

所谓间接处理法，就是谈判者借助有关事项和理由委婉地否定对方的意见。其具体的办法如下。

1. 先肯定局部，后全盘否定

谈判者对对方的意见和观点持不同的看法时，或是发生分歧时，在发言中首先应对对方的观点和意见中的一部分略加肯定，然后以充分的根据和理由间接委婉地全盘否定。例如，需方说："用这种包装的商品，我们不能要！"供方经过全盘分析，了解到需方这是借包装问题来讨价还价，于是回答道："是啊！许多人都认为这种包装的商品不好卖，但是如果真正认识到这种包装的好处，自然会改变看法的。已经有很多顾客专门挑选这类包装的商品了。"又如，需方说："我们不需要送货，只要价格优惠！"供方不直接答复，却说："您

的意见似乎有道理，可您是否算过这样一笔账，价格优惠的总额与送货的好处相比，还是送货对您更有利。"供方先肯定对方的一部分意见，然后进行核算比较，最后间接否定了需方的意见。

2．先重复对才的意见，然后再削弱

这种做法是谈判者先用比较婉转的口气，把对方的反对意见重复一遍，再做回答。在重复时原意不能改变，语言顺序可以变动，这样做可以缓和谈判气氛，显得比较温和。这是因为复述对方的意见时，对方感到你是充分尊重他的意见的，心理压力相对减轻些，洽谈气氛就不会因观点不同而形成僵局，从而能缓解潜在的对立情绪，实际上也就意味着削弱了反对意见。

运用这种方法时，要注意研究对方的心理活动、承受能力，要因时、因人、因事而宜，不能机械地套用。

3．用对方的意见去说服对方

这是谈判者直接或间接地利用对方的意见去说服对方，促使其改变观点。例如，卖方对买方说："贵方要货数量虽大，但是要求价格的折扣幅度太大了，服务项目要求也过多，这样的生意实在是难做。"需方便可以这样去说服对方："您说的这些问题都很实际，但正像您刚才说的那样，我们要货数量大，这是其他企业根本无法与我们相比的，因此我们要求价格折扣幅度大于其他企业也是可以理解的！是正常合理的。再说，以后我们会成为您的主要长期合作伙伴，而且您还可以减少对许多小企业的优惠费用。从长远看，咱们还是互惠互利的。"

4．以提问的方式促使对自我否定

这种做法是谈判者不直接回答问题，而是提出问题，使对方来回答自己的反对意见，从而达到否定原来意见的目的。例如：供方为争取一份销售合同，派一名业务员前往一零售企业洽谈。零售方："我们目前还不需要你们的商品，某某企业的货倒是很适合我们的需要。"业务员必须使对方认识到购买他的货有什么好处，便说："请问你们那么好的营业场所，柜台都摆满了吗？"零售方："摆满说不上，但够卖的了。"业务员："你们经营的商品，着重的是花色、利润，还是商品的质量？"零售方："首要的是商品的销路，看利润干啥？"业务员："我们的商品销路不错，无须我多说了！我们的价格及各种优惠条件也是其他企业无法相比的。"零售方："你的优惠条件确实相当不错，但我还要看看质量。"业务员："你们的营业面积有多大？经营品种有多少？"零售方："营业厅面积足有5000多平方米，经营品种倒不多。"业务员："看来，你们柜台商品陈列并不是很丰富，我的这种商品可以摆得下吧？"零售方："摆是没有问题的……"业务员："怎么样？对我的商品有什么想法？"零售方："让我考虑一下……"零售方经过分析，认为购进这种商品有利可图，于是达成了协议。整个洽谈过程中，供方业务员通过提问的方式，促使零售方否定了自己原来的观点，进而达成了协议。

以上所述对谈判中潜在僵局间接处理的各种方法都有一定的局限，实践中能否行得通，完全取决于谈判者的灵活运用。

二、潜在僵局的直接处理法

（一）站在对方立场上说服对方

说服，就是以充分的理由和事实使对方认可。但是，在商务谈判中，仅有充分的理由和事实并不一定能使对方信服。为此，当谈判中一方坚持固有意见不变时，要使说服有实效，除了无可辩驳的证据和严密的推理外，还必须使对方的需要得到一定的满足。所以，要站在对方的立场上去讲清道理，使对手确实感到他原来所坚持的意见必须改变才行，从而扭转谈判的僵局。

（二）归纳概括法

归纳概括法就是谈判中将对方的各种反对意见进行归纳整理、集中概括，然后有针对性地加以解释和说明，从而起到削弱对方观点与意见的效果。例如：需方代表对供方提供的商品提出"商品的外观不新颖，包装有问题，质价不相称，顾客不欢迎"等等一连串的反对意见，无非是在为讨价还价做准备，若逐一回答，不但啰嗦，需方也未必听得进去。对此，供方代表可将需方一连串的反对意见进行归纳整理，概括为商品的质量问题，进而抓住质量问题去进行解释和说服需方。这样做有针对性，说服力强，可避免僵局的出现。

（三）反问劝导法

谈判中，常常会出现莫名其妙的压抑气氛，这就是陷入僵局的苗头。其原因极为复杂，有的是谈判者个人心理变化所致，有的是一方虽有反对意见但尚未表露所致，如此等等。这时谈判者适当运用反问法，以对方的意见来反问对方，可以防止陷入僵局，而且能够有效地劝说对方。例如，需方说："你提供的商品，无论是质量还是价格都可以，只是目前我不打算进。"供方摸不清需方的真实意图，可以巧妙地说："向您提供的这些商品，正像您说的那样，一切都不错。看来，您是真识货。目前这种商品的销路看好，举手之劳，何乐而不为呢？"待需方进一步解释或回答时，供方便可知需方的真实意图，然后有针对性地进行劝导工作，可以避免谈判陷入僵局。

（四）幽默法

恩格斯说："幽默是具有智慧、教养和道德上优越感的表现。"幽默是紧张情境中的缓

冲剂。在谈判中，当谈判出现沉闷的征兆时，恰当地运用幽默，信手拈来几句诙谐的话语，使谈判者在紧张中会心地一笑，心理上得到放松，精神为之一振，可以调节气氛，收到意想不到的效果。例如：中外双方就某个问题已讨论了两个星期，仍不见结果。这时，中方人员幽默地说："瞧，我们双方至今还没有谈出结果。如果奥运会设立拔河比赛项目的话，我想我们肯定是并列冠军，还有可能载入《吉尼斯世界纪录大全》。我敢保证，谁也打不破这一纪录。"听到这话，所有谈判者都开怀大笑，气氛顿时松弛下来。

幽默的方法要有较高的文化素养和较强的驾驭语言的能力。只有双方的谈判人员具备相当的素质，才能幽默得起来，从而促使良好的、建设性的谈判气氛的形成。

（五）适当馈赠

谈判者在相互交往的过程中，适当地互赠些礼品，是普通的社交礼仪，也会对增进双方的友谊、沟通双方的感情起到一定的作用。西方学者幽默地称之为"润滑策略"。每一个精明的谈判者都知道，给予对方热情的接待、良好的照顾和服务，对于谈判往往会产生重大的影响。它对于防止谈判出现僵局是一个行之有效的途径，这就等于直接明确地向对手表示"友情第一"。

所谓适当馈赠，就是说馈赠要讲究艺术，一是注意对方的习俗，二是防止贿赂之嫌。有些企业为了达到自身的利益乃至企业领导人、业务人员自己的利益，在谈判中把送礼这一社交礼仪改变了性质，使之等同于贿赂，不惜触犯法律，这是错误的。所以，馈赠礼物应该是在社交范围之内的普通礼物，突出"礼轻情义重"。谈判时，招待对方吃一顿地方风味的午餐，陪对方度过一个美好的夜晚，赠送一些小小的礼物，并不是贿赂，提供这些平常的招待也不算是道德败坏。如果对方馈赠的礼品比较贵重，通常意味着对方要在谈判中"索取"较大的利益，对此，要婉转地暗示对方礼物"过重"，予以推辞，并要传达出自己不会因礼物的价值而改变谈判态度的信息。

（六）场外沟通

谈判会场外沟通亦称场外交易、会下交易等。它是一种非正式谈判，双方可以无拘无束地交换意见，达到沟通、消除障碍、避免出现僵局的目的。对于正式谈判出现的僵局，同样可以用场外沟通的途径直接进行解释，消除隔阂。

1. 采用场外沟通策略的时机

（1）谈判双方在正式会谈中，相持不下，即将陷入僵局，彼此虽有求和之心，但在谈判桌上碍于面子，难以启齿。

（2）当谈判陷入僵局时，谈判双方或一方的幕后主持人希望借助非正式的场合进行私下商谈，从而缓解僵局。

第四章 商务谈判中僵局的处理策略

（3）谈判双方的代表因为身份问题，不宜在谈判桌上让步以打破僵局，但是可以借助私下交谈打破僵局，这样又可不牵扯到身份问题。例如：谈判的领导者不是专家，但实际作决定的却是专家。这样，在非正式场合，专家就可不受限于身份问题而出面从容商谈，打破僵局。

（4）谈判对手在正式场合严肃、固执、傲慢、自负、喜好奉承。这样，在非正式场合给予其恰当的恭维（因为恭维别人不宜在谈判桌上进行），就有可能使其作较大的让步，以打破僵局。

（5）谈判对手喜好郊游、娱乐。这样，在谈判桌上谈不成的东西，在郊游和娱乐的场合就有可能谈成，从而打破僵局，达成有利于己方的协议。

2．运用场外沟通应注意的问题

（1）谈判者必须明确，在一场谈判中用于正式谈判的时间是不多的，大部分时间都是在场外度过的，必须把场外活动看做是谈判的一部分，场外谈判往往能得到正式谈判得不到的东西。

（2）不要把所有的事情都放在谈判桌上讨论，而是要通过一连串的社交活动来讨论和研究问题的细节。

（3）当谈判陷入僵局时，就应该离开谈判桌，举办各种娱乐活动，使双方无拘无束地交谈，促进相互了解，沟通感情，建立友谊。

（4）借助社交场合，主动和非谈判代表的有关人员（如工程师、会计师、工作人员等）交谈，借以了解对方更多的情况，往往会得到意想不到的收获。

（5）在非正式场合，可由非正式代表提出建议、发表意见，以促使对方思考，因为即使这些建议和意见很不利于对方，对方也不会追究，毕竟讲这些话的不是谈判代表。

三、处理谈判僵局的时机

在谈判实践中，选择最佳时机去处理僵局，往往会取得意想不到的效果。谈判活动的发展变化在不同的时间各不相同，在不同的时间采取相应的措施处理僵局效果大不一样。这一方面的技巧和方法主要有以下几方面。

1．及时答复对方的反对意见

谈判中双方都希望自己的意见得到对方的尊重和重视，若对方不能给予明确的答复，往往会造成心理障碍，形成谈判中的潜在僵局。为此，只要对方提出明确的反对意见，都应及时给予答复，若一时无法答复的，亦应解释清楚，这样可以使对方感到你的诚意，有利于消除僵局。

2. 适当推延答复

谈判中碰到很多棘手的问题，使谈判者不能即刻答复，可以推延时间再作答复，以取得更好的效果。但是，拖延答复时间不宜过长，而且应当向对方说清楚。若出现下列各种情况，则可以推延答复。

（1）对方提出的反对意见，使你感到不能作出满意的答复时。
（2）反驳对方意见缺乏足够的证据时。
（3）即刻回答会使己方陷入被动时。
（4）确实有把握控制谈判局势，使对方的反对意见随着谈判的深入会逐渐削弱时。
（5）对方的反对意见明显偏离议题时。
（6）对方由于心理原因而提出"发泄性"的反对意见时。

3. 争取主动，先发制人

若谈判者事先发现对方会提出某种反对意见，未等对方提出，抢先把问题提出来，作为自己的论点，劝导对方重新认识问题，以有效地避免和消除僵局。这种作法必须善于察言观色，随时注意对方的态度，掌握好时间。值得注意的是，"先发制人"不是"强加于人"。

第三节 打破僵局的策略

僵局并不总是由于震惊世界的大事或者重大的经济问题而导致。根据一些谈判者的经验，许多谈判的僵局和破裂是由细微的事情引起的，诸如性格差异、怕丢面子、公司内部纠纷、与上司的工作关系不好以及缺乏决断的能力。不论用什么办法打破僵局，人本身的因素是应该考虑进去的。关键不是做什么，而是怎么做。

一、情绪性僵局缓解策略

情绪性僵局是指由于谈判双方感情上的问题，表现为情绪性的对立，从而使谈判无法进行下去，形成对立的局面。假如在一次谈判中僵局已明显化，双方又争执不下，致使谈判毫无进展，面对这种明显的谈判僵局，如何妥善处理，是直接关系到谈判效果的大问题。妥善处理已经形成的僵局，关键是设法缓和对立情绪，弥合分歧，使谈判出现转机，推动谈判进行下去。其具体的作法主要有以下几种。

（一）采取横向式的谈判

把谈判的面撒开，先撒开争执的问题，去谈另一个问题，而不是盯住一个问题不放，不

第四章 商务谈判中僵局的处理策略

谈妥誓不罢休。例如：在价格问题上双方互不相让，僵住了，可以先暂时搁放一旁，改谈交货期、付款方式等其他问题。如果在这些议题上对方感到满意了，再重新回过头来谈价格问题，阻力就会小一些，商量的余地也就更大些，从而弥合分歧，使谈判出现新的转机。

（二）休会，改期再谈

休会是谈判人员比较熟悉并经常使用的一种策略。它不仅是谈判人员为了恢复体力、精力的一种生理需求，而且是谈判人员调节情绪、控制谈判过程、缓和谈判气氛、融洽双方关系的一种策略技巧。谈判中，双方因观点产生差异、出现分歧是常有的事，如果各持己见、互不妥协，往往会出现严重僵持以至谈判无法继续的局面。这时，如果继续进行谈判，双方的思想还沉浸在刚才的紧张气氛中，结果往往是徒劳无益，有时甚至适得其反，导致以前的成果付诸东流。因此，比较好的做法就是休会，因为这时双方都需要时间进行思索，使双方有机会冷静下来，或者一方的谈判成员需要停下来，客观地分析形势、统一认识、商量对策。

谈判的任何一方都可以把休会作为一种战术性拖延的手段。比如利用休会时间走出房间打个电话，回到谈判桌边时可以说，"原来说过要在某一特殊问题上让步是不可能的，但是上级现在指示可以有一种途径，比如……"这样让对方感到你改变观点是合理的。但是，在休会之前，务必向对方重申一下己方的提议，引起对方的注意，使对方在头脑冷静下来以后，利用休会的时间去认真地思考。比如，休会期间双方应集中考虑的问题可以为：贸易洽谈的议题取得了哪些进展？还有哪些方面有待深谈？双方态度有何变化？己方是否调整一下策略？下一步谈些什么？己方有什么新建议？如此等等。

谈判的一方把休会作为一种积极的策略加以利用，可以达到以下目的：

（1）构思重要的问题；
（2）思考新的论点与自卫方法；
（3）探索变通途径；
（4）检查原定的策略及战术；
（5）研究讨论可能的让步；
（6）决定如何对付对手的要求；
（7）分析价格、规格、时间与条件的变动；
（8）阻止对手提出尴尬的问题；
（9）排斥讨厌的谈判对手；
（10）缓解体力不支或情绪紧张的情况；
（11）应付谈判出现的新情况；
（12）缓和谈判一方的不满情绪。

谈判的一方若遇到对方采用休会的缓解策略时，破解方法有以下三种。

（1）当对方因谈判时间拖得过长、精力不济要求休会时，应设法留住对方或劝对方再多谈一会儿，或再谈论一个问题，因为此时对手精力不济就容易出错，意志薄弱者容易妥协，所以延长时间就是胜利。

（2）当己方提出关键性问题，对方措手不及、不知如何应付、情绪紧张时，应拖着其继续谈下去，对其有关休会的暗示、提示佯作不知。

（3）当己方处于强有力的地位，正在使用极端情绪化的手段去激怒对手，摧毁其抵抗力，对手已显得难以承受时，对对手的休会提议可佯作不知、故意不理，直至对方让步，同意己方要求。

休会一般先由一方提出，只有经过双方同意，这种策略才能发挥作用。怎样取得对方同意呢？首先，提建议的一方把握好时机，看准对方态度的变化。如果对方也有休会的要求，很显然会一拍即合。其次，要清楚并委婉地讲清需要。一般说来，参加谈判的各种人员都是有涵养的，如东道主提出休会，客人出于礼貌，很少拒绝。

（三）改变谈判环境与气氛

正式的谈判场所，容易给人带来严肃而一本正经的气氛。特别是当谈判双方各执己见、互不相让、甚至因话不投机而横眉冷对时，紧张的谈判气氛容易使人产生压抑的、沉闷的感觉和烦躁不安的情绪。遇到这种情形，作为东道主的一方，可以建议把手头的问题放一放，组织双方人员共同去游览观光、出席冷餐会或参加文娱活动等，把紧绷的神经松弛一下。即使在游乐的过程中，双方也不妨不拘形式地就某些僵持的问题继续交换意见，在融洽轻松的气氛中消除障碍，使谈判出现新的转机。

（四）叙述旧情

强调双方的共同点，即通过回顾双方以往的合作历史，强调和突出共同点和合作的成果，以此来削弱彼此的对立情绪，以达到打破僵局的目的。

（五）更换谈判人员或者由领导出面调解

谈判中出现了僵局，并非都是双方利益的冲突，有时可能是谈判人员本身的因素造成的。比如，由于谈判人员的偏见与成见，在争论问题时，对他方人格进行攻击，伤害了一方或双方人员的自尊心，必然引起对方的怒气，使谈判陷入僵局。类似这种由于谈判人员的性格、年龄、知识水平、生活背景、民族习惯等因素造成的僵局，虽经多方努力仍无效果时，可以征得对方同意，及时更换谈判人员，消除不和谐因素，缓和气氛，就可能轻而易举地打破僵局。这是一种迫不得已的、被动的做法，必须慎重。必要时，可请企业的领导者出面，因势利导，以表明对谈判局势的关注，也可以达到消除僵局的效果。

二、严重僵局的处理策略

在谈判过程中，尽管一方几经努力，但僵局仍未出现缓解之势，双方都已被套住，则僵局已相当严重了。特别是在履行协议过程中，双方对于争议、纠纷之类问题的谈判，涉及双方的权利与义务，致使谈判双方对立情绪十分明显、气氛异常紧张。这类谈判难度大，政策性、专业技术性强。妥善的办法，是本着己方利益不受损失，同时亦顾全对方的自尊与利益的原则，在灵活运用各种策略与技巧的同时，采取仲裁缓解的做法。

仲裁缓解法是指商务谈判陷入僵局时，谈判的双方因为争执不下而请第三者来仲裁调停，从而缓解谈判僵局的策略方法。商务谈判不常用到仲裁者，实际上应该有仲裁者。

（一）运用仲裁缓解法的主要条件

（1）谈判陷入僵局，双方再也无法协商解决问题，而问题又非解决不可，只能由第三者出面仲裁、调停。

（2）能够找到一个双方都信得过又和谈判双方都没有直接关系的第三者。这个第三者具有足够的社会经验和学识，对所仲裁和解决的问题具有一定的权威性，而且能够主持公道。

（二）运用仲裁缓解法的技巧及注意事项

（1）必须选好仲裁者。仲裁者可以是公司内的人或者公司以外的人，最好的仲裁者是和谈判双方都没有直接关系的第三者。公司外的律师、教授和顾问比较能胜任这方面的工作。作为仲裁者，通常应具备以下条件：

① 品格公正，能主持公道；
② 社会经验丰富，阅历较深；
③ 学识渊博，精通业务；
④ 得到双方的认可与尊重。

（2）所选的仲裁者必须能够做到以下几点：
① 能对有关法律、政策、规定的事项作出公正地裁判，并提出实际的解决方法；
② 能使陷入僵局的双方继续谈判；
③ 能不带情绪地倾听双方的意见；
④ 能提出对双方有益的创造性思想；
⑤ 能提出妥协的方法，达成交易。

（3）必须警惕仲裁者犯以下错误：
① 可能由于种种原因，不自觉地形成某种偏见；
② 可能受某一方言辞的影响而被利用；
③ 在调停和解决某项争执时，可能会使问题更加复杂化；

④ 可能被一方贿赂收买。

（4）如果有了充分的理由怀疑仲裁者的公正，就应及时而且坦率地向对方提出更换仲裁者。

（5）如果仲裁的结果明显不利于己方，就应找借口否定这种仲裁。仲裁必须是双方自愿的，其结果是强制执行，对双方都有约束力。

第四节　化解谈判中的威胁

一、谈判中的威胁

（一）什么是谈判中的威胁

谈判中的威胁，是在谈判中提出一些具有侵略性的提议，强迫对手同意，或者利用威胁手段改变对手的谈判期望值。

案例4-1

美国一家航空公司要在纽约建立大的航空站，希望爱迪生电力公司给予优惠电价，这场谈判的主动权掌握在电力公司一方，因为航空公司有求于电力公司。因此，电力公司推说如给航空公司提供优惠电价，公共服务委员不会批准，不肯降低电价，谈判相持不下。这时，航空公司突然改变态度，声称若不提供优惠电价就撤出这一谈判，自己建厂发电。此言一出，电力公司慌了神，立即请求公共服务委员会从中说情，表示愿意给予这类新用户优惠价格。因为若失去给这家大航空公司供电，就意味着电力公司将损失一大笔钱，所以电力公司急忙改变原来傲慢的态度，表示愿意以优惠价格供电。

在这一案例中，谈判态势之所以产生如此大相径庭的变化，在于航空公司在要求对方让步的过程中，巧妙地使用了威胁的策略。

（二）应用威胁策略的基础

巧妙地使用威胁的策略，给谈判规定最后的期限和条件，如果对方在这个期限内不接受己方的交易条件达成交易，则己方就宣布谈判破裂而退出谈判。这种策略常常在谈判双方争执不下、对方不愿作出让步以接受己方交易条件时使用，以逼迫对方让步。威胁常常证明是一种行之有效的策略。在谈判中人们对时间是非常敏感的。特别是在谈判的最后关头，双方已经过长时间紧张激烈的讨价还价，在许多交易条件上已经达成一致，只是在最后的某一、两个问题上相持不下。如果一方给谈判规定了最后期限，发出了威胁，另一方就必须考虑自

第四章　商务谈判中僵局的处理策略

己是否准备放弃这次盈利的机会,牺牲前面已投入的巨大谈判成本,权衡作出让步的利益牺牲与放弃整个交易的利益牺牲孰轻孰重,以及坚持不作让步、打破对方威胁而争取达成协议的可能性。如果谈判对手没有足够的勇气和谈判经验的话,那么在最后通牒面前选择的道路常常是退却,作出让步以求成交。发出最后通牒的一方也就大功告成。当然,谈判者要想成功地运用这一策略来迫使对手让步,必须具备一些条件,否则如意算盘很难得逞。

威胁是谈判过程中施加压力的一种手段。威胁是一种战术,当被威胁者认定威胁是一种压力时,才有效果。威胁应令对方无法拒绝。发出威胁,必须是在对方走投无路的情况下,对方想抽身,但却已为时过晚,因为此时已为谈判投入了许多金钱、时间和精力。因而不能在谈判刚开始、对方有路可走的时候发出。

对方对威胁的看法有两种情况。一种是被威胁一方不相信威胁将会实施,这时威胁将不会起作用。另一种是谈判者不准备屈服于对方的威胁,不准备对对方的要求让步。所以在实施威胁时,必须有相关的措施与行动相配合。威胁也是一种传递信息的手段,用好这种战术的关键,在于被威胁人是否相信威胁的真实性。如果威胁不成功,那么后果比不用威胁要严重,这时威胁作用转而变为阻碍作用,甚至会两败俱伤。

(三)威胁的实质

威胁本身也是一种自我约束。谈判人员为达到某一目标而使用威胁战术,同时这种战术也给谈判者本身带来一种约束。所提出的要求和威胁的内容越具体,所受的约束就越大;发出威胁人的声誉越高,权威性越大,本身所受的自我约束也就越强。因此,谈判人员应慎重使用这种战术。通常只应提出不严格或不受约束的说明,以便给自己留有余地。当偶尔需要做出一项具有明确自我约束的说明时,那将是立意实施威胁的信号,表明已做好了充分的准备。

因此,被威胁者此时最重要的事情是把交易不成的代价与必要的退让代价做比较,从中选择一种比较有利的策略,然后再做出决定是否让步。在持续的谈判关系中,声誉比经济损失更为重要,因此要考虑到对方会不会拿自己的声誉去冒风险,如果这种冒险相当值得,则对方可能要这么干。

二、对付威胁的态度

(一)判断对方威胁的真实性

案例 4-2

20世纪80~90年代美国所采用的通商政策,就是采取威胁策略的典型事例。当存在不公正的限制与企业行为时,美国在允许采取贸易制裁措施的通商法第301条以及将该条款进一步强化的超级 301 条款的法律背景下，进行两国间谈判时，总是一边暗中挥舞着制裁的大棒一边强硬地迫使外国开放市场。美国的借口是，当不公正的贸易及商业交易阻碍了美国产品的出口时，为了纠正不公正，美国采取单边措施就是正当的。

日本市场的封闭性也被美国视为问题。举例来说，美国因为日本市场上美国汽车及汽车零件的份额不高，便断定日本存在不公正的商业习惯及交易。在 1995 年的日美谈判中，美国威胁日本说，如果谈判破裂，则美国将对 13 种高级轿车征收 100%的关税，强迫日本政府设定并履行扩大进口的数字目标。虽然日本政府最终拒绝了数字目标，但结果是日本 5 家制造商主动公布了购进美国产汽车零件以及增加在北美的现地生产的计划，以此回避了关税。

在以威胁为杠杆求得让步时，威胁是否具有实效性是关键所在，如果对手了解到威胁不具有实效性，那么威胁一方得不到让步的可能性就大大增加。在上述案例中的威胁到底有没有实效性呢？关税有可能给进出口国双方都带来损失，而且通过启动制裁，有可能把双方带入一场围绕关税问题争斗的关税战。这样，当日本政府拒绝数字目标时，美国政府不征收惩罚性关税似乎更有好处。如果日本政府事先预料到了这一点，那么断然拒绝数字目标就是合理的判断。然而，当美国公开表明威胁之后，就不可能将其简单地收回。原因在于，谈判这一博弈并不会就此结束，类似的谈判以后还会反复进行，为了维持以后谈判的能力，即便自己会遭受损失也必须一硬到底地实施威胁。而且，如果不实行威胁，还很可能在美国国民及议会面前丧失信用。日本制造商的计划，最终起到了保全日美两国政府的面子、结束贸易摩擦的作用。但是，勉强增加从美国购进零件有可能给有效的资源配置带来损失。

（二）对威胁方的反击

如果能进行有力的反击，就无所谓威胁了。谈判者必须有理由确信对方会按照自己所预期的那样做。以下的例子很能说明问题。

案例 4-3

在西方某国监狱的单间牢房里，犯人通过门上的瞭望孔，看到走廊上警卫正在那儿吞云吐雾。凭着他那敏锐的嗅觉，犯人立即断定那是他最爱抽的万宝路牌香烟。他想吸烟想疯了，于是用手指轻轻地敲了一下门。警卫慢悠悠地踱过来，鄙夷地粗声哼道："干吗？"犯人答道："请给我抽一支烟吧……就是你抽的那种，万宝路牌的。"警卫没有理会犯人的请求，转身要走。犯人又用手指关节敲门，这一次他是命令式的。"你想干什么？"警卫从嘴里喷出一口浓烟，没好气地转过头来喊。犯人答道："劳驾你给我一支香烟，我只等 30 秒钟，如果得不到，我就在水泥墙上撞脑袋，直到流血昏倒为止。当监狱的官员把我拉起来苏醒后，我就发誓说是你干的。"

第四章　商务谈判中僵局的处理策略

"当然，他们绝不会相信我。但请你想一想吧，你得出席听证会，在听证会前，你得填写一式三份的报告，你要卷入一大堆审讯事务。你想一想吧，所有这一切就是为了不给我一支不值几文的万宝路香烟？只要一支，保证以后再不打搅你了。"那么，警卫会从瞭望孔里塞给他一支香烟吗？

警卫的回答是："首先，如果你真的在水泥墙上撞脑袋，你将会头破血流，因此遭受较大的肉体上的痛苦；其次，你的谎言也不会得到证实，因为无实际事件发生；第三，你的这种做法可能会影响你在狱中的表现评定，很可能追加刑期，而这一切仅仅只为了一支香烟，最后，如果我同意了你的要求，将使以后其他犯人管理的难度加大。"所以狱警不提供香烟。否决了监犯的要求不予接受，并对犯人的威胁行了有力的反击。

（三）发出威胁言辞不能太尖锐，并争取其他利益

谈判者必须尽可能委婉地发出威胁。威胁本身就具有很强的攻击性，如果谈判者再言辞激烈，极度伤害了对方的感情，对方可能由于一时冲动，铤而走险，一下子退出谈判，对双方均不利。威胁策略并不是哪个谈判者的专利。一方可以运用这一手段逼迫对方让步，对手也可能会用这一手段来要挟。而对对手的威胁，如果对方的威胁是严肃的，那么就应该认真权衡作出让步达成协议与拒绝让步失去交易二者的得失，再作决策。这些权衡包括：企业的各项要求，预料对方可能做出的各种抵制，在所能预见的范围内，对每项结果及其所花费时间的预计，以及交易落空的损失预计等。如果经过双方接触和谈判，对方的行动已表明估计的某些因素是错误的，那么自然要对目标进行修正。如果己方不得不接受对方的最后通牒，向对方作出让步，那么可以考虑改变其他交易条件，力争在其他交易条款上捞回自己失去的好处。

通过威胁一般能赢得短线胜利，但却不利于长期的人际关系。所以威胁应在不引起对方报复的情况下才具有实效。在谈判中一般不要以威胁的手段施加压力，如果对手使用威胁手段施加压力时，可表示漠不关心：让对手感到威胁伤害不了你，他的威胁会令他蒙受比你更大的损失；或以既成事实对付即将向你提出的威胁。这样，就可使对方施加的压力毫无用武之地。

第五节　正确对待谈判中的劣势

一、正视谈判中的劣势

商务谈判以获取经济利益为目的，谈判双方都想从对方获得更大的经济利益，于是谈判双方争夺激烈。通常在谈判中实力较强占有优势的一方，能获得较大的经济利益，而实力较弱，处于劣势的一方则很难维护自己的利益，总是难免被迫进行一些事实上处于劣势的谈判。但事

实上劣势的一方也有比较弱的优势,劣势谈判最重要的是改变谈判势态,然后才是运用进行实质性谈判的技巧,只要谈判活动安排得当,策略对头, 改变劣势地位也是可能的。

在谈判中,某一方处于劣势既可能是由于对方有优势,使己方处于劣势,也可能是由于己方本身的不利因素,主要出于以下几方面原因。

(1)对方实力雄厚,企业规模大,资金来源充足,能够从各个方面提供较优惠的条件。或者是公司有良好的经营状况,知名度较高。

(2)市场货源紧缺,对方具有垄断的趋势。在这种情况下,卖方会利用产品在市场上占有较大比例,来提高产品售价,迫使买方接受条件。

(3)产品具有较强的竞争力。这里指产品的性能、质量及新颖性等都比较好,也许是名优产品,这些都会成为谈判桌上讨论还价的筹码。

(4)能够提供独特的技术或服务,没有竞争对手,使得卖方能够从各方面迫使买方作出让步。

(5)市场供过于求,买方可以从容选择卖方,并以此要求卖方提供各种优惠条件。

(6)一方急于达成协议也会使自己处于劣势。如急于推销存货,迫切需要资金货款等。

此外,公司的信誉,谈判者所掌握的知识和信息,也会影响双方的地位和实力。

因此,在谈判前只有做好充分准备,找准这场谈判的切入点和要达到的目的,才能更好地看清自己,了解对方,才能更好地认清谈判各方的关系,才能找到成功的方向,在谈判中处在劣势情况时才能从容面对。

(一)明确谈判目标

作为指导谈判的核心,谈判目标尤为重要, "协议包括哪些内容"、"我希望对方答应我哪些条件"、"对我来说什么最重要"等问题,这些都属于谈判目标,甚至还要提前考虑到准备在哪些方面让步。

在谈判前,为了做到有的放矢,应设定不同的灵活机动目标,根据谈判情形选择不同层次的目标。

(1)必达目标。这是不可放弃的基本目标,如果不能实现,就必须放弃谈判。

(2)希望目标。它是谈判者力争在实际需求利益得到满足后,追求一个额外利益的理想目标,除非迫不得已,一般情况下不会放弃。

(3)可能目标。作为最理想的目标,实现的难度很大,一般情况下可以放弃。

(二)分析切入点

1. 知己

"知己"即首先了解自己,了解本企业产品及经营状况。看清自己的实际水平与现处

第四章 商务谈判中僵局的处理策略

的市场地位,对于确立谈判地位及制定决策十分重要。只有对自家产品规格、性能、质量、用途、销售状况、竞争状况、供需状况等熟悉,才能更全面地分析自己的优势、劣势,评估自己的力量,从而认定自我,满怀信心地坐在谈判桌前。

然而,仅仅了解本企业是不够的,代表企业出席谈判的谈判人员作为直接参与谈判交锋的当事人,其谈判技巧、个人素质、情绪及对事物的谈判分析应变能力直接影响谈判结果。因此,谈判者需要对自己进行了解,如"遇到何事易生气"等影响谈判的个人情绪因素,使自己在谈判中避免因此而影响谈判效果。同时,谈判者也可以事先对谈判场景进行演练,针对可能发生的冲突做好准备,锻炼应变能力,以免一旦实际遭遇,措手不及,难以控制局面。

2. 知彼

"知彼"即调查分析谈判对手,越了解对方,越能掌握谈判的主动权。如果我们去买苹果,就不会去文具店,我们会选择能满足自己需求的目标—水果店。当然我们也不会在任意一个水果摊买,会想会看,会货比三家,谈判也是如此。在谈判前,当对手确定时,应针对与自己谈判的企业,进行企业类型、结构、投资规格等一系列基础性调查,分析对方市场地位,明确其谈判目标,即了解对方为什么谈判、是否存在什么经营困难等会对谈判主权产生影响的因素。将其优势、劣势细细分析,使自己能避实就虚,在谈判中占主动地位。当然,与此同时,也不能忽视对该企业的资信调查,确定其是否具有经营许可等资格,降低信用风险。

"知彼"与"知己"一样,也应通过各种途径去详细摸清对方谈判代表的一切情况,也许要谈判的人是和你打过交道的,即使有过不愉快,也应该开诚布公地强调会积极避免此类事情再发生。如果对方是新客户,就更应从其个人简历、兴趣爱好、谈判思维及权限等方面,进行不带任何个人色彩的了解,做到心中有数。

3. 知同行

"知同行",顾名思义,就是关注行业内其他企业的产品及经营状况。随着经济的发展,企业面临着国内外同行业的激烈竞争。也许当你正与谈判对手讨价还价之时,被忽视的"第三者"已准备坐收渔翁之利了。所以必须以主动的姿态对整个市场该行业的经营状况及形势展开调查,从主要竞争者入手,了解其主要商品类型、性能、质量、价格等信息,包括同行资信、市场情况及决策方式等,对比相互优势及差距,便于本企业谈判时,以己之长比较他人之短,制定适于自己的谈判战略。

4. 知环境

众所周知,谈判不是一项孤立的经济活动,它总是在一定环境下进行的,政治法律、

经济建设、社会环境、自然资源、基础设施以及地理气候等都对谈判能否成功有重大影响，所以应在谈判之前对它们尽量通盘了解，避免付出巨大代价才达成的协议，却因履行中的某些客观因素阻碍而前功尽弃。

二、改变谈判中的劣势

谈判中出现的劣势，会影响双方的利益分配。但是，可以通过努力改变在谈判中的不利地位，掌握谈判的主动权。当然，这里讲的劣势，是指在某一方面或某一条件下的劣势，并非是双方实力相差极为悬殊的优劣对比。如果所有的优势都掌握在对方手中，那就别指望靠谈判技巧来取得平等的利益。

（一）维护自己的利益，提出最佳选择方案

要避免谈判中处于劣势地位可能带来的不利后果，比较好的方法是根据实际情况，提出多样选择方案，从中确定一个最佳方案，作为达成协议的标准。在这些方案中，至少要包括：对谈判结果的设想，对方根据什么向我方提出条件？不利于我方的因素有哪些？怎样克服？在什么样的情况下中断谈判？我方所能达到的目的是什么？在哪些方面进行最佳选择等。

在谈判中，对讨论协议有多种应付方案，就会大大增强我方的实力，使我方有选择进退的余地。有时，能否在谈判中达成协议，则取决于所提出的最佳选择的吸引力。最佳选择越可行，越切合实际，改变谈判结果的可能性就越大。因为充分了解和掌握达成协议与不达成协议的各种利弊关系，进而就能比较好地掌握谈判的主动权，掌握了维护自己利益的方法，就会迫使对方在我方所希望的基础上谈判。

（二）要掌握更多的信息情报

不可否认，企业具有一定规模，产品有一定的知名度，确实是企业本身具有的优势。但如果不具备这方面的优势，而对方又恰恰具有这样的优势，改变实力对比的办法之一，就是广泛收集信息情报，了解更多的内幕，从而有效地避免谈判中的被动，并发现更多的机会。比如，交易双方就价格问题反复磋商，对方倚仗商品质量一流，不提供优惠价。但购买一方的企业如果掌握了市场行情，变化的走向趋势，如产品价格可能下降，或有更新的产品出现，那么就可以据此向企业施加压力，利用卖方急于出售产品的心理，掌握谈判的主动权。

（三）尽量利用自己的优势

谈判对方有优势，并不是说在所有的方面都有优势，因为如果所有的优势都掌握在对方手中，仅靠谈判技巧要达成一个双方都满意的协议恐怕是不可能的。当谈判双方实力相差较大，我方处于劣势时，在谈判之前的准备工作中，就应包括对双方优势的分析，摆出

第四章 商务谈判中僵局的处理策略

对方的优势，再看看我方的优势是什么，考虑如何利用我方的优势。这样就能够对双方的实力相比，以及由此产生的问题心中有数。例如，我方要购买一批产品，谈判的对手是实力雄厚的大公司，产品很有竞争力，生产批量大、周期短、交货迅速，这些都是对方的优势。但是，对方急于出售产品以加速资金周转，就是对方的短处，也恰恰是我方的优势。

双方在谈判中的优势、劣势并不是绝对的。在谈判初期，就双方的实力对比来看，我方可能处于劣势。但是，随着多种方案的提出，增加了我方的实力，也增加了优势。

有时，一方优势可能被掩盖了，表现不明显，也可能对方没有认识到我方优势的重要性。因此，在谈判中如何利用自己的优势，发挥自己的长处，攻击对方的短处、薄弱环节，也是谈判人员应掌握的策略技巧之一。

总之，要改变谈判中的劣势，在坚持上述原则的基础上所应采取的具体步骤有三点。

（1）制定协议所必需的措施。如果不能达成协议，是否还存在着与其他公司洽谈的可能。如果按照对方的条件，是自己生产合算，还是购买合算。

（2）改进自己的最佳设想，把这些变为实际的选择。如果认为与对方谈判达成协议比不达成协议要有利，就应努力地把这种可能变为现实，最主要的是在谈判中不断充实、修改自己的最佳方案、计划，使之更加切合实际。

（3）在确定最佳方案的同时，也应明确当达不成协议时所应采取的行动。

（四）要有耐心

耐心就是力量，耐心就是实力。如果不具有其他方面的优势，那么，一定要有耐心或寻找没有耐心的对手。这样，也有了防卫的筹码，在必要时，打乱对方的部署，争取胜利。

 思考题

1. 僵局产生的原因有哪些？
2. 商务谈判中遵循哪些原则可避免僵局？
3. 有哪几种妥善处理僵局的方法？
4. 运用幽默策略应注意什么问题？
5. 运用仲裁应注意哪些问题？
6. 如何有效识别谈判威胁的真假虚实？
7. 怎样正确对待和改变谈判中的劣势？

商务谈判

中日汽车索赔谈判

2000年5月我国从日本S汽车公司进口大批FP148货车，使用时普遍发生严重质量问题，致使我国蒙受巨大经济损失。为此，我国向日方提出索赔。谈判一开始，中方简明扼要地介绍了FP148货车在中国各地的损坏情况以及用户对此的反应。中方在此虽然只字未提索赔问题，但已为索赔说明了理由和事实依据，展示了中方谈判威势，恰到好处地拉开了谈判的序幕，日方对中方的这一招早有预料，因为货车的质量问题是一个无法回避的事实，日方无心在这一不利的问题上纠缠。日方为避免劣势，便不动声色地说："是的，有的车子轮胎炸裂，挡风玻璃炸碎，电路有故障，铆钉震断，有的车架偶有裂纹。"中方觉察到对方的用意，便反驳道："贵公司代表都到现场看过，经商检和专家小组鉴定，铆钉并非震断，而是剪断，车架出现的不仅仅是裂纹，而是裂缝、断裂！而车架断裂不能用'有的'或'偶有'，最好还是用比例数据表达，更科学、更准确……"。日方淡然一笑说："请原谅，比例数据尚未准确统计。""那么，对货车质量问题贵公司能否取得一致意见？"中方对这一关键问题紧追不舍。"中国的道路是有问题的。"日方转了话题，答非所问。中方立即反驳："诸位已去过现场，这种说法是缺乏事实根据的。""当然，我们对贵国实际情况考虑不够……""不，在设计时就应该考虑到中国的实际情况，因为这批车是专门为中国生产的。"中方步步紧逼，日方步步为营，谈判气氛渐趋紧张。中日双方在谈判开始不久，就在如何认定货车质量问题上陷入僵局。日方坚持说中方有意夸大货车的质量问题："货车质量的问题不至于到如此严重的程度吧？这对我们公司来说，是从未发生过的，也是不可理解的。"此时，中方觉得该是举证的时候，并将有关材料向对方一推说："这里有商检、公证机关的公证结论，还有商检拍摄的录像。如果……。""不！不！对商检公证机关的结论，我们是相信的，我们是说贵国是否能够作出适当让步。否则，我们无法向公司交代。"日方在中方所提质量问题攻势下，及时调整了谈判方案，采用以柔克刚的手法，向对方踢皮球，但不管怎么说，日方在质量问题上设下的防线已被攻克了。这就为中方进一步提出索赔价格要求打开了缺口。随后，对FP148货车损坏归属问题上取得了一致的意见。日方一位部长不得不承认，这属于设计和制作上的质量问题所致。初战告捷，但是我方代表意识到更艰巨的较量还在后头，但由于顺利解决了一个又一个谈判中出现的僵局，最终使谈判取得成果。

随即，双方谈判的问题升级到索赔的具体金额上——报价，还价，提价，压价，比价，一场毅力和技巧较量的谈判竞争展开了。中方主谈代表擅长经济管理和统计，精通测算。他翻阅了许多国内外的有关资料，甚至在技术业务谈判中，他也不凭大概和想当然，认为只有事实和科学的数据才能服人。此刻，在他的纸笺上，在大大小小的索赔项目旁，写满了密密麻麻的阿拉伯数字。这就是技术业务谈判，不能凭大概，只能依靠科学准确的计算。根据多年的经验，他不紧不慢地提出："贵公司对每辆车支付的加工费是多少？这项总额又是多少？""每辆车10万日元，计5.84亿日元。"日方接着反问道："贵国报价是多少？"中方立即回答："每辆16万日元，此项共计9.5亿日元。"精明强干的日方主谈人淡然一笑，与其副手耳

第四章 商务谈判中僵局的处理策略

语了一阵，问："贵国报价的依据是什么？"中方主谈人将车辆损坏后各部件需如何修理、加固、花费多少工时等逐一报价。"我们提出的这笔加工费并不高。"接着中方代表又用了欲擒故纵的一招："如果贵公司感到不合算，派员维修也可以。但这样一来，贵公司的耗费恐怕是这个数的好几倍。"这一招很奏效，顿时把对方将住了。日方被中方如此精确的计算所折服，自知理亏，转而以恳切的态度征询："贵国能否再压低一点。"此刻，中方意识到，就具体数目的实质性讨论还价开始了。中方答道："为了表示我们的诚意，可以考虑贵方的要求，那么，贵公司每辆出价多少呢？""12万日元"日方回答。"13.4万日元怎么样？"中方问。"可以接受"。日方深知，中方在这一问题上已作出了让步。于是双方很快就此项索赔达成了协议。日方在此项目费用上共支付7.76亿日元。

然而，中日双方争论索赔的最大数额的项目却不在此，而在于高达几十亿日元的间接经济损失赔偿金。在这一巨大数目的索赔谈判中，日方率先发言。他们也采用了逐项报价的做法，报完一项就停一下，看看中方代表的反应，但他们的口气却好似报出的每一个数据都是不容打折扣的。最后，日方统计可以给中方支付赔偿金30亿日元。中方对日方的报价一直沉默不语，用心揣摩日方所报数据中的漏洞，把所有的"大概"、"大约"、"预计"等含糊不清的字眼都挑了出来，有力地抵制了对方所采用的浑水摸鱼的谈判手段。

在此之前，中方谈判班子昼夜奋战，液晶体数码不停地在电子计算机的荧光屏上跳动着，显示出各种数字。在谈判桌上，我方报完每个项目的金额后，讲明这个数字测算的依据，在那些有理有据的数字上，打的都是惊叹号。最后我方提出间接经济损失费70亿日元！日方代表听了这个数字后，惊得目瞪口呆，老半天说不出话来，连连说："差额太大，差额太大！"于是，进行无休止的报价、压价。"贵国提的索赔额过高，若不压半，我们会被解雇的。我们是有妻儿老小的……"日方代表哀求着。老谋深算的日方主谈人使用了哀兵制胜的谈判策略。

"贵公司生产如此低劣的产品，给我国造成多么大的经济损失啊！"中方主谈接过日方的话头，顺水推舟地使用了欲擒故纵的一招："我们不愿为难诸位代表，如果你们作不了主，请贵方决策人来与我们谈判。"双方各不相让，只好暂时休会。这种拉锯式的讨价还价，对双方来说是一种毅力和耐心的较量。因为谈判桌上，率先让步的一方就可能被动。随后，日方代表急用电话与日本S公司的决策人密谈了数小时。接着谈判重新开始了，此轮谈判一接火就进入了高潮，双方舌战了几个回合，又沉默下来。此时，中方意识到，己方毕竟是实际经济损失的承受者，如果谈判破裂，就会使己方获得的谈判成果付诸东流；而要诉诸法律，麻烦就更大。为了使谈判已获得的成果得到巩固，并争取有新的突破，适当的让步是打开成功大门的钥匙。中方主谈人与助手们交换了一下眼色，率先打破沉默说："如果贵公司真有诚意的话，彼此均可适当让步。"中方主谈为了防止由于己方率先让步所带来的不利局面，建议双方采用"计分法"，即双方等量让步。"我公司愿意付40亿日元。"日方退了一步，并声称："这是最高突破数了。""我们希望贵公司最低限度必须支付60亿日元。"中方坚持说。

这样一来，中日双方各自从己方的立场上退让了10万日元。双方比分相等。谈判又出现了转机。双方界守点之间仍有20亿日元的逆差（但一个界守点对双方来说，都是虚设的。更准确地说，这不过是双

 商务谈判

方的一道最后的争取线。该如何解决这"百米赛路"最后冲刺阶段的难题呢？双方的谈判专家都是精明的，谁也不愿看到一个前功尽弃的局面）。几经周折，双方共同接受了由双方最后报价金额相加除以2，即50亿日元的最终谈判方案。除此之外，日方愿意承担下列三项责任：（1）确认出售给中国的全部FP-148型货车为不合格品，同意全部退货，更换新车；（2）新车必须重新设计试验，精工细作，并制作优良，并请中方专家检查验收；（3）在新车未到之前，对旧车进行应急加固后继续使用，日方提供加固件和加固工具等。一场罕见的特大索赔案终于公正地交涉成功了！

【问题与思考】

（1）中日双方的谈判僵局是如何形成的？

（2）中方在处理僵局的过程中运用了什么方法？

第五章　商务谈判的签约

内容提示

　　成交阶段是谈判双方最终确立交易条件，缔结协议的过程，同时也是各自的利益得以最终确立的过程。从某种意义上讲，谈判者所付出的一切努力，都是为了双方顺利地达成协议。但是，即使到了这一阶段，谈判双方的预期已经达到相当一致的程度，谈判的进程仍然会因为各种主客观因素的影响而受到阻碍，缔结协议未必就成为顺理成章的事情。在这个阶段，谈判者还必须灵活地运用某些谈判策略，以便有效地引导谈判行为的发展。
　　本章主要介绍成交的促成，合同的签订，以及合同的履行。

第一节　商务谈判的成交

　　成交是商务谈判的最终成果，也是商务谈判的根本目标。虽然商务谈判双方经过前面各个阶段的交锋，克服了许多障碍和分歧，但只是为成交铺平了道路，商务谈判人员还须经过一番努力以促使对方下定决心，采取具体的成交行动。如何有效地促成交易？本节仅针对成交意图的表达，成交信号的接收，成交的促成等方面的技巧进行阐述。

一、成交意图的表达及技巧

　　商务谈判经过开局阶段、摸底阶段、报价阶段、磋商阶段后，若交易双方的交易条件趋于一致，则可能成交。这时，对成交意图的表达是必要的。

　　（一）成交意图表达的时机

　　1. 成交的含义

　　所谓成交，就是指商务谈判双方经过反复磋商，对各项交易条款达成一致意见，拍板定案，并采取一定的交易行动。成交有两层含义：一是表示一种状态，即商务谈判对方接受商务谈判者的劝说建议，接受交易条件。二是指商务谈判者在做了一系列准备工作以后，在条件成熟的前提下，建议和引导对方立即采取成交行动的过程。因为在商务谈判实践中，

有些谈判对手，尤其是买方即使心里很想成交，但往往不首先提出成交，更不愿主动明确地提示成交；或是虽然有强烈的成交欲望，可一旦真的采取行动仍不免犹豫不决。此时，商务谈判人员及时发出成交意图的信息诱导对方争取成交行动，往往是解决问题的关键。因此，为了使对方真正行动起来，有效促成交易，很重要的是一旦时机成熟，必须及时向对方发出成交意向。

2．把握好成交意图表达的时机

发出成交意图在很大程度上是一种掌握火候的艺术。过早过迟都不行。若过早或过于仓促催促对方做出决定，会过分表示出己方希望成交的热情，对方可能会一步不让地进攻；而过迟才表示自己的成交意向，往往又会造成成交机会的丧失。如垂钓，清楚地看到鱼漂上下颤动，的的确确有鱼咬钩，一次、两次、三次，当鱼漂从水面坠入水下时，才是扬竿获鱼的时机。过早，鱼儿要逃掉；过晚，鱼儿会吞食而去。达成交易也要有一个过程，要具备一些基本条件，条件具备了，发出成交意图，对方才能接受，交易才可能达成。成交大致要具备如下一些条件。

（1）对方必须有内在的需求，谈判对手内在的需求即对方确确实实需要达成这项交易。越是能满足对方最迫切、最大的需求就越能成交。成交的机会往往与对方的需求成正比。

（2）对方必须信赖己方和己方所代表的企业，没有这种信赖，不管己方交易条件多么吸引人，不管谈话和示范多么精彩，对方对商务谈判成交也会产生犹豫、猜疑。一般来说，产品的信誉，企业的信誉和谈判者自己的信誉是促成商务谈判成功的三个基本条件。

（3）要有适当的交易条件，所谓"适当"，就是指经过双方磋商，交易的价格、质量、交货时间、支付方式、保养维修等方面适合对方的要求。

（4）对方必须有成交的欲望，在强烈的成交欲望驱使下才会做出成交决定，这需要商务谈判者把前几个阶段的谈判工作做好。

（5）对方必须拥有成交的决策权，实现交易，最后拍板往往由拥有成交决策权的人来做。所以，在商务谈判过程中，谈判者必须心中有数，了解到底谈判对手中哪位掌握决策权，每个参加者对成交决策的影响程度如何。

一个完整的商务谈判过程要经历开局、摸底、报价、磋商等不同阶段，但实际谈判工作中如果具备了以上这些条件，在任何一个阶段都有成交的可能。因此，要求商务谈判人员具有一定的成交经验和判断能力，机动灵活，及时准确表达成交意图。

（二）成交意图的表达技巧

1．明朗表达法

明朗表达法，就是指用明确、完整的语言直截了当地向商务谈判对方提出成交的建议

第五章 商务谈判的签约

或要求的技巧方法。

明朗表达法一般在以下几种情况中使用。

（1）知道对方有成交意向，只是一时犹豫不决，拿不定主意时，可用明朗表达法促使对方下定决心。例如："您已经了解了许多情况，现在可以下决心了吧？""没问题了吧，什么时候给您送货？""现在成交，您才能获得更大利润"等。

（2）当商务谈判对方没有提出异议也没有做出明确的反对时，为使对方集中精神考虑成交问题，谈判人员应主动向对手提出成交要求。例如："张经理，既然没有什么不满意的地方，就请您在这里签个字……"接着便取出备用的标准订货单。

（3）经过一番谈判，各种主要问题已基本明确，尤其是在解决某项重要的疑难问题之后，谈判人员应该趁机使用明朗表达法主动请求成交。

（4）其他条件都已成熟，只是对方提出某些异议，如商品质量异议、价格异议或是货源异议，对此谈判人员应加以利用和转化。比如，对方说："就这一点那当然好了，不过半年才交货，时间太长了点。"己方可以说："我们把交货时间缩短为 3 个月，请你马上决定好吗？"主动向对方排除某方面的异议，会促使对方尽快做出取舍的决定。尽管这样会给企业带来一些组织工作或增加一些费用开支，但这是值得的。

（5）对一些老客户用明朗表达法最为适宜。因为双方较熟悉，人际关系较好，对方一般不会回绝成交建议。例如可向老客户说："最近好吧，打算进多少货？"

明朗表达法具有许多优点。首先，正确地使用明朗表达法，可以有效地促成交易。一般说来，对方往往不愿意首先提出成交，商务谈判人员看准成交时机，主动提出成交要求，可以向对方施加一定的成交压力，促使对方做出反应，达成交易。其次，可以节省谈判时间，提高商务谈判工作的效率。明朗表达法所提的成交建议通常是完整的、直截了当的，没有不明确之处，更不会兜圈子。若对方愿意成交，则减少了对方由于未能察觉和领会你的成交意图而拖延的时间。再次，正确使用明朗表达法，可以充分利用各种成交机会。在商务谈判过程中，不时会出现一些有利的成交机会，一旦发现成交信号，商务谈判者就可以直接向对方提出成交要求，及时促成交易。

为了有效地促成交易，在使用明朗表达法时，商务谈判人员必须特别注意以下一些问题。

（1）在提出成交时，应表现得自然诚恳，不慌不忙，不卑不亢，主动而不过分激动，更不能冲动；语言要恰当，不能是央求或乞求。乞求只会降低商务谈判者的身份。过分的请求和紧张会使对方获得心理优势和成交主动权，不利于商务谈判人员达成成交条件，甚至增加成交困难。

（2）应看准成交时机，抓住适当的成交机会。如果成交时机不成熟，商务谈判者的成交请求就会变成一种障碍；不适当的成交机会，会使对方产生一种高度紧张的心理状态，

从而引起对手的反感，不利于成交。

（3）应针对对方真实的谈判动机，直接提示对方的需求问题。明朗表达法是直接指出对方的需求和问题，直接提出解决问题的办法，只有这样才能促使对方做出成交反应。如果忽视了对方的真实动机，再强有力的提示也难打动对方。

总之，明朗表达法是一种最基本的表达成交意图的方法，它体现了现代商务谈判精神：主动进取，灵活机动，讲求效率，节省时间。商务谈判者应该熟练掌握和正确使用此方法，看准成交时机，及时促成交易。

2．含蓄表达法

含蓄就是不直接表露。所谓含蓄表达法是指商务谈判者不明说自己的成交意图，而是通过隐语、委婉语句或其他间接方式启发引导对方领悟，并提示对方采取成交行动的成交意图表达方法。

运用含蓄表达法其微妙之处在于：既达到表达己方意图的目的，又不使商务谈判各方处境尴尬；既可以试探对方的意图，又不失自己的面子。

一般来说，谈判者应尽量运用明朗表达法表达成交意图，以提高成交效率。但是，在许多特定情况下，商务谈判人员必须避免直接提示，因为过分地使用强迫手段会使一些谈判对手中途退出。所以，有时要尽可能地谨慎。在以下情况可考虑采用这种表达技巧。

（1）对对方的成交意向把握不准时，为了既能表达己方的成交意图，又能使自己不失面子，需采用含蓄表达法。其实，在现实生活中，这样的情况很多。例如，"李小姐，今天月色很美，我想去湖边赏月，您想去吗？"这位小伙子在心里喜欢上了这位李小姐，但又不清楚对方是否喜欢自己。因此，不便明说，而是通过邀请对方去湖边赏月向对方发出信号。商务谈判也同样，当对对方的成交意图把握不准时，使用含蓄表达法可以有效地排除心理障碍，进而促成交易。

（2）针对不同的交易内容，如果交易的内容是复杂的商品、贵重的商品和新上市的商品，当对方拿不定主意时，商务谈判者可尽量使用含蓄的语言进行诱导，或用严密的逻辑分析进行推理，进而表达成交意图，力争使对方理解并接受。

（3）针对有些对象宜采用含蓄表达法，不同的商务谈判对象喜欢不同的表达方式。对于那些为人精明的谈判对象、老成持重的谈判对象、机警敏锐的谈判对象、刚愎自用的谈判对象、地位显赫的谈判对象，用含蓄表达法表达成交意图均比较合适。含蓄表达的精髓在于，有时需要有一种形式，一种技巧，恰到好处地打消对方对承诺犹豫不决的念头和解除勉强的顾虑，促使协议形成。

用含蓄表达法表达成交意图比之一泻千里。和盘托出效果好得多。首先，含蓄表达法既能及时提示成交意图又能充分留有余地，不致使自己处于被动的地位，并能始终掌握商

第五章 商务谈判的签约

务谈判的主动权。其次，一个谈吐高雅风趣、寓意深刻的商务谈判人员最易博得广泛的好感，有利于发展稳定的商务关系。再次，能委婉道出不便直言的问题，使商务谈判充满友好和睦的轻松气氛。

使用含蓄表达法要注意如下事项。

（1）掌握好含蓄的分寸，制造有利的成交气氛。只有娴熟地把握含蓄的分寸，既要含蓄又要把意思表达清楚，才能达到预期的目的。含蓄不是含糊，要准确表达自己的成交意图，而不能使谈判对方如堕云里雾中，摸不着头脑。甚至弄巧成拙，造成误会，变成成交异议，不利成交。

（2）要有针对性地使用含蓄。首先，必须把握交易的目的，引导启发对方。同时，应根据提示目的来选用提示方法，使之峰回路转，达到提示对方成交的目的。其次，对不同的商务谈判对象，含蓄的程度、方式也应不同，要适合对方的学识、气量、修养。对反应迟钝或特别敏感的谈判对手不宜使用含蓄表达法。

3．暗示表达法

暗示表达法就是不明确表达意思，而以隐蔽含蓄的语言或动作情景使人领悟其含意所在。成交意图的暗示表达法就是商务谈判人员以引导性的语言、动作或提示物等向对方表示己方争取成交行动的表达技巧。

暗示表达法一般有三种形式：

（1）语言的暗示，用含蓄的语言引导提示；

（2）行为的暗示，以姿态、面部表情、眼神、动作等进行提示；

（3）媒介物、情景的暗示，如以文件电报等资料、环境和时间、东西的摆设位置、座位的安排等提示。

在商务谈判过程中，可根据对方的不同情况而采取以下不同方法，暗示启发对方做出最后的决策。

（1）向对方强调说明，现在成交有哪些方面的有利因素。

（2）大胆地设想一切问题都已解决。如果是买方，可以询问对方的交货地点在哪里；如果是卖方，可以询问对方要采用哪一种贷款支付结算方式，以明确暗示自己的成交意图。

（3）采取结束商务谈判的某种实际行动。买方可以给卖方一个购货单的号码，卖方则可以开始写销货单，或递呈对方签字，或开始与对方握手等等。

（4）向对方反复说明，如果现在不签约，将可能发生利润的损失。或可以用时间上限，存货有限等理由，暗示自己的成交意图并促使对方尽快做出成交决定。

暗示表达法有如下优点。

（1）在特定条件下，能够适合商务谈判的实际需要。首先，一个商务谈判者可能一方

面必须做出不妥协的姿态给对方看，另一方面又必须在对方认为合理的情况下和对方达成交易。其次，有些事情并不一定在谈判桌上用语言形式表达出来，彼此建立起交流关系，能使信息在最小摩擦的情况下传达给对方，假如对方拒绝这个非正式提出的条件时，双方都会知道，同时也不会丢面子。倘若这个条件在谈判桌上正式提出而被拒绝，则可能引起对方的指责，导致双方感情破裂。

（2）有时暗示比明示更具有说服力和感染力。暗示本身是一种技巧，有的谈判者故意采用行为语言布下疑阵，使对方产生误解，使谈判朝有利于己方的方向发展。例如，在国际商务谈判中，有的谈判者故意把重要文件丢在字纸篓里，或把备忘录"遗失"在走廊里，让对方拾去，从而使对方做出错误的判断。

以上三种成交意图的表达技巧各有特点并且运用条件不尽相同，商务谈判者必须根据实际情况与可能灵活运用。

二、成交信号的接收及技巧

（一）辨认对方的成交信号

1. 成交信号的含义

成交信号是指商务谈判对方在洽谈过程中所表现出来的各种成交意向。

从一定意义上说，成交行为是一种明示，成交信号则是一种暗示，成交信号是暗示成交的行为和提示。因为在实际商务谈判工作中，为了保证自己所提出的交易条件或为了杀价，即使心里很想成交，有些谈判对手也不愿主动和明确地提出成交，而是通过其他方式流露出成交意向来。因此，为了有效地促成交易，谈判者必须善于观察对方的言行，捕捉各种谈判成交的信号。

2. 进行辩证思维的判断

既然成交信号是一种行为暗示，这就要求谈判者认真分析研究对方的行为和表示，及时准确地做出判断。怎么判断呢？必须是辩证思维的判断，即对客观现象的矛盾本性有所断定的思维形式，其主要作用在于它认识的功能。普遍思维是"是则是"、"否则否"的静态的断定。辩证思维则是"是中有否"、"否中有是"的动态断定，辩证的断定充分体现"同一与差异"、"肯定与否定"、"个别与一般"的对立统一。

在观察分析谈判对方的成交意向时，首先要遵照"现象与本质"的对立统一思维判断原则。在商务谈判过程中，对方会做出许多姿态、表情等。这些表现是不是对方常态？这些现象是否反映了问题的本质？这是谈判者必须做的一道题，必须对对方的谈吐、表情等进行认真的检查分析，并从表象中去伪存真，把观察和分析所得到的一切综合成准确的信息。

第五章　商务谈判的签约

只有这样，才能准确判断出哪些是成交信号，哪些不是成交信号。

在观察谈判对方的成交意向时，还要遵照"个别与一般"的对立统一思维判断原则。在商务谈判过程中，人的表情，谈吐等行为举止代表的意义，在世界各地都很相似，有着一定的共性。而人类的一些后天形成的行为举止也会因社会不同、地域文化背景不同而有着一定的差异。因此，在商务谈判过程中对人的行为举止，既要看到共性的方面，又要注意区分个性，这样才能准确辨认哪些行为是或不是成交意向的表露。

（二）成交信号接收的技巧

尽管成交信号是一种暗示，但仍具有很大程度的可测性。商务谈判对方在已决定成交，但尚未采取成交行动时，或已有成交意向但不十分确定时，常常会通过其行为、言语、表情等多种外在渠道不自觉地表露心态。因此，成交信号的接收技巧有以下几种方法。

1．谈吐判断法

所谓谈吐判断法，是指商务谈判人员通过谈判对手的言辞来判断分析其成交意向的技巧方法。谈判桌上的行为表现是有规律的。谈判者可注意倾听对方的言辞和说话的语气，用心为对方的话语作设身处地的构想，并认真研究对方话语背后的动机，还要对对方的讲话作归纳判断，从而达到及时捕捉对方成交信号，据此采用相应的对策，有效促成交易的目的。

谈吐所反映出的成交信号可以通过下列情形来分析判断。

（1）过多地提有关问题。如谈判对方询问交货的时间；请教产品的保养问题；询问产品的销量；询问交货日期，具体地询问售后服务情况等。对方就交易内容提出问题越多，成功希望也就越大。

（2）以价钱为中心的谈话。如以种种理由要求降低价格；打听新旧产品及有关产品的比价问题；询问以现金购买能够打多少折扣等。对方以价格支付等问题为中心询问或谈话时，便证明对方在非常现实地考虑成交问题了。

（3）提出有关的要求。如要求展示商品；要求详细说明使用时应注意的事项；要求你将报盘的有效期延续几天；要求实地试用产品等等，这时有可能是马上签合同的时机。

（4）对产品价格、重量等方面仍提出一些异议。经过一系列谈判步骤后，对方在产品价格、质量等方面仍然提出了一些意见。如这种价格真的不高吗？能保证产品的质量吗？使用时达不到要求怎么办等等。这些虽然都是疑问或反问，但也是对方真正想要成交时所发出的一些信号，或者也可以说明对方在决心成交以前还坚持最后一次讨价还价。

运用谈吐判断法要注意以下问题。

（1）既要注意听取谈判对方的言辞，又要细心领会谈判对方的言外之意。在谈判场中，除了运用自己的听觉器官之外，还要用自己的眼睛去观察对方的动作与表情。运用自己的

大脑思考对方的话语背后的动机，即要做到眼到、心到、脑到。

（2）讲究谈话技巧，善于分析判断。切实了解"听和讲不能同时进行"。要克制自己，避免分心。在倾听过程中及时对谈判对手说过的话作归纳并预测谈判对手将要说的话。同时，要善于分析判断，能从表象中去伪存真，认识其"庐山真面目"。

（3）主动地对谈判对手的话进行反馈。即通过口头语言、面部表情或其他辅助动作向谈判对手表达你对他的话语的理解程度，或是要求谈判对手澄清或解释他的话语。例如，可以偶尔插话说："对不起，您的意思是不是……"等等，以达到进一步探测对手成交意图的目的。

2．表情判断法

所谓表情判断法，是指商务谈判人员通过对谈判对手的面部表情、情绪等行为的观察分析来判断其成交意向的技巧方法。谈判不仅是语言的交流，同时也是情绪、表情等行为的交流。在商务谈判即将结束，各项交易条件都已较明朗时，对方的成交意图也会通过表情、情绪等显露出来。商务谈判者要掌握谈判心理学的知识，遵循人的心理规律，深刻地洞察谈判对手的表情变化，及时发现成交意图，在此基础上实施相应的技巧和方法，促成交易。

心理学认为，人们所表现的情绪，主要是三大类：积极的、消极的和双重的。这三类情绪中每一种具体表现又有强弱程度的不同。积极的情绪：如愉快、赞赏、欢喜等，表现出对事物的肯定态度，能增加谈判成交欲望。消极的情绪：如愤怒、厌烦、蔑视等，表现出对事物的否定态度，会抑制、阻碍成交行为。双重的情绪：既满意又不满意，既欢喜又忧虑等，如对商品喜爱，但又忧虑其质量，这种矛盾状态会随着商务谈判主、客观因素的影响，彼此转化或相互融合。

情绪与人的需要有直接的联系，如果商务谈判的内容、商务谈判的环境、交易的条件使对方满意，会产生积极的联系，另外，情绪还受商务谈判者个人心境的影响，个人心境是以生理特点、性格倾向、生活境遇、事业成败等心理状态背景为基础的。个人心境能在某一段时间内，持续地影响着一个人的全部行为和全部生活。因此，在分析判断对方表情时，应分清属于哪类情绪，是受商务谈判的内容环境、交易条件影响的，还是受个人心境影响的。如果是受前者影响的消极情绪，说明己方的谈判技巧、方法或内容的需求有问题，那就要设法着手解决有关问题，调整商务谈判技巧、内容和方法，为成交做出应有的努力。当对方希望完成谈判时，则处在激动的"准备状态"。这时，谈判对方的兴致最高，双方有极大可能会缔结一个令人满意的契约。因此，应察言观色，注意对方的表情，观察对方的身体姿势、动作幅度等。

运用表情判断法应注意以下问题。

（1）既注意观察对方的表情，又要听取对方的言辞。如果谈判者的精力都花在观察对

第五章 商务谈判的签约

方的动作和姿态上，就不可能专心地倾听对方的发言，有时甚至会"充耳不闻"，这是不利于捕捉对方成交信号的，必须是"听其言，观其行"。

（2）要因人而异，辩证地分析判断对方表情的含义。人的内心活动和外在表现是极为复杂的，特别是各种习惯动作和姿态的含义往往因不同类型的谈判者，不同的民族，不同的国别，不同的文化背景而异。因此，对谈判者的各种常见动作、姿态、表情要具体分析判断，不可一概而论。

（3）应结合对方的发言、所写的文字等综合分析判断对方的成交意向。洽谈中的许多无声的信息传递，如情绪、步履、精力、情感等，老练的谈判者是可以伪装的。因此，为了更好地探测判断对方内心活动，在商务谈判中，除了要注意观察谈判对手的表情，以便捕捉、推测这些无声的含义外，更重要的是要把这种推测同对手的发言、所写的文字等结合起来进行全面地分析和判断，以此提高所作推测的可靠程度。

3．情势判断法

所谓情势判断法，是指商务谈判人员通过对谈判的情形、局势的观察分析来判断对方的成交意向的技巧方法。由于在实际谈判过程中，用假象迷惑对方被普遍地认为是商务谈判中的常见现象，因而商务谈判者面临的困难之一就是难以使人相信自己所说的话或表情。因此，如果一旦商务谈判需要解决的问题的范围被限定下来，为及时抓住对方的成交信号，不仅要以对方的谈吐、表情去判断，还必须通过谈判进展中的情形、局势的变化去判断。

一般认为，如果商务谈判局势出现以下变化，当认为是成交的信号。

（1）对方乐于接受商务谈判人员的约见。一般来说，在绝大多数情况下，对方往往不愿意重复接见同一位成交无望的谈判人员。如果对方乐于接受谈判人员的约见，这就暗示着对方有成交意向。

（2）对方索取产品样本或估价单，认真比较各项交易条件，认真阅读推销资料等等。

（3）在洽谈过程中，对方主动提出更换面谈场所。一般情况，对方不会更换洽谈地点和场所。这一更换也是一种暗示，是一种有利的成交信号。

（4）洽谈期间，对方不再接见其他公司的商务谈判人员或其他有关人员，这表明对方非常重视这次会谈，不愿被别人打扰，这时成交在望。

（5）对方主动向商务谈判人员介绍该公司负责采购（销售）的人员及其他有关人员，在商务谈判过程中，谈判人员总是首先接近具备决策权的人员及其他有关人员，而这些人并不负责具体的买卖事宜，也很少直接参与有关具体成交条件的商谈。一旦对方主动向谈判人员介绍有关采购推销人员或其他人员，则表明决策人已经做出初步的成交决策，有关成交的具体事项留待业务人员进一步商谈，这是一种明显的成交信号。

另外，还有其他一些信号，如对方接受邀请参加商品展示会或发布会，对方转托有关个人的事务等等。运用情势判断法应注意以下三个问题。

（1）结合对方的需要、动机加以分析判断。对方的需要得到基本满足，从而激发成交动机，有了强烈的成交欲望才能做出成交决定。故此对谈判情势做出准确的判断必须分析对方的需要及成交动机。

（2）观察局势要全面细致，结合对方的言行综合考虑。不仅要看到成交信号的表现，对商务谈判的全貌和发展的全过程以及有关方面都要观察清楚，还必须综观对方的言行、表情，这样才能及时判断对方的成交意图。

（3）善于分析商务谈判情景和商务谈判气氛。在不同的情景和气氛里，同样的行为表示可能具有不同的意义。因此，商务谈判人员对不同的商务谈判环境和商务谈判气氛要具体分析判断，不能一概而论。

总之，对于商务谈判者而言，为了及时发现对方的成交意图，不仅需要分析判断对方的言辞、表情，还要深入细致地观察商务谈判的局势加以综合分析判断，以达到有效促成交易的目的。

第二节 促使成交的策略

根据成交具有的约束性、互惠性和双方一致性的特点，为促成交易，商务谈判人员应培养正确的成交态度，讲究一定的成交技巧。

案例 5-1

两家日本公司正在进行共同承担风险的合资经营谈判，但困难的是，其中一家公司对另一家公司的信誉不是很了解，迟迟下不了决心，谈判进入了僵局。为了解决这个问题，有关人员请两家公司的决策人在一个特别的地点会面商谈。这是个小火车站，车站门口有一座狗的雕塑，在它的周围站满了人，但几乎没有人看这件雕塑，只是在等人或约会。为什么都在这儿等人呢？因为关于这座狗的雕塑有一个美丽的传说故事。有一只名叫"巴公"的狗，和它的主人相依为命，它对主人非常忠诚。有一次主人出门未回，这只狗不吃不喝，蹲在车站上等它的主人归来，一直等到死。后来人们把它称为"忠犬巴公"，并把它当成了"忠诚和信用"的象征，并在这个传说发生的地方为它塑了像。所以许多人为了表示自己的忠诚和信用，就把这儿当成了约会的地点。当两个公司的决策人来到这里时，彼此都心领神会，不需太多的语言交流，就顺利地签订了合同。

第五章 商务谈判的签约

一、商务谈判人员正确的成交态度

(一) 抓住时机，随时促成交易

敏感和选择是商务谈判能力的重要组成部分。在莎士比亚的戏中，有如下一段道白："时机就在我们的行动中。如趁着涨潮，就可顺利地完成，如错过机会，一旦搁浅，准是痛苦的结局。"有些商务谈判人员善于说服对方，只是不善于抓住有利的成交时机，往往是功亏一篑，失去最后的成交机会。也有些商务谈判人员胸有成竹，故意放过机会，结果是悔之晚矣。机不可失，时不再来。商务谈判人员要善于利用各种成交机会，当机立断，达成交易。

(二) 克服成交过程中的心理障碍

成交是整个商务谈判过程中最重要的一环，气氛比较紧张，易使谈判人员产生一些心理障碍，直接阻碍成交。主要的成交心理障碍有以下两种。

(1) 缺乏成交的信心和勇气，在商务谈判过程中，成交时机已成熟，但有些商务谈判人员生怕受到对方的冷遇或拒绝，而不敢向对方发出成交信号。缺乏必要的成交信心和勇气，这是无法促成交易的。因此，要求商务谈判人员必须加强成交心理训练，克服胆怯心理，主动成交。

(2) 商务谈判人员成交期望过高。如果成交期望过高，会产生太大的成交压力。这种压力既是成交的动力，也是成交的阻力，会破坏良好的成交气氛，引起对方的反感，直接阻碍成交。这要求商务谈判人员善于分析判断，明确何时快到临界点，见好就收。

二、成交的促成技巧

案例 5-2

一位美国商界代表被公司派往东京进行一次为期不长的谈判，这个期限自然是保密的。当他走下飞机时，已有两位日本代表在等候他了，并帮助他顺利地通过海关，引导他坐进一辆豪华舒适的礼车。对这一切，他十分感动。在车上，日本代表一再表示，谈判期间将会对客人的生活尽力照顾。紧接着问道："您回去的时间确定了吗？"不等对方回答，接着又说："如果确定了，我们好为您预订回程的机票，也好为您准备送行的车子。"美国商人觉得他们真是善解人意，就毫不犹豫地从口袋里拿出回程机票交给他们。但他没想到，因为这一举动，日本人轻而易举地获悉他来日本只有两个星期的期限，并开始筹划如何利用这最后期限。

下榻之后，日本人并没有立即开始谈判，而是花了一个多星期的时间陪他参观游览名胜古迹，感受日本礼仪及文化，甚至还安排了一项英文讲授的课程来说明日本人的信仰，每天晚上还安排四个半小时的日本传统宴会。美商几次问起谈判开始的时间，每当这时，

日本人总是答道:"噢,还早嘛,有的是时间啊!"

谈判终于在第12天开始。但日本人提出必须提早结束,说是为了让客人能去打打高尔夫球。第13天,又说会议必须提早结束以便参加为他举办的欢送宴会。最后,第14天早上,终于谈到重点。正当谈到关键时刻,送他去机场的汽车已经到达。日本人建议在车内继续交涉。美商没有时间再继续与对方周旋了,但又不愿空手而回。结果就在汽车到达机场之时,他答应了对方的条件,签订了协议。他事后才知道对方的老谋深算,此后许多年,每当他的老板提起这件事时,总是哀叹道:"这是日本人自偷袭珍珠港后的最大的一次收获!"

在商务谈判过程中,谈判人员不仅要培养正确的成交态度,而且要适当运用有效的成交促成技巧,才能成功地促成交易。商务谈判实践中有效的促成技巧有小点成交法、优惠成交法、保证成交法等等。

(一)小点成交法

小点成交法也称作次要问题成交法或避重就轻成交法,就是指谈判人员利用成交小点来间接促成交易的一种成交技巧。

小点成交法是利用商务谈判者的成交心理活动规律促成交易的技巧。一般来说,重大的成交决策问题能够产生较强的成交心理压力,而较小的成交问题则产生较小的成交心理压力。在重大的成交问题面前,对方往往比较敏感,比较缺乏信心,一般不轻易做出明确的决策,甚至故意拖延成交时间,迟迟不表态。而在比较小的成交问题面前,商务谈判者往往比较具有信心,比较果断,较易做出明确的决策。小点成交法正是利用了商务谈判者的这种心理活动规律,避免直接提示重大的成交问题和对方比较敏感的问题,而是直接提示较小的成交问题,先小点成交,后大点成交,最后达成交易。

所谓成交小点,是指有关成交活动的次要问题,是指成交的具体条件和具体内容。所谓成交大点,是指有关成交的重大决策问题,是指成交活动本身的决策问题。小点成交法实际上是先就成交活动的具体条件和具体内容与对方达成协议,再就成交活动本身与对方达成协议,最后达成交易。

小点成交法有如下优点。

(1)可以减轻对方的成交心理压力,创造良好的成交气氛。

在对方犹豫不决时不直接提出成交,而是通过一系列的试探性提问逐步消除对方心中的疑虑,就次要问题上与对方达成一致,循序渐进,逐步接近目标。这样就可以使对方的注意力集中于成交小点问题,从而减轻对方的成交心理压力,形成有利的成交气氛。

(2)有利于谈判人员尝试成交,保留一定的成交余地。

在使用小点成交法时,商务谈判人员可以利用多种成交小点来尝试成交。即使对方拒绝某一成交小点，商务谈判人员也可以继续提示其他成交小点，继而促成大点成交，达成最后的交易。

（3）有利于谈判人员合理利用各种信号，有效地促成交易。

在使用小点成交法时，商务谈判人员看准成交信号，直接把成交信号转化为成交小点，促成小点成交，再把小点成交转化为大点成交的成交信号，促成大点成交，达成最后的交易，总之，在商务谈判活动中，小点成交法具有十分广泛的用途，有助于商务谈判人员主动成交，有效地促成交易。

运用小点成交法应注意以下问题。

（1）商务谈判人员应该针对对方的最大需求，选择适当的成交小点。如果商务谈判人员错误地提示成交小点，不仅会过分分散对方的注意力，而且会使对方反感，因此在商务谈判准备阶段及商务谈判过程中，谈判者应认真分析对方的最大需求或是某些特殊要求是什么，从而选择适当的成交小点，诱发对方的成交欲望。

（2）商务谈判人员必须把成交小点与谈判重点结合起来，选择有利的成交小点。商务谈判的形势环境不同，谈判对象不同，谈判的内容不同，谈判的重点就必然有所区别。因此，商务谈判人员必须根据谈判重点来选择成交小点，使之尽快接近目标。

（3）谈判人员必须把小点成交直接转化为大点成交的成交信号，及时促成大点成交。小点成交本身并不意味着大点成交，商务谈判人员必须既要把成交小点与成交大点结合起来，选择适当的成交小点，又要把成交小点与成交大点区别开来，把小点成交直接转化为大点成交的成交信号，这样才能有效地促成交易，避免发生成交误会和成交纠纷。

（4）谈判人员提示成交小点既要逐步深入，又要敢于涉及主要问题。如果老是避重就轻，不仅浪费时间，而且会使对方失去耐心，因此商务谈判人员必须正确分析对方心理，有节奏地将各个问题展开，巧妙地接近主要问题，及时促成交易。

（二）优惠成交法

所谓优惠成交法，是指商务谈判人员通过提供优惠条件来促使对方立即成交的一种成交技巧。求利心理动机是促成交易的一种动力，优惠成交法正是利用这一点，直接向商务谈判对手提示成交优惠条件，诱使对方成交。

所谓成交优惠条件，主要是指价格优惠。提供价格优惠的方式也有很多种，如提供成交时间价格优惠，提供成交批量价格优惠等等。除了价格优惠之外，还提供试用、提供赠品、回扣、或以旧换新及满足对方的某种特殊需要等优惠条件。

运用优惠成交法应注意以下问题。

（1）应根据对方的需求和适当的方式提供优惠条件。要注意分析对方的实际需求，抓住各种成交机会，通过适当的方式提示优惠条件，以增强成交说服力和感染力，达到促成

交易的目的。

（2）必须讲求经济效益，确定适当的优惠成交条件和优惠方式。应全面考虑估算分析有关成交费用和成交收入，做到既能使对方有利可图，己方也能增加成交总收益。

总之，优惠成交法是一种比较有效的成交技巧，也是一种常用的成交方法。商务谈判人员应抓住时机，灵活运用，选择和使用适当的成交优惠条件和方式，使之产生积极的优惠成交心理效应，有效促成交易。

（三）保证成交法

所谓保证成交法，是指商务谈判人员直接向对方提供成交保证来促使对方立即成交的一种成交技巧。所谓成交保证，是指交易方对另一方（通常是销售一方对购买一方）所允诺担负的交易后的某种义务。保证成交法的根据是成交信心动力理论。在实际完成谈判活动后，对方往往会因为害怕错误成交而拒绝成交或故意拖延成交。商务谈判人员向对方提供一定的成交保证，在一定程度上可消除对方的成交心理障碍，从而增强对方的成交信心，及时促成交易。

保证成交法在下列情况中促成交易的作用较突出。

（1）产品价格高昂、成交金额大，风险大或买方对此种产品不十分了解，对其性能、质量无把握，产生成交心理障碍，犹豫不决。这要有赖于向对方提供保证以增加成交信心。此时，商务谈判人员可以使用保证成交法。例如："您不必担心产品质量问题，我们提供二年的保用保修期，随时都可以为您提供各种技术服务。"

（2）对方对这种产品的销路尚无把握，或是在对方和消费者心目中属于规格、结构、性能复杂的产品，这要有赖于向对方提供保证以减少疑虑。此时谈判人员可以使用保证成交法。

（3）对方对交易后可能遇到的问题还有后顾之忧。在应对上，比如："张经理，您完全可以放心购买，关于运输问题，我们保证及时送货上门。"这是针对对方担心提货运输问题而提供了送货上门的成交保证条件。又如："王厂长，关于设备安装问题，您尽管放心，我们保证派技术人员来进行技术指导，保证及时交货使用。"这是针对对方设备安装技术力量不足，担心现在购买也无法马上投入使用提供了有关安装技术服务的成交保证条件，以解除对方的成交后顾之忧，促使对方做出成交决定。

保证成交法的优点在于，首先，可以消除对方的成交心理障碍，增强成交的信心。其次，可以增强说服力和成交感染力。商务谈判人员通过直接提示有关成交保证条件，演示有关证据，从而增强说服力和感染力，而成交说服力是商务谈判人员促成交易的主要因素。再次，有利于商务谈判人员处理有关的成交异议。在谈判的最后阶段，一方在决定成交前，往往会提出一些最后需要解决的问题，这些异议是成交的直接障碍，谈判人员针对对方所

第五章 商务谈判的签约

担心的主要问题,直接提示有关成交保证条件,从而使这些异议得到妥善处理。

使用保证成交法需要注意的问题。

(1) 应看准谈判对手的成交心理障碍,直接提示有效的交易保证条件。有效的成交保证条件是指那些足以消除对方成交心理障碍的成交保证条件。如果对方担心受损,我方可以保证对方获得基本利益。如果对方担心有关修理费用,我方可以保证费用不会增加。总之,只有针对对方所担心的问题及其不利成交后果,直接提示有效的成交保证条件,才能解除对方的后顾之忧,增强成交信心,促使成交。

(2) 应向对方提供可以实现的成交保证条件。成交保证是企业成交信用的具体表现,商务谈判人员应根据实际需要与可能,向对方提供可以实现的成交保证条件,切实取信于对方。在成交之后,商务谈判人员还必须信守诺言,实现有关成交保证条件,发展良好的业务关系,提高企业信誉。

(3) 向对方提供成交保证条件时,必须把所负责任限制在一定范围之内。超出保证所包括的范围,提出保证条件的一方即可表示不负责任,这样才可避免日后不必要的纠纷,维护企业的信誉。例如对产品的卖方来说可以在以下几个方面限制责任:时间限制,保证有效期为一年或二年,过期不负责任;使用程度限制,如必须在正常使用情况下发生问题才能负责任,因使用者过失发生损坏的则不包括在内;免费范围限制,一般可分为配换零件及服务费两部分,对此可分别制定免费范围;服务次数限制,以若干次为限,过度另当别论等等。

保证成交法是一种比较有效的成交技巧,特别是随着经营观念的转变,企业的经营活动往往延伸到交易实现之后。在实际商务谈判活动中,商务谈判人员必须灵活运用保证成交法的基本原理,根据实际与可能,确定一些有效的成交保证条件,增强对方的成交信心,有效地促成交易。

以上各种成交促成技巧各有其特点,商务谈判者要根据实际需要灵活运用。

商务谈判如果成功,双方势必达成协议,进入签约阶段。此时,谈判的各方仍然不能掉以轻心。因为,只要双方没有最后签字,谈判还是有可能破裂的。另外,在商务谈判签约时,如果在文件的文字处理上稍不谨慎,也会酿成无穷的后患。因此,还必须注意以下几个问题。

(1) 商务谈判的结果,不能只停留在口头上,应该将一切见诸于文字,由双方签字予以确认。

(2) 商务谈判的协议文字要简洁、准确,内容要具体。切忌在协议上使用模棱两可的语句,以免日后引起不必要的争议。

(3) 不要轻易在对方拟定的商务谈判协议上签字。因为对方拟定的协议必然在条款上对他更有利。因此,应该详细地谨慎地予以检查,在确信没有任何陷阱后,方可签字。商务谈判协议签订以后,还应让其具有法律效果。

商务谈判

第三节 合同的签订

一、合同的概念及其特征

合同是缔约双方当事人为实现一定的经济目的,在自愿互利的基础上,经过协商一致,确定双方权利和义务关系的一种协议。我国的《中华人民共和国合同法》第二条明确规定:"本法所称合同是指平等主体的自然人、法人、其他组织之间设立、变更、终止民事权利义务关系的协议。"合同具有以下几个特征:

(1) 合同是双方或多方的法律行为;
(2) 合同是当事人基于平等地位达成的意思表示一致的法律行为;
(3) 合同是当事人确立、变更、终止权利义务关系的协议;
(4) 合同是具有法律约束力的行为。合同一经依法成立即具有法律约束力。

二、商务合同及其特征

商务合同是指在资本经营(含智力经营)中,从事货物交易业务(包括各种无形财产的交易业务和各种服务咨询业务)的具有专门知识或技能的人,为了实现资本的保值和增值而在相互间明确权利和义务关系的协议。商务合同除具备合同的一般特征外,还具有以下几个特征。

(1) 商务合同是商主体之间订立具有商事性质的合同。而商主体由商法人和商自然人组成。商法人是指具有法人资格的企业,它可以是各种类型的公司和其他企业。商自然人主要是指个体商人、独资企业和合伙企业。
(2) 商务合同必须遵守国家法律规定,符合国家政策和计划要求,有时还须遵守国际条约和国际惯例。
(3) 商务合同是以实现某种经济目的(即资本的保值增值)为目标的协议。
(4) 商务合同除即时清结的以外,一般应采用书面形式。

根据基本内容与目的,合同设有货物买卖合同、商品转让合同、技术贸易合同、技术合作合同、劳务合同、租赁合同、承包合同、房地产交易合同、联营合同、金融活动合同(包括信贷合同、资金拆借合同及融资租赁合同等)。

三、合同的形式与内容

(一) 合同的形式

我国合同法对于合同形式允许当事人采取口头、书面形式或法律许可的其他形式,但

第五章　商务谈判的签约

法律法规或当事人要求采用书面形式的应当采用书面形式。在进出口贸易中，无论是商品贸易，还是技术或服务贸易，我国法律一般都要求采用书面形式。

　　口头形式合同的优点是简便易行，缺点是发生经济纠纷时，容易造成举证困难、不易分清责任的现象，因而用得不多。书面形式用文字来表达当事人双方在平等协商、等价有偿的基础上，意思表示一致行为的协议。凡金额较大，交易条件又较为复杂，或者履行期限较长的活动，都应采用书面形式的合同。其优点是内容详细明确，责任具体清楚，便于举证，发生纠纷时容易分清责任，有利于对合同的管理和监督。

　　传统的书面形式有：①合同书形式；②信件形式，书信可以有平信、邮政快件、挂号信及特快专递等形式；③电报、电传、传真等形式。

　　目前比较新的并为我国合同法所认可的书面形式有：①电子数据交换又称"电子资料通联"（Electronic Data Interchange，EDL），是一种在公司、企业间传输订单、发票等商业文件，进行贸易的电子化手段。它通过计算机通信网络，将贸易、运输、保险、银行和海关等行业信息，使用一种国际公认的标准格式，完成各有关部门或者公司、企业之间的数据交换与处理，实现以贸易为中心的全部过程。②电子邮件（Electronic Mail，E-mail）又称电子信箱。电子邮件的传递是通过电子计算机系统来完成的。其传递的信件是电子信件，内容可以是文本文件、数据文件以及传真、语音和图像文件等。

　　（二）合同的内容

　　虽然合同的种类繁多，具体内容各异。但必须包括以下基本内容。

　　1．合同当事人的名称

　　合同当事人的名称即单位名称或代表人姓名、个人姓名、单位所在地、地址或住所。涉外合同还应有当事人所属国及当事人国籍。

　　2．合同签订的日期与地点

　　合同签字日期往往涉及合同生效问题。合同签订的地点与适用法律、解决争议有关。

　　3．合同的类型、标的与范围

　　4．合同的质量、数量、标准、规格及技术条件

　　（1）质量条款。质量条款即品质条款，对于品质条款的规定应注意如下问题：

　　①根据商品特性，正确运用各种表示品质的方法，能用一种方法表示品质的，不要用两种或两种以上方法表示；

　　②对品质的要求要切合实际，不能偏高或偏低，要贯彻平等互利原则；

　　③对有些品质规定要有一定的机动幅度，如在一些工业合同中，有些质量指标允许有

"公差";

④ 产品质量的技术指标,要具体详细,涉外合同更要注意。

(2) 数量条款。数量条款基本内容包括货物数量和计量单位。对于按重量计量的商品法,写清按毛重还是按净重。在规定数量条款时,应注意还要注明计量方。

① 正确掌握成交数量。出口时,要考虑国外的市场容量与价格动态,国内的生产能力与货源情况;进口时,要考虑国内的实际需求与支付能力、市场行情变化。

② 明确具体。数字一定要准确、具体,避免用"大约"、"左右"等笼统字眼。

③ 对某些大宗商品的交货数量可以规定一定的机动幅度。在涉外合同中,此点可通过"溢短装"条款加以规定。

(3) 包装条款。包装条款基本内容包括包装要求、包装材料、包装方式、包装费用、运输标志等。在规定包装条款时,应注意:

① 对包装规定要明确具体,不宜用"海运包装"或"习惯包装"这类笼统字眼;

② 要考虑商品特性。包装材料及包装方式应根据商品性质确定;

③ 要考虑不同运输方式要求。不同的运输方式对包装的要求不同;

④ 考虑有关国家对包装的法律规定。如有些国家对包装标志与每件包装的重量,有特殊规定和要求。包装条款中的包装费用一般由卖方负担,但当买方要求使用特制包装时,其费用则一般由买方负担。该条款中的运输标志一般也由卖方设计确定,但买方要求指定并且卖方接受的,买方应在装运前若干天提出具体标志。

(4) 商品检验条款。商品检验条款常作为交易双方交接货物、支付货款和处理索赔的依据,主要内容包括检验地点、检验时间、检验证明(证书)、检验标准和检验方法等内容。

(5) 合同标的标准条款。在确定合同标的标准时,应注意同种同类商品、技术的标准问题,如国际标准、国家标准、行业标准等。

5. 合同履行的期限、地点和方式

合同履行的期限是指合同当事人实现权利和履行义务、责任的时间限制。合同履行的地点指合同当事人实现权利、履行责任和义务的地点。合同履行的方式指合同当事人以什么样的方式实现权利,并履行各自的义务与责任。涉外合同的装运条款指合同中对货物装运期、交货期、装运港、目的港、装卸时间、装运通知的规定。涉外合同中的装运条款为涉及合同履行期限、地点和方式较集中、较典型的条款。

6. 价格条款、支付条款、保险条款及附带费用条款

(1) 价格条款。国内交易合同的价格条款主要应明确货物单价、成交总金额、各种附带费用的承担及支付方式与时间。涉外商务合同的价格条款则较复杂,一般由单价和总值

第五章 商务谈判的签约

构成。

单价通常有三个部分组成：

①计量单位，如"米"、"英尺"、"吨"等。

②计价货币，它有三种：出口国货币、进口国货币、第三国货币（必须是硬通货），可选定其一。选择的原则是：与对方国家签有贸易支付协定的具体交易业务，应使用协定所规定的货币；如果没有协定的，一般应选择在国际市场上可以自由买卖的货币（硬通货）。

③价格术语，如 F、0B、CIF、CFR 等。

（2）支付条款。支付条款的内容为支付货币种类、支付金额（数量）、支付方式及支付期限。支付货币种类、支付金额应与价格条款保持一致。国内贸易的支付方式一般均采用银行转账（或电汇）形式。国际贸易的支付方式则较为复杂，一般有汇付、托收和信用证。

（3）附带费用条款。附带费用指除交易货物价格之外的一切其他费用。主要有运费、装卸费、保险费、进出口关税、仓储费、检验费、包装费等等。其中大部分通常已在价格条款中谈判妥。

（4）保险条款。保险条款的主要内容是保险费用的承担者。在国际贸易中，一般在价格条款中已有所规定。

7．关于合同转让、变更、解除或终止的规定

经当事人协商一致或履行过程中出现法律或合同事先约定的情形，可转让、变更、解除或终止合同。但是，凡是合同经过国家有关机关批准或者公证的，其变更、解除或终止也须经原批准机关或公证机关审核、批准。

8．合同发生争议时的解决办法与法律适用条款，以及违反合同的赔偿和其他责任条款

此部分内容主要包括仲裁条款、法律选择条款、违约责任条款。仲裁条款一般应包括仲裁地点、仲裁机构、仲裁程序和仲裁费用负担等内容。法律选择条款只在涉外合同（中外合资、中外合作合同和中外合作勘探开发自然资源合同除外）中存在，是指合同当事人可在合同中选择合同所适用的法律，可以是当事人所属国家的法律，也可以是第三国的法律。合同中的违约责任条款可以是约定的违约金，也可以是约定违约责任造成的损害赔偿的计算方法。

9．担保条款

合同中通常采用的担保形式有：定金、抵押、质押、留置、保证。

10．涉外合同还应有合同使用的文字及其效力之条款

按照国际惯例规定：涉外合同文字应当使用当事人双方的法定文字，并且两种文本具

有同等效力。当两种文本在解释上出现歧义时,应以东道国语言文本为准。有时,重要的涉外合同还确立第三种文字作为存档备忘文本,当合同双方文字的文本在解释上出现歧义时,就以其为准,但此种做法较少。

商务合同的基本内容即为上述十个方面。当法律或当事人对合同内容有特殊要求时,那些因特殊要求而规定的条款,也应是合同所必须具备的基本条款。

第四节 合同的履行

实践证明,在履约过程中常常容易出现问题、分歧、争执甚至诉讼。造成这种情况的原因有两个,一是客观条件环境的变动,致使执行合同发生困难。二是合同当事人主观原因导致,如再次盘算后觉得己方吃亏,于是想方设法赖账;或以次货、二手货充当合同标的货物交付,蓄意违约等等。所以,合同的执行与管理在实质上是谈判的继续。

一、合同的执行

(一)合同生效

合同生效是合同发挥作用,对合同当事人产生具有法律效力的行为约束力。合同的生效和合同的成立是两个既有联系又有区别的概念。合同的成立是合同生效的前提与基础,但合同的成立并不必然导致合同的生效。合同生效的时间可以是与合同的成立同时,也可以晚于合同的成立。

合同生效的时间主要有三种情形:一是合同明文规定合同自正式签署时起即生效;二是合同明文规定在合同签署后的若干天(月)生效;三是合同在双方当事人签署后,还须经上级主管部门或有关政府部门批准后才能生效,此类合同往往在合同中订明:"合同一经批准,即行生效"。如果合同中没有说明合同生效时间,又不存在上述第三种情形的,合同自签订时生效,即合同成立时间与合同生效时间同时。

(二)合同的履行

这是合同当事人双方实现、完成合同中所规定的权利、义务和责任事项的法律行为。合同履约有三种条件。

(1)先决条件。是指要求某一事件或行为必须发生在履行以此为条件的允诺之前,如甲方8月份交货必须以乙方在7月1日前将信用证开到甲方为先决条件。

(2)后随条件。如合同中的品质索赔期限,可以规定为货到目的地后,收货方须在数天内向交货方提出,收货方不在规定的期限内提出索赔,便失去了获得赔偿的权利。

(3)同时条件。即合同中要求缔约的当事人双方同时行动的条款。如同销售合同中的一手交钱,一手交货。买方只有做好付款准备,才能要求得到货物;卖方也只有做好交货准备,才能要求付款。

合同的履行必须遵循全面履行原则,即合同当事人必须严格按照合同约定的时间、地点、方法,规定的数量与质量的标的、价款、酬金等条款来履行。

二、合同的变动

合同的变动包括合同的转让、变更及解除与终止。合同变动最常见形式为合同的变更、解除与转让。

(1)合同的变更是合同成立后,当事人在原合同的基础上对合同内容进行修改或补充的法律行为。合同变更一般应采用书面形式。合同变更后的民事责任问题,由合同当事人在协商变更时或者在此之后自行约定。

(2)合同的解除是合同有效成立后,当具备法律规定的合同解除条件时,或因当事人一方表示或者由当事人双方协议,使合同关系归于消灭的行为。合同的解除有约定解除和法定解除两种情形。

(3)合同的转让是合同一方当事人通过协议将合同权利或者义务转移给受让人的一种法律行为。它包括合同权利的转让、合同义务的转让和合同权利义务的一并转让三种情况。

三、合同的终止

合同的终止是指基于一定的法律事实,合同所规定的当事人双方的权利、义务及责任在客观上已不复存在。合同出现下列法定事由的,合同的权利义务即终止:

(1)债务已经按照约定履行;
(2)合同解除;
(3)债务相互抵消;
(4)债务人依法将标的物提存;
(5)债权人免除债务;
(6)债权债务同归于一人;
(7)法律规定或者当事人约定终止的其他情形。

合同权利义务终止后,当事人应当遵循诚实信用原则,根据交易习惯履行通知、协助、保密等义务。

四、合同纠纷及其处理

(一) 违约责任

违反合同的责任，即违约责任，是当事人因违反合同义务而依法应当承担的责任。其实质是对合同有效性的维护。

认定合同当事人的违约责任必须在客观上具备四个条件：

(1) 当事人有违反合同义务的行为；

(2) 当事人的违约行为并非因不可抗力所致；

(3) 违反合同义务的行为已经造成损失；

(4) 在违反合同的行为和有关损失之间存在因果关系。

承担违约责任的形式主要有以下两种。

(1) 违约金。即法律规定或者合同约定的，一方当事人一旦违反合同义务便应当向对方支付的金钱。违约金带有对违约人的经济处罚和对受损失方予以补偿的性质。

(2) 赔偿金。即由违反合同义务的当事人对于因自己违反合同义务给对方造成的损失，以支付金钱的方式来予以补偿，被用于赔偿损失的金钱称为赔偿金。

(二) 合同纠纷的处理方法

合同纠纷指合同当事人违约而又拒不承认而所引发的合同当事人之间的权益纠纷。其处理办法包括以下四种。

(1) 协商。即合同当事人双方共同商量，以取得一致意见，从而达成和解协议。

(2) 调解。即在第三方主持下，在查明事实，分清是非的基础上，以合理的方法，使合同双方当事人达成调解协议，从而解决纠纷。

(3) 仲裁。即指合同当事人双方对纠纷争执不下，从而自愿将其提交给双方均同意的第三者进行裁决，裁决的结果对双方都有约束力，双方必须依照执行。

(4) 诉讼。即合同当事人发生纠纷后，通过上述途径无法解决，或纠纷性质严重而不能通过上述途径解决，合同当事人的一方向有管辖权的法院起诉，要求通过经济司法程序解决争端。

处理合同纠纷的种种手段，其本质均在于维护合同而不是摧毁合同。合同得以维护并按其标的内容执行，才是商务谈判的最终成功。

思考题

1. 成交的含义是什么？
2. 成交意图表达的主要方式有哪些？

第五章 商务谈判的签约

3．成交信号的接收有哪些技巧？
4．成交的促成技巧有哪些？
5．商务合同的基本内容包括哪些方面？
6．商务合同的特征有哪些？

 阅读材料

高先生与承包商

美国华克公司承包了一项建筑，要在一个规定的日期前在费城建一座庞大的办公大厦。开始时计划进行得很顺利，不料在接近完工阶段，负责供应内部装饰用的钢材承包商突然宣布他无法如期交货。这样一来，整个工期都要耽搁了，要付巨额罚金。于是长途电话不断，双方争论不休。一次次交涉都没有结果。华克公司只好派高先生前往纽约。

高先生一进那位承包商的办公室，就微笑着说："你知道吗？在布洛克林巴，有你这个姓氏的人只有一个"。承包商感到很意外："这我并不知道。""哈！我一下火车就查阅电话簿想找到你的地址，结果巧极了，有你这个姓氏的人只有一个"。"我从来不知道。"承包商兴致勃勃的查阅起电话簿来。"不错，这是一个很不平常的姓，"他很有些骄傲地说："我这个家庭从荷兰移居纽约，几乎有200年了。"

他继续谈论他的家族及祖先。当他说完后高先生就称赞他居然拥有这么大的一家工厂，承包商说："这是我花了一生的心血建立起来的一项事业，我为它感到骄傲，你愿不愿意到车间里参观一下？"

高先生欣然前往。在参观时，高先生一再称赞他的组织制度健全，机器设备新颖，这位承包商高兴极了，他声称这里有一些机器还是他亲自发明的呢。高先生马上又向他请教：那些机器如何操作？工作效率如何？到了中午，承包商坚持要请高先生吃饭。他说："到处都需要铜器，但很少有人对这一行业像你这样感兴趣的。"

到此为止，高先生一次也没提到此次访问的真正目的。

吃完午饭，承包商说："现在我们谈谈正事吧。自然，我知道你此次来的目的，但我没想到我们的相会竟如此的愉快，你可以带着我的保证回费城去，我保证你们要的材料如期运到。我这样做会给另一笔生意带来损失，不过我认了。"高先生轻而易举地获得了他所急需的东西，那些材料及时运到，使大厦在契约期限届满的那一天完工了。

【问题与思考】

（1）高先生为何没有指责承包商违约，却说赞美他的话，其用意何在？
（2）这对解决问题有什么帮助？

第六章　商务谈判的语言技巧

 内容提示

语言是传递信息的媒介，是人类进行交流的工具。商务谈判过程的实质就是谈判者运用语言进行协商，谋求一致的过程，而在谈判中如何把思维的结果用语音准确地再现出来，则反映了一个谈判者的语言能力。

本章主要介绍商务谈判的语言问题，如商务谈判语言表达的技巧、陈述与倾听技巧、听与辩的技巧以及商务谈判中的行为语言等问题。

第一节　商务谈判中的语言表达

语言是谈判的工具。在商务谈判中，双方信息的传递都是通过语言表达来实现的，语言表达方式的不同，会使对方得出差异很大的结论。所以，在商务谈判中，语言的表达十分重要。

一、商务谈判语言的表达类型

商务谈判语言各种各样，从不同的角度，可以分出不同的语言类型。

（一）按语言表达特征分为专业语言、法律语言、外交语言、文学语言、军事语言等

（1）专业语言。它是指有关商务谈判中，经常运用的一些谈判双方均理解的与业务内容相关的一些专业术语，不同的谈判业务，有不同的专业语言。例如，产品购销谈判中有供求市场价格、品质、包装、装运、保险等专业术语；在工程建筑谈判中有造价、工期、开工、竣工、交付使用等专业术语，这些专业语言具有简单明了、针对性强等特征。

在商务谈判中，使用严谨的措词、逻辑性很强的专业性术语，可以使谈判双方的权利、责任、义务落到实处。

（2）法律语言。它是指商务谈判业务所涉及的有关法律规定用语，不同的商务谈判业务要运用不同的法律语言。每种法律语言及其术语都有特定的含义，不能随意解释使用。

第六章　商务谈判的语言技巧

法律语言具有规范性、强制性和通用性等特征。通过法律语言的运用可以明确谈判双方的权利、义务、责任等。

（3）外交语言。它是一种弹性较大的语言，其特征是模糊性、缓冲性和幽默性。在商务谈判中，适当运用外交语言既可满足对方自尊的需要，又可以避免失去礼节；既可以说明问题，还能为进退留有余地。但过分使用外交语言，会使对方感到缺乏合作诚意。常用的模糊性语言有"我们尽量考虑贵方的要求"、"我们再考虑一下"和"我们会在适当的时候给你答复"等。幽默性语言是谈判桌上人际关系的润滑剂。尤其当谈判双方激烈争论，相持不下时，一句幽默的话会使双方相视而笑，气氛顿时松弛下来。

（4）军事语言。它是一种带有命令性的语言，具有简洁自信、干脆利落等特征。在商务谈判中，适时运用军事语言可以起到坚定信心、稳住阵脚、加速谈判进程的作用。

商务谈判的过程始终是围绕利益尽行的。当谈判进程缓慢时，使用军事性语言可以强化己方的态度，从心理上打击对方，同时也可以促使对方丢掉幻想，尽快做出决策。例如："这是我方的最后立场"，"最迟必须在9月5日前签约，否则我方将退出谈判"等。

（5）礼节性语言。礼节性语言在商务谈判中的运用旨在增进谈判双方的了解、沟通感情、营造友好气氛。它的功能主要是缓和与消除双方的陌生和敌对心理，联络双方感情，创造轻松、自然、和谐的气氛。常用的礼节性语言有"欢迎诸位远道而来的朋友"、"我们期待着能与您合作"、"您的光临使我们深感荣幸"等。

（二）按语言的表达方式分为有声语言和无声语言

（1）有声语言是指通过人的发音器官来表达的语言，一般理解为口头语言。这种语言借助于人的听觉交流思想、传递信息。

（2）无声语言是指通过人的形体、姿势等非发音器官来表达的语言，一般解释为行为语言。这种语言借助于人的视觉传递信息、表示态度。在商务谈判过程中巧妙地运用这两种语言，可以产生珠联璧合、相辅相成的效果。

二、正确运用谈判语言技巧的原则

（一）客观性原则

谈判语言的客观性是指在商务谈判中，运用语言技巧表达思想、传递信息时，必须以客观事实为依据，并且运用恰当的语言，向对方提供令人信服的依据。这是一条最基本的原则，是其他一切原则的基础。离开了客观性原则，即使有三寸不烂之舌，或者不论语言技巧有多高，都只能是无源之水、无本之木。

坚持客观性原则，从供方来讲，主要表现在：介绍本企业情况要真实；介绍商品性能、

质量要恰如其分,如可附带出示样品或进行演示,还可以客观介绍一下用户对该商品的评价;报价要恰当可行,既要努力谋取己方利益,又要不损害对方利益;确定支付方式要充分考虑到双方都能接受、双方都较满意的结果。

从需方来说,谈判语言的客观性,主要表现在:介绍自己的购买力不要水分太大;评价对方商品的质量、性能要中肯,不可信口雌黄,任意褒贬;还价要充满诚意,如果提出压价,其理由要有充分根据。

如果谈判双方均能遵循客观性原则,就能给对方真实可信和以诚相待的印象,从而可以缩小双方立场的差距,使谈判的成功的可能性增加,并为今后长期合作奠定良好的基础。

(二)针对性原则

谈判语言的针对性是指根据谈判的不同对手、不同目的、不同阶段的不同要求使用不同的语言。简而言之,就是谈判语言要有的放矢、对症下药。

提高谈判语言的针对性,要求做到以下四点。

(1)根据不同的谈判对象,采取不同的谈判语言。不同的谈判对象,其身份、性格、态度、年龄、性别等均不同。在谈判时,必须体现出这些差异。从谈判语言技巧的角度看,这些差异透视得越细,洽谈效果就越好。

(2)根据不同的谈判话题,选择运用不同的语言。

(3)根据不同的谈判目的,采用不同的谈判语言。

(4)根据不同的谈判阶段,采用不同的谈判语言。

如在谈判开始时,以礼节性、外交语言为主,有利于联络感情,创造良好的谈判氛围。在谈判进程中,应多用商业法律语言,并适当穿插文学、军事语言,以求柔中带刚,取得良效。谈判后期,应以军事语言为主,附带商业法律语言,以定乾坤。

(三)逻辑性原则

谈判语言的逻辑性,是指商务谈判语言要概念明确、用词恰当、推理符合逻辑规定、证据确凿、说服有力。

在商务谈判中,逻辑性原则反映在问题的陈述、提问、回答、辩论、说服等各个语言运用方面。陈述问题时,要注意术语概念的同一性,问题或事件及其前因后果的衔接性、全面性、本质性和具体性。提问时要注意察言观色、有的放矢,要注意和谈判议题紧密结合在一起。回答时要切题,一般不要答非所问,说服对方时要使语言、声调、表情等恰如其分地反映人的逻辑思维过程。同时,还要善于利用谈判对手在语言逻辑上的混乱和漏洞,及时驳倒对手,增强自身语言的说服力。

提高谈判语言的逻辑性,要求谈判人员必须具备一定的逻辑知识,包括形式逻辑和辩

第六章 商务谈判的语言技巧

证逻辑，同时还要求在谈判前准备好丰富的材料，进行科学整理，然后在谈判席上运用逻辑性强和论证严密的语言表述出来，推动谈判工作顺利进行。

（四）规范性原则

谈判语言的规范性，是指谈判过程中的语言表述要文明、清晰、严谨、准确。

（1）谈判语言，必须坚持文明礼貌的原则，必须符合商界的特点和职业道德要求。无论出现何种情况，都不能使用粗鲁的语言、污秽的语言或攻击辱骂的语言。在涉外谈判中，要避免使用意识形态分歧大的语言，如"资产阶级"、"剥削者"、"霸权主义"等等。

（2）谈判所用语言必须清晰易懂，口音应当标准化，不能用地方方言或黑话、俗语之类与人交谈。

（3）谈判语言应当注意抑扬顿挫、轻重缓急，避免吞吞吐吐、词不达意、嗓音微弱、大吼大叫或感情用事等。

（4）谈判语言应当准确、严谨，特别是在讨价还价等关键时刻，更要注意一言一语的准确性。在谈判过程中，由于一言不慎导致谈判走向歧途，甚至导致谈判失败的事例屡见不鲜。因此，必须认真思索，谨慎发言，用严谨、精练的语言准确地表述自己的观点、意见。

上述语言技巧的几个原则，都是在商务谈判中必须遵守的，其用意都是为了提高语言技巧的说服力。在商务谈判的实践中，不能将其绝对化，单纯强调一个方面或偏废其他原则，必须坚持上述几个原则的有机结合和辩证统一。只有这样，才能达到提高语言说服力的目的。

三、商务谈判语言的表达技巧

巧妙而得体的谈判语言可以展示你的机智幽默，可能促成愉快地当场拍板，品位胜利者的喜悦。商务谈判的成功离不开语言的表达，但是，没有哪一种特定的语言表达技巧适合所有的谈话内容。就商务谈判这一特定内容的交际活动来讲，语言表达应注意以下几点。

1. 针对性强

在商务谈判中，双方各自的语言都是表达自己的愿望和要求的，因此谈判语言的针对性要强，做到有的放矢。模糊、啰唆的语言，会使对方疑惑、反感，降低己方威信，成为谈判的障碍。

针对不同的商品、谈判内容、谈判场合、谈判对手，要有针对性地使用语言，才能保证谈判的成功。例如：对脾气急躁，性格直爽的谈判对手，运用简短明快的语言可能受欢迎；对慢条斯理的对手，则采用春风化雨般的倾心长谈可能效果更好。在谈判中，要充分考虑谈判对手的性格、情绪、习惯、文化以及需求状况的差异，恰当地使用针对性的语言。

2. 表达方式婉转

谈判中应当尽量使用委婉语言，这样易于被对方接受。比如，在否决对方要求时，可以这样说："您说的有一定道理，但实际情况稍微有些出入"，然后再不露痕迹地提出自己的观点。这样做既不会有损对方的面子，又可以让对方心平气和地认真倾听自己的意见。

在谈判中，谈判高手往往努力把自己的意见用委婉的方式伪装成对方的见解，提高说服力。在自己的意见提出之前，先问对手如何解决问题。当对方提出以后，若和自己的意见一致，要让对方相信这是他自己的观点。在这种情况下，谈判对手有被尊重的感觉，他就会认为反对这个方案就是反对他自己，因而容易达成一致，获得谈判成功。

3. 灵活应变

谈判形势的变化是难以预料的，往往会遇到一些意想不到的尴尬事情，这就要求谈判者具有灵活的语言应变能力，与应急手段相联系，巧妙地摆脱困境。当遇到对手逼你立即作出选择时，你若是说："让我想一想"，"暂时很难决定"之类的语言，便会被对方认为缺乏主见，从而在心理上处于劣势。此时你可以看看表，然后有礼貌地告诉对方："真对不起，9点钟了，我得出去一下，与一个约定的朋友通电话，请稍等五分钟。"于是，你便很得体地赢得了五分钟的思考时间。

4. 恰当地使用无声语言

商务谈判中，谈判者通过姿势、手势、眼神、表情等非发音器官来表达的无声语言，往往可以在谈判过程中发挥重要的作用。在有些特殊环境里，有时需要沉默，恰到好处的沉默可以取得意想不到的良好效果。

5. 语言表达要注意感情色彩

语言表达必须真诚、热情。人皆有理性的一面，也有情绪的一面。因此谈判桌上的语言表达，不仅要晓之以理，还要动之以情。在很多情况下，以情感劝说对方，重视语言的感情因素，更能取得良好的效果。特别是在说理不通的情况下，可以先从情绪上打动对方。通过恰如其分地表示己方的感情倾向，达到稳定对方情绪、解除窘迫、消除敌意的效果，争取对方的理解和支持。

第二节　商务谈判中的行为语言

我们在与人交流沟通时，即使别人不说话，也可以凭借对方的身体语言来探索他内心的秘密，对方也同样可以通过身体语言了解到我们的真实想法。人们可以在语言上伪装自己，但身体语言却经常会"出卖"他们。因此，解译人们的身体语言密码，可以更准确地

第六章 商务谈判的语言技巧

认识自己和他人。培养使用和判断身体语言的能力是提高谈判能力和技巧的最佳方法之一。

行为语言又称身体语言，是指非词语性的身体符号。包括目光、面部表情、身体运动、触摸、姿势与外貌、身体间的空间距离等在内的身体信号。心理学研究发现，在两人面对面的交流中，高达55%是通过面部表情、形态姿态和手势等无声的身体行为语言来传递的，38%通过声调传递。可见，身体语言在人际沟通中的重要作用。

案例 6-1

刘司长在某部人事司工作，因为工作需要经常要找下属谈话，本想借此机会多了解一些部里干部情况和下属的思想动态，可下属好像都不愿意敞开心扉，每次谈话总是草草收场，就连平时下属也不太愿意和他交流。刘司长很委屈的告诉我："其实我很注意和下级的交往，从来不打'官腔'，力争平等地对待每一个下属，也很愿意和下级沟通思想，可是为什么大家对我还是有这么强烈的生疏感呢？"

带着这个疑惑，我走进了刘司长的办公室，观察了刘司长的"待人接物"。正如刘司长自己所说的那样，对来谈工作的同志，无论职务的高低，他都是热情接待，可是当开始交流的时候，老刘就显得有点"心不在焉"了，下级汇报工作的时候，老刘很少把目光投向下属，虽然也在认真地听，可手边总是"不闲着"，一会批批文件，一会看看笔记本，有时下属的话还没有说完，老刘就会打断，表明下属的意思他已经明白了。于是，和他谈工作同志的反应也是"言简意赅"的把事情说完，就匆匆离去。

一、眼睛的"语言"

眼睛是灵魂的窗户，它毫不掩饰地展现你的学识、品性、情操、趣味、审美观和性格。戏剧表演家、舞蹈演员、画家、文学家、诗人都着意地研究人们的眼睛，认为它是灵魂的一面无情的镜子。爱默生说过："人的眼睛和舌头所说的话一样多，不需要词典，却能从眼睛的语言中了解整个世界，这是它的好处。"眼睛具有反映深层心理活动的功能。人的一切情绪、情感和态度的变化都可以从眼睛中显示出来。

眼睛的动作及其所传达出的信息主要有以下几点。

（一）视线传递的信息

（1）可以根据目光凝视时间的长短来判断倾听者的心理感受。通常，与人交谈时，视线接触对方脸部的时间，正常情况下应占全部谈话时间的30%~60%，超过这一平均值者，可以认为倾听者对谈话者本人比对谈话内容更感兴趣。当然，有些人可能有自己的独特习惯，比如不愿凝视对方，而只是用心倾听，这应另当别论。

(2)从眨眼频率也能得到不同的信息。正常情况下,一般人每分钟眨眼 5~8 次,每次眨眼一般不超过 1 秒钟。如果每分钟眨眼次数超过 5~8 这个范围,一方面表示神情活跃,对某事物感兴趣;另一方面也表示个性怯懦或羞涩,因此不敢正眼直视对方,而做出不停眨眼的动作,但在谈判中,通常是代表前一种情况。从眨眼时间来看,如果超过 1 秒钟的时间,一方面表示厌烦,不感兴趣;另一方面也表示自己比对方优越,因而藐视对方而不屑一顾。

(3)在倾听时,根本不看对方,而只听对方讲话,是试图掩饰什么的表现。

案例 6-2

据一位有经验的海关检查人员介绍,他在检查过关人员已填好的报送表时,还要再问一问:"还有什么东西要呈报没有?"这时,他的眼睛不是看着报关表,而是看着过关人员的眼睛,如果该人不敢正视他的眼睛,那么就表明该人在某些方面可能有情况,否则,可能没什么问题。

(4)眼睛闪烁不定,则是一种反常的举动,常被认为是掩饰的一种手段,亦可是性格上不诚实的表现。人们有一个共同的特点,那就是做事虚伪或者当场撒谎的人,常常眼睛闪烁不定,以此来掩饰其内心的秘密。

(5)瞪大眼睛看着对方讲话的人,表示对对方有很大的兴趣。

(二)瞳孔传递的信息

眼睛瞳孔放大,炯炯有神而生辉,表示此人处于欢喜与兴奋状态;瞳孔缩小,神情呆滞、目光无神,愁眉紧锁,则表示此人处于消极、戒备或愤怒的状态。实验证明,瞳孔所传达信息是无法用人的意志来控制的。有经验的企业家、政治家或职业赌徒,为了防止对方察觉到自己瞳孔的变化,往往喜欢戴有色眼镜。如果谈判桌上有人戴着有色眼镜,就应加以提防,因为对方可能很有经验。

(三)眼神传递的信息

(1)一般心胸博大、为人正直的的人,眼神明澈、坦荡;
(2)心胸狭窄、为人虚伪的人,眼神狡黠、阴诈;
(3)志怀高远的人,眼光执著而坚定;
(4)为人轻薄的人,眼光浮动。

眼神传递的信息还有很多,人类眼睛所表达的思想,有些确实是只能意会而难以言传。这就要靠谈判人员在实践中用心观察和思考,不断积累经验,争取把握种种眼睛的动作所传达的信息。

第六章　商务谈判的语言技巧

在谈判当中，如果对方摘下眼镜擦拭表明对方正在仔细考虑某一论点。因此你要暂时停止陈述，让对方有足够的时间考虑，等对手戴上眼镜时，再开始谈判。

二、眉毛的"语言"

通常，眉毛和眼睛的配合是密不可分的，二者的动作往往是共同表达一个含义，但是仅就眉毛而言，也能反映出人的许多情绪变化。

（1）眉毛上耸，表示人们处于惊喜或惊恐状态。人们常用"喜上眉梢"来形容人的喜悦状态。

（2）眉角下拉或倒竖，表示人们处于愤怒或气恼状态。人们常说"剑眉倒竖"，即形容这种气愤的状态。

（3）眉毛迅速地上下运动，表示亲切、同意或愉快。

（4）紧皱眉头，则表示人们处于困窘、不愉快、不赞同的状态。

（5）眉毛向上挑起，则表示询问或疑问。

眉毛所传达的动作语言是不容忽视的。人们常常认为没有眉毛的脸十分可怕，因为它给人一种毫无表情的感觉。

三、嘴巴的"语言"

人的嘴巴除了说话、吃喝和呼吸以外，还可以有许多动作，借以反映人的心理状态。

（一）嘴巴传递的信息

（1）紧紧地抿住嘴，往往表现出意志坚决。当烈士走向刑场时，嘴角往往是抿着的，表现出革命烈士宁死不屈的英雄气概。

（2）撅起嘴是不满意和准备攻击对方的表现。这种情况在荧屏剧的人物表现上常见。

（3）遭受失败时，人们往往咬嘴唇，这是一种自我惩罚的动作，有时也可解释为自我嘲解和内疚的心情。

（4）当听对方谈话时，如果听者嘴角稍稍向后拉或向上拉，则表示听者比较注意倾听。

（5）嘴角向下拉，则表示出不满和固执。

（二）吸烟的"语言"

（1）一个人在抽烟时往上吐烟圈还是往下吐烟圈，能够揭示出他对自己所处的环境抱有积极还是消极的态度。一般情况下，如果一个人对所见所闻感到乐观、骄傲或者自信，那么他在大部分时候都会向上方喷吐烟圈。相反，如果一个人抱有悲观、隐秘或者猜疑的

态度,那么他在大部分时候都会向下方喷吐烟圈。从嘴角往下喷吐烟圈的动作,更能说明吸烟者消极或者隐秘的态度非同一般。

(2)如果一个吸烟者在点燃香烟后,没有按照平常的习惯抽完整根烟就突然摁熄,那就说明他已经做出了结束会谈的决定。如果能够把握到这个结束会谈的信号,就可以有心理准备地掌控局面或者抢先提出结束会谈的要求,让人看起来以为结束会谈是你的主意。

(3)刚一见面就立即递烟给对方,且麻利的为对方点烟的,多为处于交易劣势的一方。自己先叼一根,然后才送给对方的人,是自认为处于交易优势但愿意合作的对手。

(4)吸烟时不停地磕烟灰,表明内心有不安或冲突。

(5)烟从鼻孔吐出,表现出一种自信、优越感以及一种悠然自得的心情,通过斜视仰着头这一动作,主动地拉开了与谈话对象的距离,从而表现出吸烟者内心的那种自信、优越和悠然自得的心态。

四、颈部的"语言"

颈部是连接头部与身躯的关键部位,也是传达情绪信息的关键部位。

(1)点头与摇头。大多数民族都以点头表示肯定,摇头表示否定。由于文化背景不同,不同的国家也会产生差别,例如保加利亚、尼泊尔却相反,肯定是摇头,否定时则先将头后倒,然后向前弹回。

点头除表示"是"、"肯定"之外,有时仅是向说话者表示"应和"的意思。认真的、有节奏的"应和",是向对方表示"我正在注意倾听你的说话"。若是机械地应和,频频点头,至多表示形式上的敬意和礼貌,实际上对说话的内容不感兴趣。这个动作实际上表示对方对谈话主题不感兴趣。如果此时还继续原来的话题,对方就会频繁地变换架腿的动作,表示不耐烦了。

(2)低着头听人说话。这多半倾向于否定对方的谈话内容。

(3)垂头。垂头是体力与精力不支的表现,垂头丧气,是犹豫和苦恼情绪的反应。

五、手部的"语言"

手是人身体比较灵活的部位,也是使用最多的部位。观察对方的手势和握手,可以帮助判断对方的心理活动,同时也可以帮助我们将某种信息传递给对方。

(一)握手的语言

握手最早发生在人类"刀耕火种"的年代。那时,在狩猎和战争时,人们手上经常拿着石块或棍棒等武器。他们遇见陌生人时,如果大家都无恶意,就要放下手中的东西,并伸开手掌，让对方抚摸手掌心，表示手中没有藏武器。这种习惯逐渐演变成今天的"握手"礼节。原始意义上的握手不仅表示问候，也表示信赖之意。

标准的握手姿势应该用右手相握，手指稍稍用力握住对方的手掌，对方也应该用手指稍稍用力回握，时间一般以 1~3 秒为宜。当然，过紧地握手，或是只用手指部分漫不经心地接触对方的手都是不礼貌的。如果双方握手出现与标准姿势不符的情况，便有除问候与礼貌以外的附加意义。主要有以下几种情况。

（1）握手时对方手掌出汗，表示处于兴奋、紧张或情绪不稳定的心理状态。
（2）若对方用力握手，表明此人具有好动、热情的性格。
（3）握手前先凝视对方片刻，再伸手相握，是想在心理上战胜对方。
（4）手掌向下握手，表示想取得主动、优势或支配地位；手掌向上，是性格软弱，处于被动、劣势或受人支配的表现。
（5）用两只手握住对方的一只手，往往是热情欢迎、真诚感谢、有求于人、肯定契约等意义。

案例 6-3

1989 年 5 月，在戈尔巴乔夫访华前夕，邓小平曾指示外交部，他与戈尔巴乔夫会见时"只握手，不拥抱"，这不仅是对外交礼节的一种示意，更是对两国未来关系的定位。尼克松总统回忆自己首次访华在机场与周总理见面时也说："当我从飞机舷梯上走下来时，决心伸出我的手，向他走去。当我们的手握在一起时，一个时代结束了，另一个时代开始了。"据基辛格回忆，当时尼克松为了突出这个"握手"的镜头，还特意要求包括基辛格在内的所有随行人员都留在专机上，等他和周恩来完成这个"历史性的握手"后，才允许他们走下飞机。

（二）手指的语言

用手指或铅笔敲打桌面，或在纸上乱涂乱画，表示对对方的话题不感兴趣、不同意或不耐烦的意思。这样一是消磨时间，二是暗示和提醒对方。两手手指并拢并置于胸的前方呈尖塔状，表示充满信心。手与手连接放在胸腹部的位置，是谦逊、矜持或略带不安心情的反映。

六、腿与足部的"语言"

腿部与足部虽属身体的下端，但它往往是最先表露潜意识情感的部位。

（1）抖动双腿并带动足部抖动。这表示焦躁不安、无可奈何或欲摆脱某种紧张感的意思。

（2）双足交叉而坐。这对男性来讲往往表示从心理上压制自己的表面情绪。对女性来讲，如果再将两膝盖并拢起来，则表示拒绝对方或一种防御的心理状态。

（3）张开腿部而坐。表明此人很自信，并愿意接受对方的挑战。如果一条腿架到另一腿上就座，表示拒绝对方并保护自己的势力范围，不容他人侵犯。如果频繁变换架腿姿势，则表示情绪不稳定、焦躁不安，是一种开放型的姿势或动作，有结束与对方谈话的倾向。

七、腰与腹部的"语言"

腰与腹部在身体上起"承上启下"的作用，腰与腹部的动作与一个人的心理状态和精神状态是密切相关的。

（一）腰部的语言

（1）腰部表现精神语言，腰部压低采取低姿态的动作，表现出服从对方，压抑自己的心理。弯腰走路，属于压抑自我的情绪表现。

（2）挺直腰板，则反映出情绪高昂、充满自信。经常挺直腰板站立、行走或坐下的人往往有较强的自信心及自制和自律的能力。

（3）手叉腰间。表示胸有成竹，对自己面临的事物已经做好精神上和行动上的准备，同时也表现出优越感和支配欲。

（二）腹部的语言

（1）突出腹部，表现出自己的心理优势，自信与满足感；抱腹蜷缩，表现出不安、消沉、沮丧等情绪支配下的防卫心理。

（2）解开上衣纽扣而露出腹部，表示胸有成竹，开放自己的实力范围，不存在戒备之心。

（3）腹部起伏不定，表现出兴奋和愤怒；腹部极度起伏，意味着即将爆发的兴奋与激动状态而导致呼吸困难。

八、空间语言

每一个人都生活在一个无形的空间范围圈内，这个空间范围圈就是个人感到必须与他人保持的间隔距离，也称之为"个人空间"。

那么，每个人的空间范围圈到底有多大，取决于不同的民族和文化。即使在同一国家，也取决于不同的场合。比如，澳大利亚人喜欢有一个宽敞的空间，交谈时也喜欢人与人之

第六章　商务谈判的语言技巧

间拉开距离。而对于两个素不相识的北美成年男子来说,最舒适的谈话距离间隔为70厘米左右,而南美人则喜欢靠得更近些。中国人或美国人与他人的空间范围圈差不多,而日本人习惯生活在拥挤的环境之中,因此,日本人的空间范围圈往往小于其他国家的人。非洲人的空间范围圈也比美国人或中国人小得多。

大多数心理学家认为,人们空间范围圈的大小,除了取决于不同民族和文化因素之外,同时也和许多其他因素有关。在宾客众多的鸡尾酒会上,人们必然会靠得近一些,以便交谈。在公园、办公室、酒吧间和其他社交场所,人们也往往靠得较近。大量研究表明,人们与所喜欢的人交谈要比与不喜欢的人交谈靠得近;朋友之间要比点头之交靠得近,熟人要比陌生人靠得近;性格内向者要比性格外向者保持稍大的距离。在交谈时,两个女人要比两个男人靠得近。不少人都有这样的体验,在图书馆阅览室里,当周围到处都是空座位,而你不去坐,却偏偏要紧靠一个人坐下,那么,这个人不是急促不安地移动身体和书本,就是干脆离开。但是,在高峰时的公共汽车里,如果一个人坐在一个双人座位上,即使他的身体几乎与另一个人的身体相触,旁边的那个人也是不会走开的。因此可见,在公园里和汽车里,同一个人的空间范围圈也会有所变动。正如霍尔教授所说,一个人的空间范围圈就像一个"气仓",它紧紧地跟随着一个人,在不同的环境下会扩大或缩小。

美国人类学教授爱德华·霍尔博士在《无声的语言》一书中将个体空间划分为四类:亲密距离、私人距离、社交距离和公共距离。

1. 亲密距离

这是人际交往间最亲密的距离,亲近范围大约在15~46厘米,只能存在于最亲密的人之间,彼此能感受到对方的体温和气息。就交往情境而言,亲密距离属于私下情境,即使是关系亲密的人,也很少在大庭广众之下保持如此近的距离,否则会让人不舒服。因此,在人际交往中,一个不属于这个亲密距离圈子内的人随意闯入这一空间,不管用心如何,都是不礼貌的,会引起对方的反感,也会自讨没趣。

2. 个人距离

这是人际交往中稍有分寸感的距离,少有直接的身体接触。近范围距离为46~76厘米之间,相当于两臂的距离,仅能保证相互亲切握手,友好交谈。这是与熟人交往的空间。如果与素昧平生的人保持这种距离,就会构成对别人的侵犯。远范围是76~122厘米。任何人都可以自由地进入这个空间,不过,熟人之间保持的距离更靠近远范围的近距离一端,而陌生人之间谈话则更靠近远范围的远距离一端。

在人际交往中,亲密距离与个人距离通常都是在非正式社交情境中使用。

3. 社交距离

这种距离已完全超出了亲密或熟人之间的距离,而是体现出一种社交性或礼节上的较正式关系。近范围为 1.2～2.1 米，相当于一个人竖躺在两人中间的距离，一般在工作环境和社交聚会上，人们都保持这种程度的距离。社交距离的远范围为 2.1～3.7 米，表现为一种更加正式的交往关系。公司的经理们常用一个大而宽阔的办公桌，并将来访者的座位放在离桌子一段距离的地方，这样与来访者谈话时就能保持一定的距离。如企业或国家领导人之间的谈判，工作招聘时的面谈，教授和大学生的论文答辩等，往往都要间隔一张桌子或保持一定距离，这样就能增添一种庄重的气氛。

一般在商务会谈或高级官员的会谈中，多采用这一距离。

4．公众距离

这是公开演说时演说者与听众所保持的距离。近范围约3.7～7.6 米，远范围在 10 米之外。这是一个几乎能容纳一切人的"门户开放"的空间，人们完全可以对处于空间的其他人"视而不见"，多用扫视，少有注视，因为相互之间未必发生一定联系。因此，这个空间的交往，大多是当众演讲之类，当演讲者试图与一个特定的听众谈话时，必须走下讲台，使两个人的距离缩短为个人距离或社交距离，才能够实现有效沟通。

显然，相互交往时，空间距离的远近，是交往双方之间是否亲近、是否喜欢、是否友好的重要标志。因此，人们在交往时，选择正确的距离是至关重要的。

在不同情境中可以适当调节距离。人际交往的空间距离是可变的，且具有一定的伸缩性。这由具体情境，交谈双方的关系、社会地位、文化背景、性格特征、心境等决定。当情景不同时，应当因势调节距离。

案例 6-4

有这么一个故事：两只相爱的刺猬，由于寒冷而相拥在一起。但谁都知道，长长的刺刺痛了彼此小小的身体，无奈之下，它们只好保持足够的距离，默默地忍受着寒冷。可是天气越来越冷，两个小家伙谁都受不了刺骨的寒风，下意识地又凑到了一起，经过一番努力，它们终于找到一个最合适的距离：既能获得对方的温暖而又不至于刺痛彼此。

第三节 商务谈判中的叙述与问答技巧

一、商务谈判中的叙述

商务谈判中的叙述，就是谈判者基于自己的立场、观点、方案等，通过陈述来表达对各种问题的具体看法，或是对客观事物的具体阐述，以便让对方有所了解。

商务谈判中的叙述是一种不受对方所提问题的方向、范围制约，带有主动性的阐述，

第六章 商务谈判的语言技巧

是传递信息、沟通情感的方法之一。因此，谈判者能否正确、有效地运用叙述的功能，把握叙述的要领，会直接影响到谈判的效果。

谈判过程中的叙述大体包括"入题"、"阐述"两个部分。

（一）入题的方法

谈判双方在刚进入谈判地点时，难免会感到拘谨，尤其是谈判新手，在重要谈判中，往往会产生忐忑不安的心理。采用适当的入题方法，将有助于消除这种尴尬心理，轻松地开始谈判。

1．迂回入题

为避免谈判时单刀直入，过于直露，影响谈判的融洽气氛，谈判时可以采用迂回入题的方法，如先从题外话入题，从自谦入题，从介绍己方谈判人员入题，从介绍本企业的生产、经营、财务状况入题等。

2．先谈一般原则，再谈细节问题

一些大型的对外商务谈判，由于需要洽谈的问题千头万绪，双方的高级人员不应该也不可能介入全部谈判，往往要分成若干等级进行多次谈判，这就需要采取先谈一般原则问题，再谈细节问题的方法。一般原则问题达成一致后，洽谈细节问题也就有了依据。

3．从具体议题入手

一般而言，大型对外商务谈判总是由具体的一次次谈判组成的，在每次具体的谈判会议上，双方可以首先确定本次会议的谈判议题，然后从这一具体的议题入手进行洽谈。这样做可以避免谈判时无从下手，从而提高效率。

（二）阐述的方法

谈判入题后，接下来便是双方阐述各自的观点，这也是谈判的一个重要环节。

1．开场阐述

开场阐述要做到以下几点：开诚布公；立场明确；简单扼要；态度友好。

2．在商务谈判中让对方先谈

当己方对市场态势和产品定价的情况不是很了解，或者当己方尚未确定购买何种产品，或者己方无权直接决定购买与否的时候，一定要坚持让对方首先说明可提供何种产品，产品的性能如何，产品的价格如何等情况，然后再审慎地表达意见。

3．注意正确使用语言

语言要简明。为了使对方记住谈判的主要内容，谈判者不要说与主题无关的话，应使

用条理清晰、简明扼要的语言将己方的谈判要点陈述出来，促使对方正确理解陈述者的真实意思。语言要富有弹性。谈判过程中所使用的语言，应当丰富，灵活，富有弹性。对于不同的谈判对手，应使用不同的语言。如果对方谈吐优雅，很有修养，己方语言也应相对讲究，做到出语不凡；如果对方语言朴实无华，那么己方用语也不必过多修饰；如果对方语言爽快、直白，那么己方也不要迂回曲折、语言晦涩。

语调要恰当。不同的语调可赋予同一句话以不同的含义，也可以表达说话者不同的思想感情。如果想让对方注意你的谈话，就要把速度放平稳，清晰地、流畅地、坦诚地说。当然，速度也不要太慢，更不要长时间地吐单字。

谈判者声音的高低强弱，也是影响谈判效果的重要因素之一。声音过高过响，震耳欲聋，不会使人感到亲切。声音过低过弱，不会使人感到振奋，因此应当合理使用声音的强弱，最好有高有低，抑扬顿挫，犹如一幕戏，有高潮，有低潮，还要有收尾，要让对方感到自然舒适。

表达规范，通俗易懂。商务谈判中的陈述，是向对方提供资料、信息的过程，为了增加可信度，要求谈判者使用的词汇应准确易懂。如果用到一些不常用的技术性术语，应予以解释。

陈述要客观。双方在陈述时都必须态度客观公正，措词准确严密，以真挚的方式进行表达。切忌情绪化的陈述，尽量使用客观的、礼貌的语言和语调，避免使用主观的、粗俗的语言。

二、商务谈判中的提问

（一）商务谈判中的提问类型

在商务谈判中常以提问作为摸清对方需要，掌握对方心理，表达自己感情的手段。如何"问"是很有讲究的，重视和灵活运用发问的技巧，不仅可以引起双方的讨论，获取信息，而且还可以控制谈判的方向。到底哪些问题可以问，哪些问题不可以问，为了达到某一个目的应该怎样问，以及问的时机、场合、环境等，有许多基本常识和技巧需要了解和掌握。

1. 封闭式发问

封闭式发问指在特定的领域中能带出特定的答复（如"是"或"否"）的问句。例如："您是否认为售后服务没有改进的可能？""您第一次发现商品含有瑕疵是在什么时候？"等。封闭式问句可令发问者获得特定的资料，而答复这种问句的人并不需要太多的思索即能给予答复。但是，这种问句有时会有相当程度的威胁性。

2. 澄清式发问

澄清式发问是针对方的答复，重新提出问题以使对方进一步澄清或补充其原先答复的

第六章 商务谈判的语言技巧

一种问句。例如："您刚才说对目前进行的这一宗买卖可以取舍，这是不是说您拥有全权跟我们进行谈判？"澄清式问句的作用在于确保谈判各方能在叙述"同一语言"的基础上进行沟通，而且还是针对对方的话语进行信息反馈的有效方法，是双方密切配合的理想方式。

3. 强调式发问

强调式发问旨在强调自己的观点和己方的立场。例如："这个协议不是要经过公证之后才生效吗？""我们怎能忘记上次双方愉快的合作呢？"

4. 探索式发问

探索式发问是针对对方答复，要求引申或举例说明，以便探索新问题、找出新方法的一种发问方式。例如："这样行得通吗？""您说可以如期履约，有什么事实可以证明吗？""假设我们运用这种方案会怎样？"探索式发问不但可以进一步发掘较为充分的信息，而且还可以显示发问者对对方答复的重视。

5. 借助式发问

借助式发问是一种借助第三者意见来影响或改变对方意见的发问方式。例如："某某先生对你方能否如期履约关注吗？""某某先生是怎么认为的呢？"采取这种提问方式时，应当注意提出意见的第三者，必须是对方所熟悉而且十分尊重的人，这种问句会对对方产生很大的影响力；否则，运用一个对方不很知晓且谈不上尊重的人作为第三者加以引用，很可能会引起对方的反感。因此，这种提问方式应当慎重使用。

6. 强迫选择式发问

强迫选择式发问旨在将己方的意见抛给对方，让对方在一个规定的范围内进行选择回答。例如："付佣金是符合国际贸易惯例的，我们从法国供应商那里一般可以得到3%～5%的佣金，请贵方予以注意好吗？"运用这种提问方式要特别慎重，一般应在己方掌握充分的主动权的情况下使用，否则很容易使谈判出现僵局，甚至破裂。需要注意的是，在使用强迫选择式发问时，要尽量做到语调柔和、措辞达意得体，以免给对方留下强加于人的不良印象。

7. 证明式发问

证明式发问旨在通过己方的提问，使对方对问题做出证明或解释。例如："为什么要更改原已订好的计划呢，请说明道理好吗？"

8. 多层次式发问

多层次式发问是含有多种主题的问句，即一个问句中包含有多种内容。例如："你是否就该协议产生的背景、履约情况、违约的责任以及双方的看法和态度作出说明？"这类问句因含过多的主题而使对方难于周全把握。

9. 诱导式发问

诱导式发问旨在开渠引水,对对方的答案给予强烈的暗示,使对方的回答符合己方预期的目的。例如:"谈到现在,我看给我方的折扣可以定为4%,贵方一定会同意的,是吗?"这类提问几乎使对方毫无选择余地而按发问者所设计好的答案回答。

10. 协商式发问

协商式发问是指为使对方同意自己的观点,采用商量的口吻向对方发问。例如:"您看给我方的折扣定为3%是否妥当?"这种提问,语气平和,对方容易接受。

(二)提问的时机

1. 在对方发言完毕之后提问

在对方发言的时候一般不要急于提问,因为打断别人的发言是不礼貌的,容易引起对方的反感。当对方发言时要认真倾听,即使发现了对方的问题,很想立即提问,也不要打断对方,可先把发现的和想到的问题记下来,待对方发言完毕再提问。

2. 在对方发言停顿和间歇时提问

如果谈判中,对方发言冗长、不得要领、纠缠细节或离题太远而影响谈判进程,这时可以借他停顿、间歇时提问。例如,当对方停顿时,可以借机提问:"您刚才说的意思是?""细节问题我们以后再谈,请谈谈您的主要观点好吗?"

3. 在议程规定的辩论时间提问

大型外贸谈判,一般要事先商定谈判议程,设定辩论时间。在双方各自介绍情况和阐述的时间里一般不进行辩论,也不向对方提问。只有在辩论时间里,双方才可自由提问、进行辩论。在这种情况下,要事先做好准备,可以设想对方的几个方案,针对这些方案考虑己方对策,然后再提问。

4. 在己方发言前后提问

在谈判中,当轮到己方发言时,可以在谈己方的观点之前,对对方的发言进行提问,不必要求对方回答,而是自问自答。这样可以争取主动,防止对方接过话茬,影响己方的发言。

(三)提问的要诀

为了获得良好的提问效果,需掌握以下发问要诀。

(1)应该预先准备好问题,最好是一些对方不能够迅速想出适当答案的问题,以期收到意想不到的效果。同时,预先有所准备也可预防对方反问。

第六章 商务谈判的语言技巧

（2）在对方发言时，如果脑中闪现出疑问，千万不要中止倾听对方的谈话而急于提出问题，这时可先把问题记录下来，等待对方讲完后，有合适的时机再提出问题。

（3）要避免提出那些可能会阻碍对方让步的问题，这些问题会明显影响谈判效果。

（4）如果对方的答案不够完善，甚至回避不答，这时不要强迫地问，而是要有耐心和毅力等待时机到来时再继续追问，这样做以示对对方的尊重，同时再继续回答对方问题也是对方的义务和责任，因为时机成熟时，对方也不会推卸。

既不要以法官的态度来询问对方，也不要问起问题来接连不断。

三、商务谈判中的回答

有问必有答，在商务谈判中，"问"有艺术，"答"也有技巧。问的不当，不利于谈判；答的不好，同样也会使谈判陷入僵局。

案例 6-5

第一次到哈尔滨的姚明在记者见面会上是记者重点"照顾"的对象，不过，他用独特的幽默巧妙地回答了众多的提问，同时引来了记者的阵阵笑声。

谈及对哈尔滨的看法，姚明说："我听说哈尔滨的冬天和夏天都非常好，但我都没赶上。"

有记者见姚明的胡子比较长，信口问了一句："姚明，你不刮胡子是为了蓄须明志还是对哈尔滨的天气不满？"姚明俏皮地一翻眼睛说，"我没带剃须刀！"

一位女记者问姚明："相比过去，你感觉到球技长进了吗？"姚明说："我只是感觉老了一岁。"

当一个记者问姚明："你期待决赛遇到哪个对手"时，姚明想都没想地答道："就是我们想对的对手。"

通常，回答的问题不仅应采取容易接受的方法，而且应当巧立新意，渲染己方观点，强化回答效果。谈判中的回答有其自身的特点，它不同于学术研究或知识考试中的回答，一般不以正确与否来论之。谈判中回答的要诀应该是：基于谈判效果的需要，准确把握住该说什么，不该说什么，以及应该怎样说。下面是回答问题的一些技巧。

1. 回答问题之前，要给自己留有思考时间

商务谈判中所提出的问题，不同于同事之间的生活问话，必须经过慎重考虑后，才能回答。有人喜欢将生活中的习惯带到谈判桌上去，即对方提问的声音刚落，这边就急着马

上回答问题,这种做法很不讲究。其实,在谈判过程中,绝不是回答问题的速度越快越好,因为它与竞赛抢答是性质截然不同的两回事。

2．把握对方提问的目的和动机,才能决定怎样回答

谈判者在谈判桌上提出问题的目的往往是多样的,动机也往往是复杂的。如果没有经过深思熟虑,弄清对方的动机,就按照常规来作出回答,结果往往是效果不佳。如果经过周密思考,准确判断对方的用意,便可作出一个独辟蹊径的、高水准的回答。

案例 6-6

艾伦·金斯伯格是美国著名的诗人,在一次宴会上,他向中国作家提出一个怪谜,并请中国作家回答。这个怪谜是:"把一只五斤重的鸡装进一个只能装一斤水的瓶子里,用什么办法把它拿出来?"中国作家回答道:"您怎么放进去的,我就会怎么拿出来。您凭嘴一说就把鸡装进了瓶子,那么我就用语言这个工具再把鸡拿出来。"这可谓是绝妙回答的典范。谈判人员如果能在谈判桌上发挥出这种水平,就是比较出色的谈判人员。

3．不要彻底地回答问题,因为有些问题不必回答

商务谈判中并非任何问题都要回答,要知道有些问题并不值得回答。

在商务谈判中,对方提出问题或是想了解方的观点、立场和态度,或是想确认某些事情。对此应视情况而定是否作答。对于应该让对方了解,或者需要表明我方态度的问题要认真回答,而对于那些可能会有损己方形象、泄密或一些无聊的问题,谈判者也不必为难,不予理睬是最好的回答。当然,用外交活动中的"无可奉告"一语来拒绝回答,也是回答这类问题的好办法。总之,答问题时可以自行将对方的问话范围缩小,或者对回答的前提加以修饰和说明,以缩小回答范围。

4．逃避问题的方法是避正答偏,即顾左右而言他

有时,对方提出的某个问题我方可能很难直接从正面回答,但又不能拒绝回答的方式来逃避问题。这时,谈判高手往往用避正答偏的办法来回答,即在回答这类问题时,故意避开问题的实质,而将话题引向歧路,借以破解对方的进攻。其实这是应付对方的一个好办法。比如,可跟对方讲一些与此问题即有关系又无关系的问题,东拉西扯,不着边际。说了一大堆话,看上去回答了问题,其实并没有回答,其中没有几句话是管用的。经验丰富的谈判人员往往在谈判中运用这一方法。此法看去似乎头脑糊涂、思维有问题,其实这种人高明得很,对方也拿这类人毫无办法。

第六章 商务谈判的语言技巧

案例 6-7

一位西方记者曾经讥讽地问周恩来总理一个问题:"请问,中国人民银行有多少资金?"周总理深知对方是在讥笑中国的贫困,如果实话实讲,自然会使对方的计谋得逞,于是答道:"中国人民银行货币资金嘛,有十八元八角八分。中国银行发行面额为十元、五元、二元、一元、五角、二角、一角、五分、二分、一分的十种主辅人民币,合计为十八元八角八分。"周总理巧妙地避开了对方的话锋,使对方无机可乘,被中国人民传为佳话。

5. 对于不知道的问题不要回答

参与谈判的所有与会者都不是全能全知的人。谈判中尽管做了充分的准备,也经常会遇到陌生难解的问题,这时,谈判者切不可为了维护自己的面子强作答复。因为这样不仅有可能损害自己利益,而且对自己的面子也是丝毫无补。有这样一个例子,我国内某公司与美国外商谈判合资建厂事宜时,外商提出有关减免税收的请求。中方代表恰好对此不是很有研究,或者说是一知半解,可为了能够谈成,就盲目地答复了,结果使我方陷入十分被动的局面。经验和教育一再告诫我们:谈判者对不懂的问题,应坦率地告诉对方不能回答,或暂不回答,以避免付出不应付出的代价。

6. 答非所问也是一技

有些问题可以通过答非所问来给自己解围。答非所问在知识考试或学术研究中是不能给分的,然而从谈判技巧的角度来研究,却是对不能不答的问题的一种行之有效的答复方法。

7. 以问代答

以问代答是用来应付谈判中那些一时难以回答或不想回答的问题的方式。此法如同把对方踢过来的球又踢了回去,请对方在自己的领域内反思后寻找答案。例如,在商务工作进展不是很顺利的情况下,其中一方问对方:"你对合作的前景怎样看?"这个问题在此时可谓难以回答,善于处理这类问题的对方可以采取以问代答的方式:"那么,你对双方合作的前景又是怎样看呢?"这时双方自然会在各自的脑海中加以思考和重视,对于打破窘境起到良好的作用。商务谈判中运用以问代答的方法,对于应付一些不便回答的问题是非常有效的。

8. 降低提问者追问的兴致

当对方对我方模棱两可的答复不满或者发现了我方的漏洞时,会一直追问下去,所以应该降低提问者追问的兴致,可以用"这个问题可以解决,但现在不是时候"、"现在谈这个问题还为时过早,我们是否考虑下一个问题"、"这个问题我暂时无法回答"、"我

们考虑过，情况没有您想的那样严重"等语言予以回答。如果我方以前的答复真有漏洞，可以责备第三者的错误，或归咎于双方的政策不明确。

9. 有时可以采取推卸责任的方法

谈判者面对毫无准备的问题，往往不知所措，或者即使能够回答，但由于某种原因而不愿意回答。对这类问题通常可以如此回答："对这个问题，我虽没有调查过，但曾经听说过。""贵方××先生的问题提得很好，我曾经在某一份资料上看过有关这一问题的记载，就记忆所及，大概是……"

10. 找借口拖延答复

当谈判者对于对方的问题没有思考好答案，可以找借口拖延答复，或是闪烁其词，所答非所问，如产品质量、交货期限等，等时机成熟再摊牌，这样效果会更理想。可以选择的借口有：资料不全、需要请示上级、需要查找政策支持等等。

第四节 商务谈判中"听"与"辩"的技巧

一、商务谈判中的"听"

商务谈判中的倾听，不仅是指运用耳朵这种听觉器官去听，而且还指运用眼睛去观察对方的表情与动作，运用心灵去为对方的话语作设身处地的构想，运用大脑去研究对方话语背后的动机。这种耳到、眼到、脑到的听，称之为倾听或聆听。法国著名传记作家拉罗斯福说过一句很值得我们深思的话：我们与人交谈，总觉得知音难觅，和者鲜寡，其原因之一，就是人们几乎都对自己要说什么想得太多。这句话不妨作为谈判时的一个座右铭。

（一）倾听的作用

（1）倾听是了解对方需要，发现事实真相的最简捷的途径。

在谈判中，潜心的听往往比滔滔不绝地畅谈更为重要。听的要旨在于探索对方的心理，接受传递的信息和发掘事实的真相，以不断调整自己的行动。专门研究倾听的专家拉卡·尼克拉斯在自己的多年研究中发现，一般人听别人讲话，不论怎样听，也只能听到一半。谈判者在谈判中彼此频繁地进行着微妙、复杂的信息交流，这些信息有许多是谈判者直接或者可以从分析中得到的。如果谈判者一时马虎，将会失去一个不会再得到的信息。因此，谈判者学会多听、善于倾听是非常重要的。多听是谈判者所必须具备的一种修养，是所做的一个最省钱的让步。

第六章 商务谈判的语言技巧

（2）通过倾听可以更真实地了解对方的立场、观点、态度，了解对方的沟通方式、内部关系、甚至是小组内成员的意见分歧，从而掌握谈判的主动权。

（3）注意倾听是给人留下良好印象，改善双方关系的有效方式之一。因为专注地倾听别人讲话，则表示倾听者对讲话人的看法很重视，能使对方产生信赖和好感，使讲话者形成愉快、宽容的心理，变得不那么固执己见，更有利于达成一个双方都妥协的协议。

（4）倾听和谈话一样具有说服力，它常常使我们不花费任何力气，取得意外的收获。

案例 6-8

有一家英国汽车公司，想要选用一种布料装饰汽车内部，有三家公司提供样品，供汽车公司选用。公司董事会经过研究后，请各家来公司做最后的说明，然后决定与谁签约。三家厂商中，一家的业务代表患有严重的喉头炎，无法流利讲话，只能由汽车公司的董事长代为说明。董事长按公司的产品介绍讲了产品的优点、特点，各单位有关人员纷纷提出意见，董事长代为回答。该布料公司的业务代表则以微笑，点头或各种动作来表达谢意，结果，他博得了大家的好感。会谈结束后，这位不能说话的业务代表却获得了50万码布的订单，总金额相当于160万美元，这是他有生以来获得的最大的一笔成交额。事后，他总结说：如果他当时没有生病，嗓子还可以说话的话，他很可能得不到这笔大数目的订单。因为他过去都是按照自己的一套办法去做生意，并不觉得让对方表示意见比自己头头是道地说明更有效果。

（5）倾听对方的谈话，还可以了解对方态度的变化。

有些时候，对方态度已经有了明显的改变，但是出于某种需要，却没有用语言明确地表达出来，但我们可以根据对方"怎么说"来推导其态度的变化。例如，当谈判进行得很顺利，双方关系很融洽时，双方都可能在对方的称呼上加以简化，以表示关系的亲密。如李××可以简称为小李，王××可以简称为老王等等。但是，如果突然间改变了称呼，一本正经地叫李××同志，或是他的官衔，这种改变是关系紧张的信号，预示着谈判将出现分歧或困难。

总之，倾听是了解对方需要和发现事实真相的最简单途径。通过倾听，可以广收信息，洞察对方的真实意图；通过倾听，可以明确应采取的策略，提高自己的说服力，增加实现愿望的机会；倾听，对缺乏经验的谈判者来说，可以弥补不足，对于有经验的谈判者来说，可以减少失误；倾听有利于沟通，缩短谈判双方的距离；倾听可以消除误解，推动谈判进程。所以，谈判人员要给予倾听环节以特别的关注。在谈判中，倾听是重要的，也是必需的。一个优秀的谈判者，也一定是一个很好的倾听者。当然，要很好地倾听对方谈话，并非像人们想象的那样简单。

（二）倾听的技巧

（1）耐心地、专心致志地倾听。

倾听对方讲话，必须集中注意力，同时，还要开动脑筋，进行分析思考。

据心理学家的统计，一般人说话的速度为每分钟120~180个字，而听话及思索的速度要比说话的速度快四倍多，所以，对方的话还没有说完，听话者大都理解了。思想稍一疏忽，也许恰在这时，对方传递了一个至关重要的信息，当然再后悔也没有用了。

因此要尽量把这些多余的时间放在围绕对方发言进行思考和使自己的注意力始终集中在对方发言的内容上。

（2）积极主动地倾听。

态度要积极，谈判双方一旦坐在谈判桌前．就要想方设法摸清对方的底细，发现对方的需要，同时还必须准备及时做出反应。在谈判中积极主动的倾听不等于只听不说，要学会倾听，善于倾听，也包括创造倾听的机会。

（3）给自己创造倾听的机会。

一般人往往以为在谈判中，讲话多的一方占上风，最后一定会取得谈判的成功。其实不然，如果谈判中有一方说话滔滔不绝，垄断了大部分时间，那也就没有谈判可言了。因而应适当地给自己创造倾听的机会，尽量多给对方说话的机会。就是说倾听者要采取一些策略方法，促使讲话者保持积极的讲话状态。

（4）注意对方的说话方式。

谈判中，只听对方所述的事实是不够的，还要善于抓住背后隐喻着的主题需要。在这里，关键不在于对方说什么，而在于怎么说。一个合格的谈判者应该是观察人的行家，有敏锐的洞察力。在谈判中，对方的措辞、表达方式、语气、声调，都能为己方提供线索，去发现对方一言一行背后隐藏的含义。这时，要克服先入为主的印象，否则会扭曲对方本意，从而导致己方判断不当，接受信息不真，以至选择行为失误。务必抱着实事求是的态度，从客观实际出发，合理客观地分析对方的言行。

（5）做必要的记录。

好脑子不如烂笔头。谈判中，由于人人都处在高度紧张之中，想凭脑子记下对方所谈的全部内容根本是不可能的，因此，做一定的记录是必要的，甚至可以进行录音。

总之，倾听是谈话艺术的重要组成部分，要掌握谈话的技巧，就必须学会倾听，善于倾听是一个优秀谈判者的基本技能。

如果能从以上几个方面进行努力，谈判过程中"听"就是有效的，也就很少或不会发生因听不见、听不清、听不懂而使双方相互猜疑、争执不下的现象。

第六章 商务谈判的语言技巧

二、商务谈判中的"辩"

在商务谈判过程中,谈判双方存在异议和分歧是很正常的事情。为了能够说服对方或者让对方清楚己方的立场,在谈判中就会存在论辩的过程,所谓论辩就是谈判双方通过摆事实讲道理,说明自己的观点和立场的过程。掌握论辩的主动权,要把握好以下技巧。

1. 观点要明确,立场要坚定

商务谈判中"辩"的目的,就是论证己方观点,反驳对方观点。论辩的过程就是通过摆事实讲道理,说明自己的观点和立场。为了能更清晰地论证自己的观点和立场的正确性及公正性,在论辩时要运用客观材料,以及所有能够支持己方论点的证据,以增强自己的论辩效果,从而反驳对方的观点。

2. 辩论思路要敏捷、严密,逻辑性要强

商务谈判中辩论,往往是双方进行磋商时遇到难解的问题时才发生的,因此,一个优秀辩手,应该是头脑冷静、思维敏捷、讲辩严密且富有逻辑性的人,只有具有这种素质的人才能应付各种各样的困难,从而摆脱困境。任何一个成功的论辩,都具有辩论思路敏捷、逻辑性强的特点,为此,商务谈判人员应加强这方面的基本功训练,培养自己的逻辑思维能力,以便在谈判中以不变应万变。特别是在谈判条件相当的情况下,谁能在相互辩驳过程中思路敏捷、严密,逻辑性强,谁就能在谈判中立于不败之地。这也就是谈判者能力强的表现。

3. 掌握大的原则,枝节不纠缠

在辩论过程中,要有战略眼光,掌握大的方向、大的前提,以及大的原则。辩论过程中要洒脱,不在枝节问题上与对方纠缠不休,但主要问题上一定要集中精力,把握主动。在反驳对方的错误观点时,要能够切中要害,做到有的放矢。同时要切记不可断章取义、强词夺理、恶语伤人,这些都是不健康的、应摒弃的辩论方法。

4. 态度要客观公正,措辞要准确犀利

文明的谈判准则要求,不论辩论双方如何针锋相对,争论多么激烈,谈判双方都必须以客观公正的态度,准确地措辞,切忌用侮辱诽谤、尖酸刻薄的语言进行人身攻击。如果某一方违背了一准则,其结果只能是损害自己的形象,降低了本方的谈判质量和谈判实力,不会给谈判带来丝毫帮助,反而可能将谈判置于破裂的边缘。

 思考题

1. 商务谈判中语言的表达形式有哪些?
2. 商务谈判中叙述、倾听的技巧有哪些?

商务谈判

3. 商务谈判中"答"的技巧有哪些?
4. 商务谈判中"问"的技巧有哪些?

 阅读材料

农夫卖玉米

一个农夫在集市上卖玉米。因为他的玉米棒子特别大,所以吸引了一大堆买主。其中一个买主在挑选的过程中发现很多玉米棒子上都有虫子,于是他故意大惊小怪地说:"伙计,你的玉米棒子倒是不小,只是虫子太多了,你想卖玉米虫呀?可谁爱吃虫肉呢?你还是把玉米挑回家吧,我们到别的地方去买好了。"

买主一边说着,一边做着夸张而滑稽的动作,把众人都逗乐了。农夫见状,一把从他手中夺过玉米,面带微笑却又一本正经地说:"朋友,我说你是从来没有吃过玉米咋的?我看你连玉米质量的好坏都分不清,玉米上有虫,这说明我在种植中,没有施用农药,是天然植物,连虫子都爱吃我的玉米棒子,可见你这人不识货!"接着,他又转过脸对其他的人说:"各位都是有见识的人,你们评评理,连虫子都不愿意吃的玉米棒子就好么?比这小的棒子就好么?价钱比这高的玉米棒子就好么?你们再仔细瞧瞧,我这些虫子都很懂道理,只是在棒子上打了一个洞而已,棒子可还是好棒子呀!我可从来没有见过像他这么说话的人呢!"

他说完了这一番话语,又把嘴凑在那位故意刁难的买主耳边,故作神秘状,说道:"这么大,这么好吃的棒子,我还真舍不得这么便宜地就卖了呢!"

农夫的一席话,借此机会,把他的玉米棒子个大,好吃,虽然有虫但是售价低这些特点表达出来了,众人被他的话语说得心服口服,纷纷掏出钱来,不一会儿工夫,农夫的玉米销售一空。

【问题与思考】

(1) 农夫的话为什么有促销的效果?
(2) 农夫的语言技巧对你有什么启发?

第七章　商务谈判的沟通与协调

 内容提示

在现代商务谈判中,运用沟通协调艺术与语言艺术可能会改变整个谈判的命运。这是商务谈判中谈判人员需具备的一个十分重要的技巧。

本章主要介绍语言沟通艺术和文字技巧,了解其在商务谈判中的重要性,通过学习掌握这些技巧和方法,促使谈判取得成功。

第一节　商务谈判中的沟通与协调

商务谈判协调与沟通既是一门技巧,又是一门艺术。商务谈判实质上是一个双向沟通的过程,需要谈判双方遵循基本的沟通原则,即在商务谈判中本着客观、务实与互利的精神,运用良好的沟通方式,争取达成协议,取得最大的谈判效益与效率。在商务谈判中,能够进行良好的沟通与协调,即完全正确地传递信息,并能够得到双方的认同,这对于谈判的进程与结果起着举足轻重的作用。

一、商务谈判中的沟通协调艺术

1. 利用各种场合观察对方,建立良好的人际关系

聪明的商人总是十分注意对各种场合下形形色色的人进行观察,以便了解他人,为沟通协调打好基础。例如,邀请客户参加体育活动,此时气氛比较宽松,是沟通的好机会。在谈判中,要寻求语言的共同点,形成彼此心理相容的沟通气氛。

2. 缓和紧张气氛、融洽双方关系,有利于谈判的顺利进行

在谈判中,运用沟通协调艺术,可以缓和紧张气氛,取得谈判成功。如:适当赞美。从沟通策略讲,通过赞美有可能探测对方谈判意图,获得相关信息;从心理策略讲,赞美可以缩短谈判双方的心理距离,融洽谈判气氛,有利于达成协议。但是赞美并不是一种容

易驾驭的谈判战略，需要注意：从态度上要真诚，尺度上要做到恰如其分，如果过分吹捧，就会变成一种嘲讽；从方式上要尊重谈判对方人员的个性，考虑对方个人的自我意识；从效果上要重视被赞美者的反应，如果对方有良好反应，可再次赞美，锦上添花，如果对方显得淡漠或不耐烦，我方则应适可而止。另外，对于重要的事务应在几分钟之内很简要地说明，尤其是与客户的意思截然相反的意见，应长话短说，尽快结束有关这个话题的谈话，有利于保护谈话的友好气氛；对于一时难以回答的问题，高明的外交家总是闪烁其词、避而不答，而说："我想你所问的问题应该是……"运用语言的艺术将难题转换到另一个轻松的话题。

3．建立心理沟通

如果想要与对方沟通，首先必须了解对方的性格，并了解对方的欲望。

如果想促使对方妥协，必要时也要配合对方的步调。当谈判者面临较广的选择范围时，必然会对合理的主要因素产生极大的关心。在这个阶段里，为了与谈判对象有心理上的沟通，需要正确而具体地了解对方。事实上，在谈判过程的初期，对方极可能由于你对他的了解，而对你产生强烈的印象。但是，随着选择范围的缩小，谈判者会逐渐受到私人目的及情感的支配，而这当中包含了与对方的友谊，以及彼此之间所建立的感情。而且，在谈判的最后阶段，这些因素会显得更加重要。通常，最理想的谈判，还是要和对方产生心理上的沟通，如此获得的胜利，才是真正的胜利。

4．排除谈判障碍，赢得胜利

谈判中的障碍是客观存在的，语言障碍、心理障碍、双方利益对立的障碍等，都会直接或间接影响谈判效果。沟通是排除这些障碍的有效手段之一。如谈判双方遇到僵局，在利益上彼此互不相让时；或是双方意向差距很大，潜藏着出现僵局的可能性时，文娱活动这种沟通方式就显得格外重要。它可以松弛一下紧张的神经，缓解谈判中的紧张气氛，也可增进彼此的信赖和友谊。实践表明，这类活动能够取得事半功倍的效果。要排除谈判障碍，主要可以从以下几个方面着手：避免争论；避开小节问题；既要解决问题，又要不伤感情；正确确定排除障碍的时机。

二、商务谈判中的语言沟通艺术

1．语言沟通艺术是通向谈判成功的桥梁

美国企业管理学家哈里·西蒙曾说："成功的人都是出色的语言表达者。"同样，成功的商务谈判都是谈判双方出色运用语言艺术的结果。

在商务谈判中，同样一个要表达的问题或一段话，恰当地运用语言艺术，可以使对方

第七章　商务谈判的沟通与协调

听来饶有兴趣，并且乐于听下去；否则，对方会觉得是陈词滥调，心生反感。

2．语言沟通艺术是处理谈判中人际关系的关键

在商务谈判中，双方人际关系的变化，主要通过语言交流来体现。双方各自的语言，都表达了自己的愿望和要求。当用语言表达的这种愿望和要求，与双方的实际努力相一致时，就可以使双方维持并发展某种良好的人际关系；相反，当这种愿望和要求用不恰当的语言来表达，就会导致与双方的实际努力不一致的结果，甚至发生冲突。这时，双方建立的某种良好的人际关系就可能解体，严重时可能导致双方关系破裂，进而使谈判失败。

语言艺术水平的高低，还关系到谈判双方处理矛盾的效果。在商务谈判中，说者所表达的并非是听者愿意接受的。那么，如何才能既表达清楚自己的见地，又能维持双方的良好关系？这就取决于语言艺术。较高的语言艺术，即使是反驳、说服，甚至是否决对方要求的话，也可以使对方听得入耳。比如，在否决对方要求时，可以这样说："您说的有一定道理，但是实际情况稍微有一些出入……"然后就不露痕迹地提出自己的意见。这样做，既不会驳了对方面子，使对方难堪，又可以让对方心平气和地认真倾听自己的意见。如果语言运用不当，即使是赞同、认可，甚至是支持对方的话，也可能使对方反感。因为不恰当的语言表述，会使对方怀疑我方的动机，有可能推翻原有提案，使本可顺利进行的谈判陷入僵局。

3．语言沟通艺术是表述自己观点的有效工具

毫无疑问，在谈判过程中，谈判者要想把自己的判断、推理、论证的思维成果准确地表达出来，就必须出色地运用语言艺术工具。同样的观点，经过不同的语言处理，达到的效果可能就不一样。比如，我方要认购一块地皮。假如我方谈判人员一开始就流露出一种迫切之情，这种无声语言就可能被对方读懂，对方就可能步步紧逼，抬高价格。但是，如果我方谈判人员上场后不急不躁，让对方认为我方买地皮并不是因为急需，而是视价格高低决定是否购买。这样，我方就会在谈判中掌握主动，逐步取得胜利。

4．语言沟通艺术是实施谈判策略的主要途径

有时，为使某个问题谈判成功，我们也可以运用"红、白脸"策略与对手进行谈判。扮演"白脸"的人物，既要态度强硬、寸步不让，又要以理服人；既要"凶狠"，又要言出有状，保持良好的形象。这时，语言艺术就显得十分重要。态度强硬并不等于蛮横无理；平和的语气、稳重的语调以及得体的无声语言，往往比蛮横无理具有更强烈的震撼力。所以，谈判策略的实施，也必须讲求语言艺术。

5．商务谈判中说服他人的艺术

谈判的过程实质上就是说服对方的过程。在谈判中，谈判双方既相互依赖，又相互对抗。由于利益的非一致性，双方经常会出现分歧，此时就需要谈判者综合运用思维和语言

商务谈判

艺术去说服对方。

（1）说服的艺术。

① 消除对方的戒心，创造良好的氛围。从谈话一开始，就要创造一个说"是"的气氛，不要形成一个说"否"的气氛。不要把对方置于不同意、不愿做的位置，然后再去批驳他、劝说他。例如："我知道你会反对，可是事情已经到了这一步了，还能怎么样呢？"这样说，对方仍然难以接受你的看法。在说服他人时，要把对方看做是能够做或同意做的。商务谈判实例表明，从积极的、主动的角度去启发对方，鼓励对方，就会帮助对方提高自信心，并接受己方的意见。

② 语言精练。谈判双方都试图去说服对方，如果一方在说服时运用了大量的语言，无疑是给了对方充分的思考时间，所以在说服对方时一定要语言精练。精练的语言要求谈判者思维敏捷、多角度看问题，尽量使自己的语言在完整表明己方立场的同时精益求精。

③ 不要只关注己方利益。在说服对方时，切记不能只关心己方利益，不能只说自己的理由，要认真地研究、分析对方的心理、需求及特点，向对方说明这样做对对方也是十分有利的，并且坦率承认自己也会获利，以消除对方的戒心和成见，同时要注意态度诚恳、平等对待双方的利益，积极与对方商讨并寻求双方的共同点，这样才能让对方真正地被说服。

④ 尊重对方。谈判者在说服对方时不要操之过急，急于奏效，更不能一开始就批评对方，无端进行指责，不顾对方的感受将自己的意志和观点强加于对方。这样做不但不能说服对方，还会引起对方的反感。在说服时，首先要承认对方"情有可原"，维护对方的自尊心，同时语言要朴实亲切、富有感召力。说服语言要充分体现语言文明，措辞准确，以理服人。

（2）说服顽固者的艺术。

在商务往来过程中，相信多数对手是能够通情达理的，但也会遇到固执己见、难以说服的对手。对于后一种对手，人们常常感到难以对付，难以理解，左右为难。这种人在很大程度上是性格所致，并非不懂道理。事实上，只要抓住这种人的性格特点，掌握他们的心理活动规律，采取适宜的说服方法，晓之以理，动之以情，他们是完全可以被说服的。

① 当对方自尊心很强，不愿承认自己的错误时，不妨先给对方一个台阶下，既强调他正确的地方，也分析他错误存在的客观根据，这也给对方提供了一些自我安慰的条件和机会。这样，对方就不会感到失掉面子，容易接受体善意的说服。

② 对方可能一时难以被说服，不妨等待一段时间，对方虽没有当面表示改变看法，但对己方的态度和所讲的话，事后他会加以回忆和思考的。必须指出，等待不等于放弃。任何事情，都要给他人留有一定的思考和选择的时间。同样，在说服他人时，也不可急于求成，要等待时机成熟时再和他交谈。

第七章　商务谈判的沟通与协调

③ 当对方很难听进正面道理时，不要强逼他进行辩论，而应采取迂回的方法。就像作战一样，对方已经防备森严，从正面很难突破，解决办法最好是迂回前进，设法找到对方的弱点，一举击破对方。说服他人也是如此，当正面道理很难说服对方时，就要暂时避开主题，谈论一些对方的看法，让他感到己方的话对他来说是有用的，使他感到己方是可信任的。这样再逐渐把话转入主题，晓之以利害，他就会更加冷静地考虑己方的意见，并容易被说服。

④ 当对方提出反驳意见或有意刁难时，有时是可以做些解释的，但是对于那些不值得反驳的抗议，需要讲求一点艺术手法，不要有强烈的反应，相反可以表示沉默。对于一些纠缠不清的问题，并且遇上的是不讲道理的人，可以不予理睬，这样做通常会使对方感到自找没趣，有时会改变自己的意见。

6. 商务谈判中拒绝的艺术

谈判者为了满足自身的利益，不可能对对方的要求全部答应，必须要进行拒绝。但是如果拒绝不当，就等于宣布谈判破裂。其实拒绝只是否定了对方的进一步要求，却蕴涵着对以前的报价或让步的承诺，并且不要全面拒绝对方的要求，力求使拒绝具有单一性、针对性。谈判者在拒绝对方时，不能满脸严肃、态度生硬地回绝对方，而应选择恰当的语言、恰当的方式、恰当的时机进行拒绝，灵活运用拒绝技巧。

（1）通过回击问题进行拒绝。

当谈判者面对对方的过分要求时，可以提出一连串的问题，使对方明白你的不满，进而清楚自己的要求是过分的。

（2）通过提供补偿进行拒绝。

为了使拒绝便于对方接受，不伤害彼此的感情，谈判者可以在拒绝对方的同时，给予某种补偿。这种补偿既可以是对未来的承诺，又可以是本次谈判的其他方面。如在拒绝对方降低价格的要求时，可以用增加售后服务作为补偿，这样便于对方接受，使对方获得部分满足。

（3）通过附加条件进行拒绝。

附加条件就是不直接拒绝对方，而是在拒绝之前，先提出一个条件，询问对方是否能够满足，如果对方能够满足这个条件，就答应对方的要求，否则，拒绝便变得十分合理了。如当对方要求降低价格时，可以要求对方增加订货量，否则不予降价。

第二节　常用的沟通协调策略

谈判是双方沟通协商的过程。在很多时候，缺乏沟通策略往往会成为谈判顺利进行的障碍。谈判活动的本质要求每个参与谈判的人都应该具备很强的沟通能力。下面从谈判者的行为心理角度，结合商务谈判实践，提出一些有关沟通协调的策略。

1. "认同"的策略

在谈判中要想说服对方，除了要赢得对方的信任，消除对方的对抗情绪，还要用双方共同感兴趣的问题作为跳板，因势利导地解开对方思想上的疑惑，才能有效地说服对方。事实证明，"认同"是双方相互理解的有效方法，也是说服他人的有效方法。

2. 模糊语言策略

在答话中，为了某种交谈目的的需要而采用一种概念不清晰，甚至是很模糊的语言。这里讲的模糊语言，前提是交谈者并非表达不清，而是为了某种需要或不便，人为地制造模糊。尤其是在一些商务洽谈中，往往需要借助宽泛模糊的语言使自己的言谈留有余地，具有某种弹性，以便在意外的情况下也无懈可击。

3. "柔道"答复策略

"柔道"答复法如同柔道一样，避免与对方直接冲突，使用借力打力的技巧，将对方的力量借来转而化为自己的力量。

具体的操作是：当对方强烈地提出自己的主张时，不可立即表示同意或拒绝，应把它视为一种选择条件；然后仔细地观察对方立场背后的利益，寻找对方主张所依据的原则，思考可以改良的方法；下一阶段便让对方将产生的事项也列入他的建议案中，并引导其进入改良的方向。为了达到目的，应坦诚地和对方讨论，如果接受对方所主张的事项，结果会是什么样子。

案例 7-1

1970年，有位美国律师获准与埃及的纳赛尔总统讨论有关阿拉伯与以色列的冲突问题。他问道："总统先生希望梅耶夫人采取什么样的行动呢？"

"撤退！"纳赛尔总统斩钉截铁地回答。

"要她撤退吗？"律师问道。

"是的，从阿拉伯领土上完全退出。"

"你并没给对方任何代价，却要她完全退出。"

"当然，因为那是我们的领土，以色列应该撤退。"

律师于是又问："如果明天，梅耶夫人便在以色列电台和电视台宣布：'我代表所有以色列人宣布，我国将从1976年以来所占领的土地，包括西奈半岛、加沙地带和戈兰高地全部撤退，尽管我们没有得到阿拉伯国家的任何让步'，那么情况会变成怎样？"

纳赛尔听了大笑起来，说道："如果她这样说，第二天就得下台。"

通过这次谈判，纳赛尔总统意识到自己的立场虽坚决但不够现实，结果促成了埃及日后接受中东停战协定。

4．制人先机策略

在谈判的时候，常常必须提出一些对对方不利或引起对方不快的话题，所以不免在表达上触犯对方。所以，我们不妨把对方可能出现的反应事先提出来，借以控制对方情绪。否则，贸然开口，对方很容易产生不快的感觉，而不自主地否决我们的建议。所以，当遇到这种情况时，最好先引导一些对方容易接纳的话题，然后慢慢地进入正题，比较有效。我们不妨这样说："我想我这样说，你也许会生气，但是我又不得不说。"

人都有防御的本能，如果自己可能出现的态度被对方料中时，就会产生"我并不是你所想象的那样"的心理，所以尽管对方有可能很生气，也不好意思将个人的愤怒表现出来。对方的感情波动被事先控制后，无法再意气用事，便可以趁机提出己方的提案。

5．信号试探策略

谈判中最强有力的信息就是开始时提出的方案，因为最初的要求会使双方开始设定自己期待的目标。谈判者以主动的姿态放出信号进行谈判，对于表明自己的立场，试探对方的虚实，都是很有利的。

谈判一开始就要放出信号。它的主要作用就是让对方知道前面有危险，从而使对方重新设定期待目标，或者让对方设想可能的解决办法。同时，这种信号要悄悄地放，既要接近对方的内心，又不要让对方产生怨言。例如，某位房主要出售一所房子，卖方说："我对面那家的人认为，我把房子卖这个价钱，实在非常可惜；因为只要再等几个礼拜，我就可以再多得5000元。"

"关于你的房子出售问题，我觉得很困难，也许再便宜3000元钱，我们就可以成交，因为房地产买卖最近似乎不太景气。"买方如此回答。

这里的买方和卖方都比较精明，他们都不露痕迹地施放了自己的"试探气球"。

在对方采用"信号试探法"时，不要急于采取任何行动，因为对方只是发出信号，试探己方的反应。上例中的买方做得就很好，他没对对方的"试探信号"做出反应；相反，他又发出自己的信号——"再便宜3000元钱"，设法降低卖方的预定目标。

6．"揉面"说服策略

在谈判中，类似揉面的策略是将未解决的问题渗透在已经解决的问题中进行，这样可以使本来没有解决的问题很快得以解决。必须指出的是，运用这样的策略时，不可把相互抵触的问题放在一起，否则，只能使问题更加复杂。另外，运用此策略时，还必须把握好时机，不可急于求成。

有些谈判，双方同时谈判几种商品，有些商品是对方急需的，有些则是对方不急需或不太需要的。为了把那些对方不急需或不太需要但急于处理的商品推销出去，就把对方要买的同我方要卖的商品同时考虑，迫使对方在购买急需商品的同时，也购买我方要推销的商品。

有这样一个谈判例子。

甲：我们只想要大米，不想要猪肉罐头，因为这种罐头的味道我们不适应。

乙：我国大米的供应很紧张，你们要求的数量远远不能满足；而罐头，我国产量大，质量不错，其实吃习惯了，人们都会喜欢的。

甲：我们可以考虑你们的意见，现在是否先谈大米？把大米定下来。

乙：不，不，还是先讨论罐头。把罐头定下来以后，我们再商谈大米的事情为时也不晚，您说呢？

由于甲方急需乙方的大米，为了尽快达成交易，同意了大米和猪肉罐头同时进口的提案。"揉面说服"取得了成功。

7．对比效果说服策略

人在判断事务时，往往会在无意识之中将它拿来和其他事务作比较。也就是说，一个人被提示到某事时，他会以社会上的一般常识，也就是共通的感觉作为判断的基准，以衡量二者的优劣，这是一般人共同的心理。

所以，应该事先找出与一般常识背道而驰的项目和欲提示的正事一起提出，使对方脑中被此二事占满，而仅就两件事选一较有利者。也许所提示的那件事，在事先想起来会觉得是无法接受的要求，可是在当时相互比较之下，却认为是较有利的方向，而毫无抵抗地接受了，这就是"对比效果"。也就是说，跟意图上的大利益比较起来，原来的不利会降至最低点。

在商务谈判中，对比效果说服法应用比较广泛。在下面这个例子中，汤姆就成功地运用了这一方法。

 案例 7-2

汤姆想购买一辆菲亚特小汽车，于是他到各汽车展销处与经销店询问价格，但是没有一个地方向他提供明确的最低价格。可是，他认为一部定价为 6 万元的汽车，可还价 3000 元左右。

一般人碰到这种情形，很可能会去找汽车经销处的负责人直接谈判。汤姆却认为：那些负责人个个都精明强干，和他们谈判，成功机会太小。于是，他找到一家由助理业务员负责的小型经销店，告诉他们："我正准备与一家经销处签约，他们提供的条件很优惠，一心指望

第七章 商务谈判的沟通与协调

这桩生意能够成交。因为他们存货太多了，担心没有办法及时将车子销售出去，而每辆汽车如果连续6个月卖不出去，他们就要支付银行20%以上的利息，所以他们急于成交。"

汤姆说完准备离去时，业务员叫住了他："那么，您希望还多少价钱？"

"4000元。"业务员请他稍候一会儿，然后进去与负责人商量，结果双方顺利成交。汤姆比一般人少花了许多钱，买到了一部心爱的轿车。

8．底牌突袭说服法

为了达成最有利的协议，将自己手中的底牌作最大限度的利用，在对方毫无防御的情况下进行突袭，往往可以使谈判对手防不胜防，从而被说服。

下面有一个充分利用底牌突袭获得成功的案例。

某市政府要决定提高法人捐税，而大企业则不表赞同。两者之间相对立的谈判，其谈判的结果，并非以预算规模或政治压力来决定，而是最终取决于双方不协调时的代替案。谈判的结果，市政府把税金由每年150万元提高到350万元。

原来市政府早已考虑好了谈判无法达成协议时采取的措施，那就是将市区加以扩大，使那家企业位于市区之中，从而以住宅区的税率向其每年征收500万元的地皮税。而该企业在谈判前却只抱着乐观的态度，根本没有仔细考虑万一不协调时可采取的代替方案。结果，当市政府方面一亮出底牌进行威胁时，便措手不及，答应了本应拒绝的条件。其实，这家企业在这个小城市的经济发展和就业等各方面都起着举足轻重的作用，一旦企业关闭，改迁他地，市政府根本承受不起损失。然而，正因为这家企业有优势而浑然不觉，才让对方偷袭成功。

第三节 商务谈判中的文字处理艺术

商务谈判文字处理是指对谈判前的准备、谈判过程和谈判结果全部内容的文字表现。文字处理科学与否，直接关系到谈判的质量、谈判的进程和谈判的效果，是谈判中不可回避并且必须处理好的问题。

一、商务谈判文字处理的特征

（一）即时性

即时性是指商务谈判中的文字处理要及时、准确、迅速、精练，如实地、完整地反映谈判过程中的全部内容。它不同于一般的应用写作，有时间去构思、成文、修改，最后定

稿。这就要求对谈判中任何一个环节的文字处理都要如实反映、笔录灵敏、效率高超，使处理结果为谈判双方认可并具约束力。

（二）格式

商务谈判中文字处理的内容均属应用文范畴，一般都有固定的格式，比如英文商务信函大致由八个部分组成，即信头、日期、收信人姓名和地址、称谓及客套语、正文、信尾、结束礼词、署名等。如果缺一项，就会给收信人带来疑问。记录、备忘录、协议书、合同等更是如此。

（三）质朴性

这一特点主要针对商务谈判中除记录、备忘录以外的其他内容的文字处理而言。它要求语言质朴、准确。所谓质朴是指表达必须实事求是、直截了当、不追求辞藻华丽、不咬文嚼字、不堆砌词语、不做文字游戏、不过多描绘；所谓准确是指文字不含糊其辞、不模棱两可，否则会造成相反的结果、贻误大事。

（四）时间性

商务谈判的文字处理与一般行文的又一重要区别是它具有很强的时间性。因为这些文字内容具有按法律规定的约束双方行为的作用，也是处理日后合同纠纷的依据，比如签订书面合同的依据，主要是来往的函电及谈判、磋商后的记录及备忘录。因而，函电的时间、谈判的时间、出席人数等就成为处理合同纠纷的重要依据。

二、商务谈判文字处理的原则

（一）实用性原则

实用性原则是指商务谈判各个环节的文字表达都要简明、易懂，直接服务于谈判，有助于谈判过程的加速，直至合同契约的形成，并以此作为双方遵守、执行的凭证，起到规范和约束谈判双方行为的作用。因此，客观上要求这样的文字处理必须语言大众化、术语专业化，真实简洁地反映谈判全过程。

（二）可靠性原则

可靠性原则是指谈判中达成的文字协议所依据的材料和情节真实可靠。具体包括谈判中的情况、资料、数字（如购销量、价格等）必须真实可靠、合法。具体而言就是有关情况要全面，事实要清楚，数据要准确，根据要充分。这样，所签协议、合同才具有法律效力。

第七章 商务谈判的沟通与协调

（三）准确性原则

准确性原则是指表达方式的选择要恰当，内容的反映要准确、无误。商务谈判文字表述是否准确，将直接关系到谈判双方的切身利益及谈判能否取得成功。商务谈判中的文字表述是否准确，主要取决于其表达方式是否符合文章样式的需要。比如，记录讲求实用，而不是豆腐账；签订合同要概念明确，判断恰当，推理合乎逻辑；使用简称要坚持约定俗成的原则，避免牵强与武断；文字书写要符合国家统一的规定标准，简化字要符合规范，不随意自选；明确地区分"增加了"、"增加到"等概念的含义；正确使用标点符号等等。

三、商务谈判文字处理的艺术

（一）商务谈判方案的文字处理艺术

商务谈判方案是指为实现商务谈判目标，事前根据全面、总体的设想所写出的书面材料，也称计划。具体来说，就是根据谈判目标将所制定的谈判内容、谈判方法、谈判组织、谈判策略、完成期限等内容写成的文字材料。

在谈判中，有了一个好的计划，才能避免盲目性，增强自觉性，工作起来就能按部就班、有条不紊、提高效率。

1. 商务谈判方案写作要求

（1）讲究写作效率。

谈判方案的拟订时间性较强，必须在谈判之前书面发到谈判人员的手里，使他们认真阅读，细心领会，以明确自身的职责，做好应辩的准备。为此，谈判文书须事先做好以下工作：掌握领导意图，深刻领会谈判目标，研究我方可能采取的策略、所提供的利益保障；研究谈判对手的基本情况，包括参加的人员、年龄结构、身份及地位，对我方可能做出的反应等，以缩短谈判方案的写作时间。

（2）从实际出发。

从实际出发主要指拟订的谈判方案既要使谈判者有章可循，又要给其留有充分的余地，能应变自如。

目前，谈判方案的写作有三种通病：一是按照统一格式，不分谈判对象，照抄照搬，突出不了谈判特色，结果使谈判方案流于形式；二是凭借老经验、老方法去写，不能适应现代谈判的需要，使谈判被动；三是采取的策略抽象、不具体，或谈判条件过于绝对，使谈判人员无法效仿，遇到新情况也无应变能力。因此，需要有针对性地为谈判文书提供更多的信息资料，包括书面的和会议的，以便对实际情况做出科学的分析，拟订出切实可行的谈判方案。

(3) 行文通畅易记。

通畅是指语句通顺流畅、逻辑严谨、结构紧凑。内容要紧紧围绕已经确定的谈判目标展开，谈判布局、对策又要与目标融为一体，上下连贯。在谈判中，谈判方案要为谈判人员起到提示作用，还要作为指导和规范谈判人员行为的依据。因此，要求谈判方案的行文要适应快速阅读的需要。文字必须简洁、醒目、流畅。

易记是指语言力争言简意赅。依据人脑的承受能力，每句17～19个字为宜。如果超过这个长度，不仅谈判方案的意图难以被理解，洽谈人员不能记住主要内容，而且也不能随时与谈判方案进行对比，从而把握谈判局势，得心应手地与对方周旋。因此每句字数多少，须以人脑的承受力为准。

(4) 具有应变能力。

谈判方案具有应变能力主要是指方案的拟订要有一定的灵活性。因为谈判方案定得再周密，也难免纸上谈兵。在实际洽谈中，谈判人员要搜集有关情况，阅读有关文件，要与见解不相同的人员交流意见。即使如此，还会有难以预料的情况发生，这是谈判方案中难以囊括的。因此，谈判方案中的一些关键用语不要过于绝对，以免束缚谈判人员的随机应变能力，可使用一些弹性语言，如接近、尽可能等，便于谈判人员有回旋的余地。

(5) 严格写作格式。

谈判方案的写作格式一般包括谈判方案的名称、正文、结尾。正文主要包括建立目标、卖方预期分析、买方采取相应的对策、选择谈判队伍、对前述目标的评价和再完善等。结尾在右下角处写明谈判方案的拟订时间。

2. 商务谈判方案的文字处理艺术

(1) 句子长短，承受为宜。

依据人脑的承受能力，短句子一般比长句子容易理解和记忆，因此在谈判方案的写作上要特别注意巧妙地选择和组织词语。一般句子的字数以不超过20字为宜，实践表明，如果字数超过20，人们接受起来就会感到吃力。用几个短句子代替拖沓冗长的复句，就较为简洁。但是，句子也不可过短，读起来像开机关枪，不仅使人感到乏味，也难以表达全意。

(2) 划分段落，简单明了。

段落的长短问题也十分重要。一般来说，每句话表达一个意思，每一段阐明一个观点。有的谈判方案的写作者不愿将自己的观点分段写，这样每段拉得过长，谈判人员理解起来就困难了。理想的结构是：一个重要部分由三至四个段落组成，各段落中间由一个一句话的段落搭桥衔接，不仅容易理解，而且可以加深记忆。

(3) 措辞严谨，通俗易懂。

谈判方案所用词汇必须准确，只有准确才能起到有效传达信息的作用。因此，要多用专家和普通读者都熟悉、最常见的词汇。谈判方案不仅供谈判者阅读，还要指导谈判，起

第七章　商务谈判的沟通与协调

着规范谈判者语言的作用。同时，某些内容还要让谈判对手听懂、理解，滥用生僻字词就收不到预期的效果，故谈判方案中词汇的运用十分重要。

现实商务谈判中的常用词汇大致有三千多个，诸如价格、成本、预测、我方的、对方的……在这个范围内措辞写出来的方案，谈判人员最易接受。

动词的使用也很重要。有人习惯使用被动语态，如"你的建议已被考虑过了……""我们受到用户的抱怨"。实践表明，主语语态更能表达义务感与紧迫感。因此，在谈判方案中宜使用主动语态。比如："用户抱怨很大。"过多地使用被动语态，给人一种学生气十足的感觉。

代词使用第一人称和第三人称为宜。比如："我们认为"、"我们建议"等都体现出谈判者的气魄和自信心。而一些保守公司的谈判方案则爱使用第三人称，诸如："依笔者之见，它似乎是……"具体如何使用，可依谈判者的风格而定。

（二）商务谈判记录的文字处理技巧

商务谈判记录是指用文字形式如实、及时、准确、完整地反映谈判全过程的书面材料。谈判记录的作用在于：有利于推动并加速谈判进程，避免无休止的谈判、反复谈判；可作为约束谈判双方行为的凭据，也为写备忘录和最终签订合同提供依据。

1．商务谈判记录的要求

（1）记录必须符合谈判的实际情况，谈判文书不能随意增添或删改谈判的内容和基本精神。

（2）谈判进入达成协议的关键阶段，对重要人物的发言要做详细记录，有的甚至要记下原句。

（3）严格谈判记录的格式。介绍谈判概况，包括谈判名称、时间、地点、参加谈判人员、列席人员、主持人、记录人等项。介绍谈判内容，如记录双方发言人的发言，谈判中所做出的决议、结论等。

案例 7-3

××××公司谈判记录

时间：××××年×月×日×时
地点：××饭店
出席人：×××××××
列席人：×××××××（如无列席人，此栏可不写）
主持人：×××

记录：××
谈判内容：
（1）××产品的购销有关问题
（2）谈判事项
①数量；②价格；③其他问题。
（3）达成的协议
散会（或休会）

会议主持人（签名）
记录（签名）

2．商务谈判记录的方法

商务谈判记录与一般会议记录方法大致相同，主要分两种。

（1）摘要记录（重点记录）。只记录谈判中讨论或争论焦点问题时的双方意见，或达成一致意见的具体内容。

（2）详细记录（全面记录）。要把谈判中的全部内容，包括每个发言人的原话、动作表情、谈判气氛都记录下来；如果谈判时间较长，争论问题较多，中间需要休息，必须注明休息时间；谈判结束，可另起一行空两格写"结束"二字，以保证内容的真实、完整；关键性的谈判阶段，要由主持人和记录人在记录末尾右下方签名，以示负责。

具体采用何种方法，要视谈判的需要而定。

（三）商务谈判备忘录的文字处理技巧

商务谈判备忘录是指用文字形式如实反映每一次重要谈判的双方所达成的协议的书面材料。

1．商务谈判备忘录与记录的联系和区别

商务谈判备忘录与记录虽然都是用文字形式反映谈判内容，但两者是有区别的。

（1）备忘录是就谈判中达成的协议，用文字形式表现出来；记录是对谈判中发言或重点发言内容的文字表现。

（2）备忘录要写明双方承担的权利和义务，不管双方谁起草，最终都要出示给对方，征得对方的同意并且签字方可生效；记录无须征得对方同意，即使重要人物的关键谈话以及承诺等内容的记录，也并非必须签字，但为避免事后麻烦，也可以要求当事者签字。签字后的记录，往往就具备了备忘录的性质。

（3）备忘录虽不像合同那样具有法律效力，但经双方签字后，就成为双方认可并约束双方行为的凭据；记录就不具有这种效力。

（4）对小宗买卖活动，备忘录可起到协议或合同的作用，而记录则没有这种作用。

商务谈判备忘录与记录又有一定的联系。

（1）两者都作为签订合同的重要依据。

（2）对期限较长的谈判，备忘录与记录都对下一轮谈判的重要议题和谈判内容的确定起着决定或参考作用。

（3）备忘录的形成要以每次谈判的记录为依据，即从记录中概括出所达成一致意见的内容，故备忘录又是记录中主要内容的文字表现。

2．备忘录的类型

（1）个人备忘录。个人备忘录即属于个人事务的备忘录，记录的事情其他人不参与。

（2）交往式备忘录。这是记录人与人之间活动的备忘录，这种备忘录必须真实地记录各种情况，包括对当事人有利或不利的情况。这类备忘录有商务谈判备忘录等。

（3）计划式备忘录。计划式备忘录即提醒将来之事的备忘录。

3．备忘录的结构和写法

（1）标题。标题通常有两种写法：一种直接写文种名称，即"备忘录"；另一种由单位、事由和文种组成，如"××公司与××集团公司合作开发机电产品会谈备忘录"。

（2）正文。个人备忘录和计划式备忘录的正文写法自由，不拘一格，写下事项要点即可。

商务谈判备忘录正文一般包括三个部分。导言：记录谈判的基本情况，包括双方单位名称、谈判代表姓名（与外商谈判须注明国别）、会谈时间、会谈地点、会谈项目等；正文：记录双方的谈判情况，包括讨论的事项，一致或不一致的意见、观点，以及做出的有关承诺，正文内容的记录类似于意向书的写法，通常采用分条列项式记录；结尾：备忘录多数不另写结尾。

（3）落款。由参加谈判的各方代表签字认可并标明时间。

4．注意事项

（1）注意商务谈判纪要与商务谈判备忘录的区别。一是效力不同。商务谈判纪要一经双方签字，具有一定的约束力，而商务谈判备忘录没有约束力，只起提示备忘作用。二是内容不同。商务谈判纪要中记的主要是谈判双方达成的主要的一致性意见，而商务谈判备忘录中记的则不一定是谈判达成的一致性意见，而是为了下一次谈判、洽谈或磋商而提示的问题。

（2）内容要翔实、具体而完备。

（3）语言要朴实、准确。

案例 7-4

星海公司与××公司会谈备忘录

中国星海公司（简称甲方）与××国××公司（简称乙方）的代表，于××××年××月××日在××市甲方总部就兴办合资项目进行了初步协商，双方交换了意见，并做出有关承诺。为便于将来继续洽谈，形成备忘条款如下：

第 1 条 依据双方的交谈，乙方同意就合资经营××项目进行投资，投资金额大约为××万美元。投资方式待进一步磋商。甲方用厂房、场地、机器设备作为投资，其作价原则和办法，需进一步协商。

第 2 条 关于利润分配的原则，没有取得一致意见。乙方认为自己的投入既有资金，又有技术，应该占60%～70%，甲方则认为应该按投资比例分成。乙方代表表示，利润分配比例愿意考虑甲方的意见，希望另定时间协商确定。

第 3 条 合资项目生产的××产品，乙方承诺在国际市场上销售产量的45%，甲方希望乙方将销售产量提高到70%～75%，其余的在中国市场上销售。

第 4 条 工厂的规模、合资年限以及其他有关事项，尚未详细讨论，双方都认为待第2项内容向各自的上级汇报确定后，再商议。

第 5 条 这次洽谈虽未能解决主要问题，但双方都表达了合作的愿望。期望在今后的两个月内再行接触，以便进一步协商洽谈合作事宜。再次洽谈的具体时间待双方磋商后再定。

甲方　　　　　　　　　　　　　　　　　乙方
代表×××（签章）：　　　　　　　　　　代表×××（签章）：
　　　　　　　　　　　　　　　　　　　　××××年××月××日

5．商务谈判备忘录的文字处理技巧

（1）阐明义务，突出依据。

备忘录要对双方达成的协议用书面形式反映出来，因此，必须要突出达成协议的凭据。文字上可做这样处理："依据我们双方于某年某月某日之洽谈，现双方已达成协议如下……"

（2）主动撰写，避免被动。

自己动手写备忘录有许多益处。首先，备忘录的内容是按照自己使用最习惯的词语来写，有充分的解释权，可避免对方在备忘录中做文字游戏，有意遗漏、错写而造成自己吃亏。其次，由于自己写备忘录，所以对谈判中的任何细节都格外注意听、认真记，为打主动仗奠定基础。再次，自己可主动选择有益的项目或条件写入备忘录中。如果对方提出疑义，要求修改，一般不要轻易写上，可先找一些理由推辞，非写不可的，则以谈判中对方未提及或未说清为理由做让步处理，再填记漏项，这样既使对方满意，又显出己方高姿态，也会因这一项作难后，对方就很可能不愿再提其他项了，从而使己方受益。最后，因你费时间和精力写备忘录，对方还会感谢你，也可避免在一些小节问题上挑剔。

(3) 提高警惕，主动出击。

如果对方写备忘录，我方需要提高警觉，不能过于天真或示弱。第一，要由二人以上审阅对方写好的备忘录，从中找出遗漏和错误的地方，这些很可能是对方有意搞错，存心使己方蒙受损失；第二，面对事实，和谈判对手重新商谈备忘录中遗漏或错写的问题，并且要有面对事实的勇气和力量，决不逃避问题；第三，要有充足的理由据理力争，因此需对谈判的全过程认真做好记录，证据才会充分；第四，树立"直到最后一分钟都可以改变备忘录条款"的观念，为赢得正当的利益而穷追不舍。

(四) 商务谈判合同的文字处理艺术

商务合同是经济合同的一种，它是法人之间，个体经营户、农户和法人之间为实现一定的经济目的，明确相互权利、义务关系的协议。这里所说的"法人"是法律关系上所指的主体，即民事法律关系的参加者，也是民事权利和义务的承担者（根据经济合同法的规定，不具有法人资格的个体经营户、农户同法人签订合同时，也是法律关系的主体，同样是权利和义务的承担者）；这里所说的经济目的，是指法律上的行为动机，是民事权利和义务所指向的事物的协议结果，即要求对客体目标的落实，比如买卖钢材等事项。

1. 商务合同的特征

(1) 商务合同是一种法律行为。法律行为是人们基于自己意志表示的、旨在引起一定法律后果的行为。它建立的是法人之间的法律关系。所谓法律关系，是指法律规定的、由一定法律事实所引起的人们之间的权利、义务关系。签订谈判合同是法律行为，它在法人之间产生权利、义务关系。法人的权利要受到法律保护，不履行义务要承担法律责任。

(2) 商务合同是双方或多方的法律行为。这里的双方或多方是相对于单方而言，这就是说，合同至少要有双方法人参加，而且只有在签订合同的双方当事人意志表示一致，即达成协议时，合同方能成立；反之，双方法人代表的意志如果未取得一致，合同就不能成立，任何单位或个人都不能对合同双方的意志进行非法干预。合同的这一特征，体现了国家保护签约双方从事正常经济活动的权利。

(3) 商务合同双方当事人在合同法律关系中处于平等地位。无论任何单位或个人，即

无论是法人、个体经营者、农业生产者,只要以合同的关系出现,任何一方对他方都不得加以限制和强迫命令。这是合同当事人权利、义务相互对等的基础,也是当事人自由表达自己意志的前提。

(4)商务合同是一种合法行为。合同的订立和内容必须合法,合同确认的权利和义务必须是双方依法可以行使的权利和承担的义务。合同的合法性是合同得以生效的条件,是得到国家承认和保护的前提。违法的合同是无效的,它不仅不能实现当事人预期的法律后果,还要承担相应的法律责任。比如,国家不允许出售淫秽唱片、录音带和书刊,这种合同无论出现问题与否都是无效的,不仅如此,还要对当事人进行处罚,追究其法律责任。

2. 商务合同签订的形式

商务合同的形式有口头形式和书面形式两种。

(1)口头形式,是指当时能够结算清楚的商务合同,也就是通常讲的一手交钱一手交货。其特点是合同成立时双方已各自履行了合同的义务。

(2)书面形式,主要包括书面协议、标准合同和法定文件等形式。用书面形式有据可查,如果发生纠纷,能及时做出处理。下面主要介绍书面合同的格式。

书面合同的格式一般包括四个部分。标题:写明经济合同的名称,如"购销合同"等;签订者名称:包括经办人或代理人姓名、单位、负责人等;正文:应写明合同的内容,即标的、数量、质量、价款或酬金、履行期限、违约责任等;结尾和附则:结尾应写明商务合同的正本及副本的份数、发送单位、合同有效期限、签订日期,双方签名盖章,而附则应写明合同的附件及其他应注明的有关事项。

3. 商务合同签订的程序

商务合同签订的整个过程,一般分为"要约"和"承诺"两个主要阶段。

(1)要约阶段。

要约就是当事人一方向另一方提出签订合同的建议和要求。比如,某单位向某企业签订加工承揽合同的建议;百货公司向纺织品进出口公司提出签订购销合同的建议等。这种签订合同的建议或要求一般是在商务谈判之后提出,是将双方谈判取得一致的内容书面化、法律化。

要约是签订商务合同的第一个步骤,它的内容一般有:必须明确表示订立合同的愿望;依据在谈判中所谈及的焦点问题,明确提出拟订商务合同的主要条款;提出对方是否同意要约的表示期限。

一般情况下,要约要向特定人提出,或向其代理人提出,但有时也可以不向特定人提出,例如招标广告、公开拍卖和商品零售等。

要约是一种法律行为,它不同于没有主要条款的一般订约通知。要约的法律后果主要表现为:在要约规定的有效期限内,对方如接受要约,要约人不得撤销和变更要约的内容,如要撤销或变更，必须发出通知，并且与要约同时或提前到达对方；出售特定物的要约，不得把同一要约向第三人提出或与第三人订立同样的合同；对于超过承诺期或已撤销的要约，要约人不承担法律责任。

（2）承诺阶段。

承诺是指当事人一方接受对方向其提出的要约，同意缔结合同意志的表示。接受订约一方叫承诺人。这是订立商务合同程序的第二个步骤。

承诺有效成立，必须具备三个条件。即，第一，承诺不能附带任何条件，只能对要约毫无保留表示同意，如增减或修改要约的内容，就认为是拒绝原要约，可提出新要约，但这不是承诺；第二，承诺必须由承诺方表示，不能由承诺方的上级或第三方代替；第三，承诺必须在要约有效期内向要约人表示，过期无效。

如用口头或者通过电话等直接表达方式做出要约，对方如果没有立即做出相应的承诺，或者没有按照约定期限做出答复，就认为不接受。用书信或者电报形式做出要约，同时指明等待答复期限的，对方应当在期限届满以前做出答复；如果没有指明期限的应当在相当期限内做出答复；否则，则认为不接受。相当期限通常是指可以期待接受到达的期间。

4．商务合同的主要条款

谈判合同的主要内容就是商务合同中的一些核心条款，这是谈判人员应格外注意的问题。商务谈判合同共同的核心条款大致有下述几种。

（1）标的。

合同双方当事人权利和义务所指向的共同对象，叫合同的标的。这是签订合同的目的和前提。标的可以是某种实物或货币，也可以是某项工程或者某项脑力劳动成果。合同标的与谈判标的一致，如商品、劳务、工程项目等，都是谈判合同必须明确的。没有标的，双方当事人的权利和义务就无法落实，经济合同也就无法履行。但是，国家严禁生产、经营的物品，如毒品、武器等不能作为标的。

（2）数量和质量。

订立合同必须有明确的数量规定，数量是衡量标的的尺度，没有数量，合同是无法生效和履行的，极易引起纠纷。对数量的要求是准确、具体，不能含糊笼统，也不能搞上下限。例如，计量单位必须确切，数据要求准确，计重量的产品还必须明确是毛重还是净重。如果标的的数量允许或者有必要规定正负差、合理磅差、自然损耗率，合同上都要规定清楚，以免引起不必要的争议。

标的质量是内在品质和外观形态的综合。它包括名称、品种、规格、型号、质量指标等。对质量标准的要求是明确、具体，如写明具体的国际标准、国家标准、部颁标准、地方标准等，若是双方协商标准，应在合同中写明指标和数据或另附协议，或提交样品。

(3) 价款或酬金。

这是取得标的的当事人一方偿付给对方的代价，价款或酬金是以货币数量表示的。在以货物为标的的合同中，这种支付的代价叫做价款；在以劳务为标的的合同中，这种支付的代价叫做酬金。对于价款或酬金，国家有关部门规定有标准的，按标准执行，如无标准则双方协商支付。对价款和酬金应明确规定何种货币单位、结算方式等。

(4) 履行的期限、地点和方式。

合同中对期限的规定应该具体、明确，不能含糊。至于双方商定可以变通期限的，也应在合同中写明。

合同的履行地点直接关系到履行费用，因此，应在合同中明确规定履行地点，并明确费用负担的归属。自提产品要确定提货的地点。送货的产品，要对交货的地点、运费负担、运价标准和途中损耗等做出规定。如果履行地点不明确的，则按惯例执行，即：交付建筑物的，在建筑物所在地履行；付给货币的，在接受付给的一方的所在地履行；其他义务在履行义务一方的所在地进行。

谈判合同履行的方式，因合同的内容不同而有所区别。例如，有的合同是以提供某种商品或劳务的方式履行，有的合同需要交付所完成的一定工作成果来履行。经济合同需用货币履行义务时，除法律另有规定的以外，必须用人民币计算和支付；除国家允许使用现金履行义务的以外，必须通过银行转账结算。此外，经济合同在规定履行方式时，可以规定一次履行或部分履行；合同中规定一次履行或没有对此专门规定的，都应一次完成合同规定的义务，在未征得对方同意时，不得擅自改变一次履行方式。

(5) 包装和验收方法。

凡需要包装的产品，都应有包装。国家有规定标准的，按国家规定标准包装；没有规定的，双方可以议定包装标准。验收是确定合同标的物是否得到完满履行的必要程序。验收分为数量验收、包装验收、质量验收等。

验收无异议即认为履行了合同。验收有异议则必须在规定的时间内，由双方协商解决。超过时限才提出异议不予承认。

(6) 违约责任。

合同的一方或双方因过错不能履行或不能完全履行合同，侵犯另一方权利时所应负的责任，即违约责任。对违约责任做出明确的规定，可以使责任清楚，加强双方对履行合同的责任心。在经济合同中，违约所应负的责任是向对方支付违约金或赔偿经济损失，后者是当违约给对方造成的损失超过违约金时所作的赔偿。违约金具有惩罚性质，赔偿金则为经济补偿性质。我国法律规定，不得将违约金或赔偿金列入成本开支，这将促使企业重视合同的履行。

第七章 商务谈判的沟通与协调

案例 7-5

工矿产品购销合同

合同编号：　　　　　　　　　　　　　供方：

合同编号：　　　　　　　　　　　　　需方：

签订地点：订货会组织单位名称及地点

签订时间：　　年　　月　　日

一、产品名称、商标、型号、厂家、数量、金额、供货时间及数量

产品名	品牌商标	规格型号	生产厂家	计量单位	数量	总金额	交（提货时间）及数量							
							合计							
合计人民币金额（大写）														

（注：空格如不够用，可以另接）

二、质量要求、技术标准、供方对质量负责的条件和期限

三、交（提）货地点、方式

四、运输方式及到达站（港）和费用负担

五、合理损耗及计算方法

六、包装标准、包装物的供应与回收

七、验收标准、方法及提出异议期限

八、随机备品、配件、工具数量及供应办法

九、结算方式及期限

十、如需提供担保，另立合同担保书，作为本合同附件。

十一、违约责任

十二、解决合同纠纷的方式：本合同在履行过程中发生争议，由当事人双方协商解决。协商不成，当事人双方同意由仲裁委员会仲裁（当事人双方未在本合同中约定仲裁机构，事后又未达成书面仲裁协议的，可向人民法院起诉）。

十三、其他约定事项

供　方	需　方	鉴（公）证意见：
单位名称（章）	单位名称（章）	经办人：
单位地址：	单位地址：	鉴（公）证机关（章）
法定代表人：	法定代表人：	年　月　日

商务谈判

（续表）

委托代理人： 电　　话： 电报挂号： 开户银行： 账　　号： 邮政编码：	委托代理人： 电　　话： 电报挂号： 开户银行： 账　　号： 邮政编码：	注：除国家另有规定外，鉴（公）证实行自愿原则

有效期限：　年　月　日至　年　月　日　　监制部门：　　　印制单位：

5．商务合同的文字处理艺术

（1）签约谨慎。

在市场经济大潮中，某些单位和个人置国法于不顾，以签订合同为手段，明目张胆地诈骗订金，他们的作案手法主要是：以丰厚的利润和紧俏商品诱骗对方签订对方无法履行的巨额合同，合同期限一到，因货款数额巨大，对方无力支付，或无法提供合同上规定的大量货源，诈骗分子便借口违约吃掉订金；将合同期限规定得特别短，这样在他们充当买方时使对方不能按时提供货源，进而把违约金纳入自己的腰包；以哄骗、欺诈、要挟等手段，提高订金数额，加大诈骗筹码。

要避免这类事件发生，应该做到：签订合同时保持清醒的头脑，切不可被空头的紧俏商品和丰厚利润所迷惑；在洽谈业务、签订商务合同之前，要摸清对方资产、资金、业务范围等基本情况；签订商务合同一定要量力而行，不可草率下笔，绝不可等合同签订后再去借资金、找货源；一旦发现被诈订金情况，应立即报告司法机关，以便及时查处，避免或减少损失；签订合同要慎之又慎，谨防空对空。

（2）忌写错字。

一字之差，损失严重。

案例 7-6

某耐火材料公司与恒山钢铁公司签订了6种型号的耐火砖供货合同，双方推杯换盏后，共勉要按合同办事。没想到，合同签订后，耐火材料公司虽按合同规定的发货时间给恒山钢铁公司发出耐火砖两车皮，但由于耐火材料公司发货员粗心大意，将收货单位"钢铁公司"错写成"轧钢公司"，结果耐火砖卸到车站后，无人提货。后来，耐火材料公司通知钢铁公司将货运回，但是，由于耐火砖已经被盗，破损严重，造成钢铁公司拒收货物。无奈，耐火材料公司又派人同对方洽谈，经双方共同检验，确认耐火砖损失30%，折价7000元。经法院进行调解，7000元的货物损失，由耐火材料公司承担损失的三分之二；钢铁公司得知对方发错单位，没有及时采取措施，也负有一定责任，承担损失的三分之一。

第七章 商务谈判的沟通与协调

在履行合同时，要严格按照合同办事，不能擅自增添或减少，哪怕是一个字，弄错了就会造成违约，特别要注意货单的填写。履约是如此，签约更要慎重仔细，要字斟句酌，字要写得工整、准确。合同写好后要反复检查，双方才可签字；否则，造成损失，轻则违约，重则倾家荡产。履行合同发货时要及时通知对方，收货方也要按合同规定期限及时催货，并互相通气，这样就能避免货到人不知，造成经济损失。加强经济合同法的学习，生意往来的经济合同是具有法律约束力的，任何一方违反合同规定都属违法行为，要受法律制裁。

（3）保留证据。

旁证材料是签订合同的依据和补充，是处理合同纠纷的证据，切不可小视。

案例 7-7

某纺织品公司与日本一家客户签订绸缎加工合同。双方在谈判中，纺织品公司经理提出：绸缎织有字牌的两端计入成品长度并相应作价。日商山上健二点头同意，并随手画了一张表示长度大小的示意图说："就这样的尺寸，千万别扩大了！"但在合同书上并没有做明确的文字规定。到发货时，日商山上健二对原来的口头协议不予承认，这时总经理从档案柜中拿出了日商山上健二当初亲笔描画的字牌示意图，并指出，字牌尺寸大小都是你亲自标定的。山上健二在事实面前无可争辩，自我解嘲地说："你看我怎么把这件事忘了呢！"最后他按原合同付了款。

后来，该公司又与香港一家厂商签订了一批礼服绸，正当公司按合同如期发货时，市场发生了变化，礼服绸滞销，价格下跌。于是港商以质量指标与合同规定不符为借口，企图毁约退货，公司立即请求有关科研单位对礼服绸进行检测，拿出了礼服绸的实物化验单，证明产品的质量指标均与合同一一相符，港商无言以对，公司避免了近3万元的经济损失。

俗话讲，好脑子不如赖笔头。该公司之所以能确保买卖成功、生意顺利，使合同得以履行，关键在于重视合同的全部旁证材料。不仅对谈判桌上产生的所有文字、图纸、表格等资料都要善存档保留；而且在必要的时候，要运用检测手段找到符合合同规定的旁证材料，使公司经济利益不受损失。在签订合同时一定要注意：凡是有关保证履行合同的资料都要妥善存档；谈判中一定要写备忘录，并且征得对方同意并签字；注意市场变化，与对方随时交流信息，避免违约现象出现。

（4）条款完备。

签订的合同条款必须完备、具体，条款越细、越具体、越全面，就越便于执行。尤其是质量标准、验收方法、违约责任等必须详细填写，如质量标准可具体注明依据某某质量标准等；若依据样品，可把样品的具体质量进行明确，以避免不必要的合同纠纷。

签订合同条款必须字迹清楚,用语准确,特别是对容易发生合同纠纷的条款,如交货方式、时间、地点上更是如此;否则,为此打官司,双方都有损失。

(5)忌模糊语言。

合同语言要精确。当事人双方在签订合同时,尽量避免使用有歧义的词句。表述的语言要简明扼要但又全面周到,不能歧义解释,能用数据表达的不用文字叙述,特别是对时间、规格、数量等的限制要十分明确,不能笼统地用"前"、"后"、"以上""以下"等模糊语言。对于不敢肯定的字句或者容易让人误解的字句,有法律条文的则直接依据法律条文表述,没有的则多加几个字予以说明。

案例 7-8

"违约"不等于"悔约"

某建筑装潢公司(以下简称建筑公司)承建松江区某工厂的厂房所需沙石料,于是找到某工贸有限公司(以下简称工贸公司)洽谈沙石料供应事宜。后两公司协商一致,签订供应沙石料的合同。合同特别约定:

1. 厂房总面积为 1.5 万平方米(按图纸算);
2. 双方友好合作,如果其中一方中途悔约,要赔偿对方损失,并承担违反约定的责任,违约金为 20 万元。

后来,两公司合作顺利,但最后结算时建筑公司拒绝向工贸公司提供图纸,从而双方产生了分歧。工贸公司认为,建筑公司拒绝提供图纸致使自己无法得到真实的信息从而影响了自己顺利结算;表明建筑公司意欲中途悔约,应承担违约责任,赔偿损失并付违约金 20 万。建筑公司则认为,结算方式不用图纸也能计算,不存在悔约的情形,故不同意支付违约金。于是工贸公司诉至法院。法院认定被告方的行为并未构成违约,因此未支持原告要求违约赔偿的诉讼请求。

案例 7-9

"美国产品"并非"美国产地产品"

某电力设备有限公司(以下简称电力公司)与某动力科技有限公司(以下简称科技公司)于 2006 年 1 月 1 日签订买卖合同 1 份,双方约定:电力公司向科技公司提供型号为 FDI123 的美国阿拉斯加发电机一台,价款为 200 万元,交货时间为 2006 年 3 月 1 日。到期限后,电力公司按时履行义务,交付了型号为 FDI123 的美国阿拉斯加发电机。但是,科技公司验货时发现此发电机虽然是合同约定的型号,但原产地并不是自己所希望的美国,而是在韩

第七章 商务谈判的沟通与协调

国生产的。于是,科技公司以货物不符合要求拒收,并要求电力公司返还货款并承担违约责任。

为此,科技公司诉至法院。电力公司则认为,合同中约定的是美国阿拉斯加发电机即美国阿拉斯加牌的发电机,而这种品牌在世界上有很多产地包括韩国,又合同中并没有明确约定必须是美国产地。法院基于诚信原则及调查取证,未支持诉讼请求。

在第一个例子中,我们不难看出,工贸公司起诉建筑公司的主要依据是双方的协议约定的情形:"双方友好合作,如果其中一方中途悔约,要赔偿对方损失,并承担违反约定的责任,违约金为20万元。"

那么是否真如原告所认为的被告存在悔约情形,"悔约"是否就必然导致"违约"?有必要对"悔约"与"违约"加以区分。

"悔约"反映的是行为人的主观心理,指行为人主观上对于订立合同的反悔和懊悔,意欲废弃合同,但不一定造成客观上的损害后果。而"违约"指的是行为人在客观上有违反合同的行为并基于该行为造成了一定的损害后果或者致使合同无法履行。而只有客观上造成了损害后果或者致使合同无法履行才可有违约责任。

在第二个实例中,双方显然对合同约定的"美国阿拉斯加发电机"理解有分歧。一是,美国阿拉斯加牌的发电机;另一是,美国产的阿拉斯加牌发电机。两种不同理解自然产生两种不同后果:对于科技公司当然希望是美国产的发电机,这样性价比相对较高。而对于电力公司,自然基于节约成本的考虑而选择韩国产的阿拉斯加发电机。如果科技公司在签约时能够多加注意,多加"生产的"三字,后果将会截然不同。

(6)警惕数字陷阱。

 **案例 7-10**

支票上"1"变"7"偷鸡不成蚀把米

2006年6月,祥福机械公司按惯例收到银行发来的对账单,在核对时发现自己出具的一张金额为1086元的货款支票,银行居然支付了7086元。祥福公司向银行查询得知,银行收到的该张支票上填写的金额确实是7086元。银行没错,是自己开票时写错了?但是支票存根上显示的金额确实是1086元。祥福公司询问了当初这笔业务的经办人陈某,真相才渐渐揭开。

原来,2006年5月份陈某代表祥福公司向顺风公司购买模具配件,用支票付款,顺风公司业务员林某要求当着某的面,由自己来填写支票。支票存根上填写的金额是1086元,支票金额书写栏阿拉伯数字填写的是1086元,但是对应的汉字大写金额没有填写。原来,

商务谈判

顺风公司得票后,将该支票上千位的阿拉伯数字"1"变造为"7",再在大写栏内将金额记载为"柒仟零捌拾陆元整"。顺风公司后用该支票背书给其他公司偿还债务,其他公司从祥福公司账户获得了7086元。祥福公司要求顺风公司返款不成,遂向法院起诉要求顺风公司返还6000元及利息。

在合同签订的文字处理上,再没有比数字更能代表彼此双方的直接利益了。因此,合同中巧设数字干脆就成了彼此利用对方某些疏忽,获取额外利益的惯用手段。

常见的数字圈套大致有:故意加错或乘错、歪曲本意、漏掉字句或者进行不正确的陈述。例如,把总收入的3%写成净收入的3%;或者本来3乘以380应该是1140,却写成11400;有的因签订合同时弄错了价格,却悄悄地改变了合同中产品的规格来符合自己的利益。

在签订合同时,造成这种漏洞的机会很多:由于紧张的洽谈、过于疲劳造成头脑不清;利用有些人一时疏忽又怕领导指责而甘愿吃亏的心理,使"阴谋"得逞;赏罚不严,错误一旦被发现,处罚小而获利大,或者找借口搪塞过去再重新谈判。

积极的做法是:一旦发现错误,必须鼓起勇气向上级提出来,以便及时纠正;或者一口咬定对方在施诈行骗,作最强烈的指责,千万不能默认,更没有理由"放"对方过去。

思考题

1. 商务谈判中常用的沟通协调策略有哪些?
2. 商务谈判文字处理有何特征?
3. 商务合同的主要条款有哪些?在这些条款中应注意哪些问题?
4. 商务谈判合同的文字处理艺术有哪些?

阅读材料

遇到错误怎么办?

云南某公司派代表与厦门嘉业服装公司进行最后一轮价格谈判,谈妥后就立即签订合同。该代表一到厦门,不顾疲劳就同嘉业营销经理协商价格,经过一个白天两个整晚的讨价还价,连鼓浪屿都没顾上去就带着签好的合同飞回来。总经理看过合同,眉头紧皱,满脸不高兴;营销部主任看过合同,冲着这位代表说:"怎么搞的,这样的合同你能签?"这位代表一愣,拿过合同一看,脑门不由渗出汗来,连声说"不可能,这不是原意"。他意识到如果按照合同规定的条件实行,对公司来说,这笔生意不如不做。这位代表如实地汇报谈判过程,总经理得出结论:无良好的体力、充沛的精力是无法取得谈判成功的。总经理即刻决定亲自前往,挽回损失。

第七章　商务谈判的沟通与协调

电报过去了，嘉业总经理早在机场等候多时。一下飞机，双方略微寒暄一番便登上汽车离开机场。他们选择了一家最豪华的宾馆住下。一夜的休息，消除了疲劳；第二天，嘉业总经理陪同游览了市容，观光了鼓浪屿。晚上，在餐桌上向嘉业总经理提出了复议合同一事，最初嘉业总经理面带难色，云南公司的总经理温和地说："有困难我们就回去了，赔钱也就这么一回嘛！"嘉业总经理听了，连忙说："这哪行，我们复议吧。"复议过程中，双方用了7天时间拟订了初步协议书，又用7天重新协调了价格，中间还穿插了游览活动。合同签订后，他们对每页的文字和数字都做了认真的推敲。当返回春城时，手中拿的合同不再是赔钱的合同，而是双方都获利并经法律公证的正式合同。

【问题与思考】

（1）第一次谈判失败的原因是什么？

（2）嘉业总经理运用了何种策略取得谈判的成功？

第八章 商务谈判心理

内容提示

商务谈判心理是指围绕商务谈判活动所形成的各种心理现象及心态反应。谈判心理属于非智力因素，即所谓"情商"问题，一般是指情感、意志、性格等方面的构成。比如谈判者的忍耐力、承受力、抗诱导力、掩饰力、独断力以及情绪的自控力等，都会对谈判产生不可估量的影响。它不仅影响谈判当事人的行为活动，也直接关系到交易协议的达成和合同的履行。

本章主要介绍商务谈判心理所涉及的基本问题，特别是谈判的需求理论，谈判与个性，谈判者的追求，谈判心理禁忌等。

第一节 关于需求层次理论

需求是人的典型心理现象。需求是人对客观事物的某种欲望，与人的活动相联系，是人行为活动的内在驱动力。需求和对需求的满足是谈判双方共同的基础。不同的个人、组织、团体之间之所以能面对面坐下来，为沟通彼此的歧见而交流观点、进行磋商，原因只有一个，即彼此都有各自想要得到满足的需求。

人的需求是多层次的、无止境的，但却是有规律的。在商务谈判过程中，需求理论恰似一条主线、一个主旋律贯穿其中。本节主要分析人们的各种需求，学会如何去发现别人的需求，重要的是如何将这种需求理论应用到商务谈判中去。

（一）需求是人一切行动的原动力

所谓需求，是指客观刺激通过人体感官作用于人脑所引起的某种缺乏状态。按照心理学的一般观点，人的行为是由动机支配的，而动机是由需求产生的。因此，需求是人的一切行动的原动力。

（二）马斯洛的需求层次论

人们进行谈判就是为了满足各自的需求。否则，谁有闲情逸致来讨价还价呢？人的需

第八章 商务谈判心理

求多种多样，不满足对方的某种特定需求，谈判就会失败。

人到底有几种需求？各种需求之间关系如何？诸多需求又是如何形成人的动机体系的？对人的需求，人们有过许多研究和大量论述。在众多的需求理论研究中，得到最广泛认可与应用的是美国著名社会心理学家、人格理论和比较心理学家马斯洛的需求层次论。马斯洛（Abraham H.Maslow 1908-1970）在 1954 年发表的代表作《动机与个性》中提出了人类的需求层次理论，指出人的需求是有层次的，全部发展的一个最简单的原则就是满足各层次的需求。他把人类的需求分为 7 个层次，认为人类动机的发展和需求的满足有着密切的关系，需求的层次有高低的不同，并由低级向高级发展，低层次需求的满足或基本满足有助于高层次需求的出现。

1. 生理的需求

生理需求是自然界一切成员所共有的。生理需求的目标在于满足各种生物体的冲动和欲望。人无欲则无求，人无求则志丧。可以这样说，人类的发展史是一部人类的需求与满足的发展史，而生理需求是基本的需求。例如：一个饥饿的人不太顾忌别人怎么蔑视他，也不会追求穿得时髦与否，因为此时获取食物是他至高无上的需求与欲望。在这种需求没有缓解之前，他对别的东西是不会感兴趣的。刚出生的婴儿，贪婪地吮吸乳汁，也许是人类最基础、最原始的需求与欲望的例证。

2. 安全的需求

在生理需求满足以后，生物体接着考虑安全需求。和挨饿的人一样，一个寻求安全保障的人对生活的全部看法因缺乏安全感而受到影响。在他看来，任何事物都不如求得安全那么合乎需求。在战争年代，国破家亡，却仍不能阻止求生的本能。

3. 爱与归属的需求

在生理与安全的需求得到合理满足以后，追求爱与友情的需求就占据了主导地位。这种对朋友、爱人和家庭的渴望，可以完全支配一个孤独的人。在忍饥挨饿、凶险临头的时候，他只想获得食物、获得保护。一旦这些需求得到满足，他对爱的向往便超乎人世间一切事物之上。他渴望同人们建立起一种充满友情的关系，渴望成为某个群体中的一员，渴望交流感情，渴望关怀与爱护。

4. 获得尊重的需求

这是人类希望实现自己的潜在能力，取得成就，对社会有较大贡献，能够得到别人尊重的需求。实际上，这是一个多种需求的集合，所有这些需求都有相同的一般特征，可以分为两类：首先是要求自由和独立的愿望。在现实世界中，与此相联系的是对力量、权势和信任的需求。其次是对名誉、威望的向往和对权利、地位、受人尊重的追求。满足这种

商务谈判

需求，会让人感到自己活在这个世界上是一个有用的而不是可有可无的人。最健康的自尊感来自他人对自己应有的尊重，而不是来自徒有虚名的奉承。

5．自我实现的需求

这是人类希望从事与自己的能力相适应的工作，实现人的价值，成为一个与自己能力相称之人的需求。人们希望从事自己觉得适宜的工作，否则就会感到生活没有意义。音乐家希望能演奏，足球明星总想在世界大赛上角逐一番，每个人都希望从事自己能够做而且乐意做的工作。马斯洛将这种几乎具有普遍意义的需求称为"自我实现"。

6．求知与理解的需求

这是人类希望不断增添学识与智能、充分探究未知世界的需求。在一个正常人身上，存在着一种寻求、探索和理解有关自己周围环境知识的基本动力。活跃的好奇心策动着每个人，激励着人们去尝试，使人们为神秘与未知所吸引，探索和解释未知的需求是人类行为的一个基本要素。求知与理解的需求必须以自由和安全为先决条件，只有在自由和安全的条件下，这种好奇心才可能得到发挥。

7．美的需求

这是人类行为的最高动机，是人类追求美好事物、寻求美的感受的欲求。人类的行为被某种所谓美的需求的渴望所驱策。处在丑的环境里，有些人甚至卧床不起；换一个美的环境，他们又重新站起来了。当然，这种对美的渴求在艺术家中最为激烈。对于丑的东西，有些艺术家是无法容忍的，马斯洛把一个人"情不自禁地要把墙上的画挂正"的行为也归结为对美的需求。

总之，人的一生就是一场为满足需求而拼搏的持久斗争，行为动机是生物体为减轻需求的压力而做出的反应。了解这些理论的目的是要运用这些关于人类需求的基本知识去进行成功的合作谈判。

第二节　现代商务谈判的需求理论

一、现代商务谈判的需求理论

满足需求是人行为动机的原动力，也是商务谈判的契机和根本原因。马斯洛的需求层次论揭示了人类需求的层次性和差异性，为谈判的需求理论打下了坚实的基础。

现代商务谈判的需求理论借助于人类心理学研究成果，努力使我们找出与谈判双方都相联系的需求，引导我们对驱动着双方的各种要求加以重视，选择不同方法去顺应、抵制或改变对方对需求的评价标准。同时，需求理论还为我们进行论证和辩护提供了广泛的选择余地，使我们能从双方需求的不同侧面、不同角度进行解释和评论。了解每一种需求的相应动力和作用，就能对症下药，选择最佳方法。在每一个场合下，采用的方法所针对的需求越是基本，就越可能获得成功。

二、现代商务谈判的三个层次

依据谈判的需求理论，我们将各种各样的谈判分为 3 个层次，即个人间——个人与个人间的谈判、组织间（不包括国家）——大的组织之间的谈判、国家间——国与国之间的谈判。第三个层次的谈判随着世界地区经济一体化的进程而变得越来越重要。不同国家之间为关税、知识产权保护、产品准入等系列问题而在不断进行谈判。

上述 3 个不同层次的商务谈判都不可能离开人而有所活动。第一个层次的谈判较好理解和掌握。第二个层次的谈判，双方也是人类之间的活动。但是，在与一个代表组织的人打交道时，务必记住一点：这里将有两个层次的需求在起作用。一个是该组织的需求，另一个是该组织个人的需求。对于第三个层次的谈判，双方之间由于分歧的解决是"政治性"协商，而非"法理性"解决，并无绝对理论和绝对公平解决。同时，涉及的事情（议题）非纯粹商务经济问题，如政治、社会、民族情结等，使谈判立场无法纯粹基于经济考虑。这些因素的存在，使谈判双方在分析彼此的需求时，更多是从国家利益的角度来分析。

三、现代商务谈判中的不同适用方法

谈判的需求理论适用于上述 3 个层次的谈判。对谈判进行的分析表明，适用于不同需求的谈判方法总是表现为某几种形式的反复出现，这就是所谓"需求的不同适用方法"。尼尔伦伯格在他的著作《谈判的艺术》中，将这些方法分为6组，或者叫6种类型。

1. 谈判者顺从对方的需求

谈判者在谈判中站在对方的立场上，设身处地替对方着想，从而使谈判成功。这种方法最易导致谈判成功。由于需求有 7 个种类，因此这个谈判策略又划分为 7 种，需求的层次越高，谈判成功的难度越大，谈判者对谈判能否成功的控制力也就越小。如果谈判者只为谈判对方的生理需求着想，对方为了自己生存下去，必然对谈判欣然许诺，一拍即合。如果谈判者为对方高层次的需求着想，那么由于谈判对方对高层次需求的迫切性小于对生理需求的迫切性，当然谈判成功的难度增加。

2. 谈判者使对方服从其自身的需求

谈判者在谈判过程中通过种种启示，使对方最终明白自身的特定需求，而情愿达成谈判协议，谈判成功，双方都会得益。例如，商店营业员普遍对顾客使用这种策略，采取种种方法满足顾客需求，从而推销商品。

3．谈判者同时服从对方和自身的需求

这是指谈判双方从共同利益出发，为满足双方每一方面的共同需求进行谈判，采取符合双方共同利益的谈判策略。这种策略在商务谈判中被普遍用于建立各种联盟、共同控制生产或流通。例如：美国 29 家主要的电气设备公司为了确保高额利润，通过谈判，缔结秘密协议，固定产品价格，操纵市场，控制竞争。

4．谈判者违背自己的需求

这是谈判者为了争取长远利益和需求，抛弃某些眼前利益或无关紧要的利益和需求的一种谈判策略。例如，某些商业企业（谈判者）有意识违背自身收入的需求，采取薄利多销的经营手段吸引顾客。

5．谈判者损害对方的需求

谈判者只顾自身的利益，不顾他人的利益，尔虞我诈，你死我活的一种谈判方法。采取这种策略的一方往往以强凌弱。这就违背了谈判双方地位平等与互惠互利的原则。

6．谈判者不顾自己和对方的需求

这是谈判者为了达到某种特殊的预期目的，完全不顾谈判双方的利益需求，实施一种双方"自杀"的办法。例如，商品交易中，竞争双方展开价格战，都甘冒破产的危险，竞相压低价格，以求打败对手，采取的就是这种策略。

上述 6 种谈判策略都显示了谈判者如何满足自身的需求。谈判者可根据自己的需求和对另一方需求的推测，从以上 6 种方法中选择认为在该适用层次的条件下最适当的一种或几种方法。需求指出的是：正如人的需求是分层次的一样，上述 6 种方法在适用过程中也是分层次的。具体而言，谈判者对第一种方法（顺从对方的需求）较之对第二种方法（使对方服从其自身的需求）更能够加以控制。以此类推，以第六种方法最难控制。

需求理论指明了各种谈判策略的重要程度的大致次序。因此，它使现代商务谈判者能对各种方法进行广泛地选择，最终找到解决问题的路子。在实际中，大多数人往往反复使用相同的几种方法，因为他们只凭过去的经验行事，一旦碰到新情况或新问题，不知道使用新的解决办法。同样，人们在这一场合对某种方法驾轻就熟，一旦到了另一场合却转不过弯来了。务必牢记：越是能从基本上抓住自身的需求，在谈判中获得成功的可能性就会越大。如果对方采用一项与某种层次基本需求相关的策略，那就应该还之以一种更基本的需求，这样就能增加获得成功的几率。

四、需求理论在现代商务谈判中的具体运用

在现代商务谈判中，人们可以考察到需求理论的脉络。我们可以运用这一理论去发现

第八章 商务谈判心理

商务谈判策略同有关需求之间的联系。

人的一生，就是为了满足需求而与自然、社会不断进行拼搏的一生。同样，商务谈判活动也是建立在人们需求的基础上的，是处在不同角度、不同经济发展状况下的不同的人或团体为了满足各自切身利益的需求，通过一定的形式达成的某种商业化目标的外在表现。正是因为有了需求，才使商务谈判的各方坐下来进行磋商，最后达成满足彼此需求的目的。不论商务谈判成功与否，都是双方希望满足需求的体现。

人的需求是可以变动的，受许多因素影响，满足需求的方式也是多种多样的。商务谈判活动是由代表企业的人来实现的，需求满足与否是由人来评价的。商务谈判人员的个人需求和常人所具有的并无原则性区别，这就难免会带有个人感情因素，受个人需求的影响。常可见到这样的场面：在谈判中，一方语言或行为的不慎，使另一方感到受到了不公正的待遇或丢了面子，即使另一方的目的达到了，也会感到不满意，甚至出现为维护面子愤而反击、中止谈判的行为。也有这样的情况：双方在最初洽商时，都感到各方的要求差异很大，很难协调，但随着谈判的进展、关系的融洽、感情的加深，居然达成了双方都十分满意的协议。原因很简单，就是谈判双方都感到了自己的需求被满足。应该指出的是：这里需求的满足，不一定就是达到了企业的既定目标，而是谈判者认为需求得到了满足。谈判所签订的协议条款，很可能与企业原计划相差较大，制订计划的一方认为原有的标准过高，不符合实际情况，或者情况发生了变化，因而谈判的结果是合理的。或许他认为，不管怎么说，签订这个协议是值得的。这就是需求对谈判的影响。如果细心观察，现实生活中各种谈判大致如此。可见，满足不同层次的需求是取得理想谈判结果的关键因素，同时也是解开或缓和谈判僵局的症结所在。它有利于谈判人员采取灵活变通的办法，取得双方满意的结果。

满足人的自尊与自我实现的需求是谈判活动中比较常见的心理现象。谈判人员在商务谈判中有着满足自尊的心理需求，这种心理需求表现在以下两个方面。

1. 通过满足其他人的需求赢得自尊

谈判人员具有这种心理的原因是多种多样的，从惧怕同事的轻视、上级的惩罚到希望人们对他产生好感和尊重等，都会使谈判人员需求赢得自尊。如果他开始谈判时，谈判目标已作了详细规定，那么在结束谈判回到企业时，能否实现规定的谈判目标就会在他的心目中具有重要地位。如果实现了谈判目标，他就会得到个人的满足。谈判人员需求得到对手的尊重，依赖于在谈判中从对手获得多大的成果。在此情况下，谈判者追求的是设法取得自己的利益，在保证自己获得利益的同时，设法给予对方满足。这就涉及在谈判的报价磋商阶段的让步问题。

2. 在满足自我估量中赢得自尊

除了要得到别人的承认外，谈判人员还追求个人的满足，对这个问题可作如下分析。

（1）谈判人员的估量是对个人成就价值和成功概率估量的函数。

（2）成就价值与个人估计的困难是相互关联的，也就是困难越大，成就价值估计越高。

（3）个人对成功概率的估计也是有倾向性的。如果强烈地希望成功，就会过高地估计成功的机会。如果极力想避免失败，就会过多地顾虑可能涉及的风险。

（4）如果谈判在预定的水平上有了进展，就会使谈判人员重新考虑在更为困难的水平上估量其成就价值和成功概率。

（5）如果谈判受挫，则谈判人员可能有两种反应。一是如果他认为肯定可以成功，就会继续努力，把明显增加的困难计算在目标价值的增加上面，而这恰恰可与成功概率的减值相抵。二是如果他原来就力图避免失败，就可能或者急剧降低自己一方的要求以尽可能缩小风险来做成交易；或者反过来提高自己一方的要求，并把这种要求提到极可能失败的水平上，其用意是即使失败，也不能责怪他。

案例 8-1

美国著名谈判专家荷伯·科恩亲身经历的一个事例很能说明问题。一次科恩在南美洲的墨西哥旅行，被一个当地的土著人缠住了，向他推销一件毛毯披肩。他根本不想买这东西，所以开始没太理会，继续赶路。小贩的开价由开始的1200比索一直向下降，当降到200比索时，科恩开始动心了。对方说："好吧，你胜利了，只对你，200比索。"科恩接过披肩，边看边想："我喜欢吗？我需求吗？都不是，但是我改变了不想买的主意，是我把他的要价由最初的1200比索降到现在的200比索。"于是，科恩开始与小贩讨价还价。小贩告诉他，在墨西哥市的历史上，以最低价格买到这样一件披肩的人是一个来自加拿大的人，他花了175比索。最后科恩花了170比索买下了披肩，创造了墨西哥市历史上买毛毯披肩的"新纪录"。所以，直到他回到旅馆见妻子之前，还一直陶醉在他的成功喜悦之中。回到旅馆，他迫不及待地向妻子报告他的胜利。"一个土著谈判家要1200比索，而一个国际谈判家花170个比索就买下来了"。当他的妻子告诉他，她花了150比索买到了同样的披肩时，他兴奋的喜悦顿时烟消云散。仔细回想一下，不由得感叹道，这个土著的谈判家最巧妙地利用了科恩的自我实现或自尊的心理，因为最能打动科恩的是"你是墨西哥历史上以最低价格购买毛毯披肩的人"。

在实际谈判活动中，像这样的事例比比皆是。人们在谈判时经常运用的一个策略——最低报价，就是利用这一心理。诸如"这是我们最优惠的价格"、"这是特别优待价"等等，就是利用另一方追求自我实现的心理。实际上，这是人们最普遍的心理要求。谁都承认，人人爱听赞美之词。谁也不能否认，在经过努力之后，使别人给予特殊优待时，你的满足可能达到了顶点。这就是自尊与自我实现需求的体现。如果能掌握人的需求特点，巧妙地满足人们各个层次的需求，你就是个成功的谈判家。

总之，需求是谈判的心理基础，没有需求就没有谈判，需求越迫切就越想达成谈判协议，需求程度直接影响谈判行为活动的强度。

第三节　个性与谈判

人的个性（也称为"个性心理特征"）与谈判有着极为密切的关系。在任何商务活动中，双方都力图有所多得，但究竟是什么因素影响着谈判结果呢？重要的一点，也往往是容易被忽略的一点，就是心理因素。它能改变谈判双方的地位，对谈判的最终结果产生潜移默化的作用。

影响人的行为的心理因素表现是多方面的，如需求、动机、态度、个性等。从谈判的特定内容来讲，个性与谈判的关系最为密切，其影响也最为重要。

个性是指个人带有倾向的、本质的、比较稳定的心理特征的总和，包括人生观、兴趣、爱好、能力、气质、性格等多方面。个性是在人的一定心理基础上，在社会实践活动中形成和发展起来的，体现了个体独特的风格、独特的心理活动以及独特的行为表现。个性对人们社会活动的影响是十分重要的，在很大程度上决定了人们活动效率高低、活动成果大小。因此，我们把个性与谈判的关系也作为一个重要的研究内容。

一、能力与谈判

能力是在实践活动中形成和发展起来的直接影响活动效率、使活动得以顺利完成的个性心理特征。

能力是在人的先天素质的基础上，通过后天实践的锻炼和学习而形成、发展起来的。每个人的能力不同，具有个体差异。要顺利完成某项活动，只具备一种能力是不够的，需求多种能力的结合。如果各种能力能较好地组合起来，可使人迅速地、创造性地完成某项或多项活动。谈判活动是一种内容复杂、参加人员较多的社会交往活动，需求人的多方面能力。谈判人员所具备的能力及其水平的发挥直接影响谈判的效果。

二、气质与谈判

（一）气质的含义

气质是人典型的稳定的心理特征，体现了人心理活动的动力特性，即心理过程的强度、稳定性和灵活性等特点。

气质是一个古老的概念。早在公元前 5 世纪，古希腊著名的医生希波克里特（Hippokyrates）就观察到人有不同的气质，并按照不同体液（血液、黄胆液、黏液、黑胆汁）所占有的优势将气质分为 4 种类型，即多血质、胆汁质、黏液质、抑郁质。希氏的体液学说解释了人的行为活动的个性特征。随着科学的不断发展，俄国著名生理学家巴甫洛夫在对人的高级神经活动进行了系统的研究后，对气质作了科学的阐述。巴氏根据神经系统的强度、平衡性、灵活性的特点，把人的高级神经活动类型分为 4 种，即：强、不平衡的兴奋型；强、平衡、灵活的活泼型；强、平衡、不灵活的安静型；弱型，指沉静型。这 4 种类型与希氏的血液学说划分的类型是一致的。活泼型相当于多血质，安静型相当于黏液质，兴奋型相当于胆汁质，沉静型相当于抑郁质。巴氏的理论将气质的研究建立在科学的基础上，使气质说广泛地为人们所接受。

需求指出的是：气质并不决定人活动的内容与方向，因此气质的类型无所谓好坏。不能认为某种气质是好的，某种气质是不好的。一般说来，每种气质都有积极的方面，也都有消极的方面。所以，它对人的心理活动的个性品质的形成有一定的积极和消极作用。

（二）谈判中的气质类型

俗话说："江山易改，禀性难移。"气质的这一特点是在人们的行为活动的方式中表现出来的。因此，有必要分析谈判活动中的气质类型。

1. 多血质类型

多血质的特征是思维灵活，反应迅速，但对问题的理解往往是肤浅的。情绪容易表露于外，也容易变化，变化无常的心理状态时时刻刻地从眼神和面部表情中显露出来。遇有不顺心的事很易哭泣，但稍加安慰，又可以破涕为笑。敏捷好动，喜欢参加各种活动，表现得匆匆忙忙，显得毛躁。

具有多血质气质的谈判人员，其行为表现是活泼好动，精力充沛，交际广泛，应变能力强，反应迅速，动作灵敏，但情绪易起伏波动，注意力分散。所以，具有这种气质的谈判人员能够适应各种谈判气氛与环境，比较容易同对方相处，能够活跃谈判气氛，消息灵通，处理问题也比较灵活，富于创造性，并且积极主动地寻找解决问题的途径。在困难和挫折面前比较乐观，有自信心。其弱点是注意力不易持久，兴趣多变，不善于发现和注意谈判中的某些细节，看问题有时流于表面，不够深刻。总起来讲，这种气质的人善于与人相处，比较适合做谈判工作。

2. 胆汁质类型

胆汁质的特征是心理过程具有迅速而突发的色彩，思维非常灵活，但理解问题有粗枝

第八章　商务谈判心理

大叶、不求甚解的倾向。在情绪方面，无论是高兴或是忧愁都体验得非常强烈，并且很急，如暴风雨似的凶猛，但能很快地平息下来。在行动上总是生气勃勃，工作表现得顽强有力。

具有胆汁质气质的谈判人员，其行为表现是热情直率，精力充沛，对事物反应迅速，但不灵活，心境变化剧烈，情绪容易急躁、冲动。在谈判中，这种类型的人工作起来全神贯注，有热情，有效率，喜欢提问题、建议，但也常常行动莽撞，脾气急躁，忍耐性较差，容易发火，也容易息怒。

胆汁质谈判者的另一突出特点是对自己的目标决不动摇，也决不轻易改变自己的决定。常常为某个小问题或微不足道的细节而争执，不肯轻易让步。因此，在同这类谈判者交谈时，言行一定要慎重，态度要和平、友好，决不能用语言刺激对方，同时也要尽可能体谅他们的某些过火言行。总之，与这种气质类型的人谈判，往往气氛紧张，但达成协议较迅速。

3．黏液质类型

黏液质的特征是思维的灵活性较低，但考虑问题细致，能够沉着而坚定地执行已采取的决定，但不容易改变旧习惯来适应新的环境。情绪兴奋性比较微弱，经常心平气和，很难出现波动的情绪状态，面部表情微弱，姿态举止缓慢而镇定。

具有黏液质气质的谈判人员，其行为表现是安静稳重，反应缓慢，沉默寡言，情绪不易外露，注意力稳定，善于忍耐。因此，在谈判中能够从容不迫，很少显露出紧张、慌乱的神态。善于控制自己，有较强的自信心和影响力。对所讨论的合同条款及其细节思考周密、言行谨慎。而且一旦下定决心、做出决策，行动起来有条不紊，不轻易受外界因素的干扰，遇到困难和挫折决不轻易退却。

这种气质的人由于有较强的内倾性，不喜欢过多地表现自己，因此在交谈中常常聆听别人的讲话，观看别人的表演，这使其有更多的机会观察对方，分析其特点，并伺机进攻。所以，综合讲来，这是一种较为理想的谈判气质类型。当然，由于这类人不善于交际，在某种情况下表现比较被动，缺少热情，有时也会错过极好的交易机会。

4．抑郁质类型

抑郁质的特征是情感生活比较单调，但对生活中遇到的波折容易产生强烈体验，并经久不息。对事物的反应有较高的敏感性，能够觉察和深刻体验一般人觉察不出来的事件。在任何活动中很少表现自己，尽量摆脱出头露面的工作，但干起工作来很认真细致，如果没有做好工作会感到很痛苦。不喜欢交际，显得孤僻。

具有抑郁质气质的谈判人员，其行为表现是行动迟缓，孤僻多疑，但观察问题深入细致，体验深刻。这类谈判人员考虑问题慎重多疑，往往能够发现一般人不易察觉的细微之处，对合同条款的确定更是千思万虑、反复推敲，不轻易下结论，但在决策阶段容易犹豫反复，拿不准主意，贻误时机。这类气质的人对外界反应比较敏感，也容易受其他因素的

干扰,所以与这种气质类型的人谈判,忍耐力、谨慎和细心都是十分重要的。

综上所述,我们分析了具有典型气质特征的谈判人员在谈判中的行动特点,具有一定的代表性。但是,实际情况远比这 4 种类型要复杂得多,因为人的气质不仅仅是上述几种类型,许多人是介于各种类型间的中间型,加之多种外界条件的影响,使气质特征显露的机会也不相同。研究人的气质所反映的行为特点,并不是要把复杂多变的行为规划为某几种类型,而是要揭示人们行为特点的内在规律,探讨这些行为特征对谈判活动所产生的影响,更好地发挥谈判人员的长处,克服短处,提高谈判能力。

三、性格与谈判

性格是指人对客观现实的态度和行为方式中经常表现出来的比较稳定的心理特征的总和,是个性特征的核心,决定人的活动的内容和方向。所以,性格的形成与发展对人的行为活动有重要的影响。

恩格斯说:"人的性格不仅表现在他做什么,而且表现在他怎么做。"做什么,说明一个人追求什么、拒绝什么,反映了人的活动动机或对现实的态度。怎么做,说明一个人如何去追求要得到的东西,如何去拒绝不愿接受的东西,反映了人的活动方式。在现实活动中,人们的性格是千差万别的。比如,在交际方面,有的人活泼外向,喜欢结交朋友;有的人孤寂内向,爱独自沉思。在待人处事上,有的人诚实、和蔼;有的人虚伪、狡诈。在情绪特点方面,有的人乐观进取;有的人悲观失望。在行动上,有的人果敢坚毅;有的人则谨慎怯懦。

总之,人与人之间的性格差别是极大的,有的甚至截然对立。对性格类型的分析是难以穷尽的。下文就谈判这一特定形式的活动,分析几种具有一定代表性的谈判人员的性格类型,具有一定的现实意义。

(一)权力型

权力型谈判者的根本特征是对权力、成绩狂热地追求,以对别人和对谈判局势施加影响为满足。为了取得最大成就、获得最大利益,不惜一切代价。在多数谈判场合中,他们想尽一切办法使自己成为权力的中心,我行我素,不给对方留下任何余地。一旦他们控制谈判,就会充分运用手中的权力,与对方讨价还价,甚至不择手段,逼迫对方接受条件。他们时常抱怨权力有限,束缚了他们谈判能力的发挥。更有甚者,为了体现他们是权力的拥有者,热衷于追求豪华的谈判场所、舒适的谈判环境、精美的宴席、隆重的场面。

权力型谈判者的另一特点是敢冒风险,喜欢挑战。他们不仅喜欢向对方挑战,而且喜欢迎接困难和挑战,因为只有通过接受挑战和战胜困难,才能显示出他们的能力和树立起

第八章 商务谈判心理

自我形象。一帆风顺的谈判会使他们觉得没劲、不过瘾。只有经过艰苦的讨价还价，调动全部力量获取成功，他们才会感到满足。

权力型谈判者的第三个特点是急于建树、决策果断。这种人求胜心切，不喜欢、也不能容忍拖沓、延误。他们在要获得更大权力和成绩的心情驱使下，总是迅速地处理手头的工作，然后着手下一步行动。因此，他们拍板果断、决策坚决。对大部分人来讲，决策是困难的过程，往往犹豫、拖延、难下决断。这种人则正相反，他们对决策毫不推脱，总是当机立断、充满信心。

总而言之，权力型谈判者强烈地追求专权，全力以赴地实现目标，敢冒风险，喜欢挑剔，缺少同情，不惜代价。在谈判中，这是最难对付的一类人。这是因为：如果顺从他，必然会被剥夺得一干二净；如果抵制他，谈判就会陷入僵局甚至破裂。

要对付这类谈判对手，必须首先在思想上有所准备，针对这类人的性格特点，寻找解决问题的突破口。正像这种人的优点一样，他们的弱点也十分明显。

（1）不顾及冒险代价，一意孤行。
（2）缺乏必要的警惕性。
（3）没有耐心，讨厌拖拉。
（4）对细节不感兴趣，不愿陷入琐事。
（5）希望统治他人，包括自己的同事。
（6）必须是谈判的主导者，不能当配角。
（7）易于冲动，有时控制不住自己。

针对他们的弱点，可从以下几个方面采取对策。

（1）要在谈判中表现出极大的耐心，靠韧性取胜，以柔克刚。即使对方发火、甚至暴跳如雷，也一定要沉着冷静，耐心倾听，不要急于反驳、反击。如果能冷眼旁观、无动于衷，效果会更好，因为对方就是想通过这种形式来制服你。如果己方能承受住，他便无计可施，甚至还会产生尊重、敬佩之情。

（2）努力创造一种直率的并能让对于接受的气氛。在个人谈判中，应尽量避免面对面的直接冲突。这不是惧怕对方，而是因为这样不能解决问题，应该把更多的精力放在引起对手的兴趣和欲望上。例如："我们一贯承认这样的事实，您是谈判另一方的核心人物。"（引诱其权力欲）"我们的分析表明，谈判已经到了有所创造、有所建树的时刻。"（激起挑战感）

（3）要尽可能利用文件、资料来证明自己观点的可靠性。必要时，提供大量的、有创造性的情报，促使对方铤而走险。

（二）说服型

在谈判活动中，最普遍、最有代表性的人是说服型的人。在某种程度上，这种人比权力型的人更难对付。后者容易引起对方的警惕，但前者却容易为人所忽视。在说服者温文尔雅的外表下，很可能暗藏雄心，与你一争高低。

说服者的第一个特点是具有良好的人际关系。他们需求别人的赞扬和欢迎，受到社会承认对他们来说比什么都重要。他们也喜欢帮助别人，会主动消除交际中的障碍。在和谐融洽的气氛中，他们如鱼得水，发挥自如。同时，这种人与下属的关系比较融洽，给下属更多的权力，使下属对他信赖、忠诚。

说服者的第二个特点是处理问题决不草率盲从，三思而后行。他们对自己的面子、对对方的面子都竭力维护，决不轻易做伤害对方感情的事。在许多场合，即使他们对对方的提议不同意，也不愿意直截了当地拒绝，总是想方设法说服对方或阐述他们不能接受的理由。

与权力型谈判者不同的是，说服者并不认为权力是能力的象征，却认为权力只是一种形式。虽然他们也喜欢权力，认识到拥有权力的重要性，但并不以追求更大的权力为满足，而是希望获得更多的报酬、更多的利益、更多的赞赏。

要辨别此类人的需求和弱点是十分困难的。这是因为他们把自己掩藏于外表之下，处事精明，工于心计，说话谨慎，不露锋芒，外表和蔼，充满魅力。他们比较随和，善于发现和迎合对手的兴趣，在不知不觉中把人说服。总之，他们的弱点并不十分明显，要认识这一类人，需求透过表面现象分析其本质。他们的性格可能潜藏着以下弱点。

（1）过分热心与对方搞好关系，忽略了必要的进攻和反击。

（2）对细节问题不感兴趣，不愿进行数字研究。

（3）不能长时间专注于单一的具体工作，希望考虑重大问题。

（4）不适应冲突气氛，不喜欢单独工作等。

明确了这类谈判者的性格弱点，就可以制定相应的策略。具体策略如下。

（1）要在维持礼节的前提下，保持进攻的态度，并注意双方感情的距离，不要与对手交往过于亲密。必要时，保持态度上的进攻性，引起一些争论，使对手感到紧张不适。

（2）可准备大量细节问题，使对方感到厌烦，产生尽快达成协议的想法。

（3）在可能的条件下，努力造成一对一的谈判局面。说服者群体意识较强，他们善于利用他人造成有利于自己的环境气氛，不喜欢单独工作，因为这使他们的优势无法发挥。可以利用这一点来争取主动。

（4）准备一些奉承话，必要时给对方戴个高帽，这很有效，但必须恭维得恰到好处。

（三）执行型

执行型的人在谈判中并不少见。他们的最显著特点是：对上级的命令和指示以及事先定好的计划坚决执行，全力以赴，但是拿不出自己的主张和见解，缺乏创造性，维护现状是他们最大的愿望。

第八章 商务谈判心理

执行型的人的另一特点是追求工作安全感。他们喜欢安全、有秩序、没有太大波折的谈判。他们不愿接受挑战，不喜欢爱挑战的人。在处理问题时，往往寻找先例，如果出现某一问题，以前是用 A 方法处理的，他们就决不会采用 B 方法。这类人缺少构思能力和想象力，决策能力也很差，很少能在谈判中独当一面，但在某些特定的局部领域中工作起来得心应手、有效率。

这种性格的人喜欢照章办事，适应能力较差。他们需求不断地被上级认可、指示。特别是在比较复杂的环境中，面对各种挑战，他们往往不知所措，很难评价对方提出新建议的价值，自然也很难拿出有建设性的意见。

这种人的弱点概括起来有以下几点。

（1）讨厌挑战、冲突，不喜欢新提议、新花样。

（2）没有能力把握大的问题，不习惯也不善于从全局考虑问题。

（3）不愿很快决策，也尽量避免决策。

（4）不适应单独谈判，需求得到同伴的支持。

（5）适应能力差，有时无法应付复杂的、多种方案的局面。

根据上述特点，在谈判中可注意这样一些问题。

（1）与对方配合，使谈判更有效率，争取缩短谈判的每一具体过程。这类人反应迟缓，谈判时间越长，他们的防御性越强。所以，从某种角度讲，达成协议的速度是成功的关键。

（2）准备详细的资料支持自己的观点。执行者常会要求回答一些详细和具体的问题，因此必须有足够的准备来应付。但是，不要轻易提出新建议或主张，这会引起他们的反感或防卫。实在必要时，要加以巧妙掩护或一步步提出。如果能让他们认识到新建议对他们有很大益处，则是最大的成功；否则，会引起他们的反对，而且这种反对很少有通融的余地，就难以说服他们接受。

（3）讲话的态度、措辞也很重要，冷静、耐心都是不可缺少的。

（四）疑虑型

怀疑多虑是这类性格人的典型特征。他们对任何事都持怀疑、批评的态度。每当一项新建议拿到谈判桌上来，即使是对他们有明显的好处，只要是对方提出的，他们就会怀疑、反对，千方百计地探求他们所不知道的一切。

这种性格类型的另一特点是犹豫不定，难于决策。他们对问题考虑慎重，不轻易下结论。在关键时刻，如拍板、签合同、选择方案等问题上，不能当机立断，老是犹豫反复，拿不定主意，担心吃亏上当，结果常常贻误时机，错过达成更有利的协议的机会。

这种人的特点之三是对细节问题观察仔细，注意较多，而且设想具体，常常提出一些出人意料的问题。

此外，这种人也不喜欢矛盾冲突，虽然他们经常怀疑一切，经常批评、抱怨他人，但很少会弄到冲突激化的程度。他们竭力避免对立，如果真的发生冲突，也很少固执己见。因此，与他们打交道应注意以下问题是。

（1）提出的方案、建议一定要详细、具体、准确，避免使用大概、差不多等词句，要论点清楚、论据充分。

（2）谈判中耐心、细心是十分重要的。如果对方做出决策的时间长，千万不要催促、逼迫对方表态，不然反会加重他的疑心。在陈述问题的同时，留出充裕的时间让对方思考，并提出详细的数据、说明。

（3）在谈判中要尽量襟怀坦荡、诚实、热情。如果他发现你有一个问题欺骗了他，那么再想获得他的信任几乎是不可能的。

（4）虽然这类人不适应矛盾冲突，但也不能过多地运用这种方法，否则会促使他更多地防卫、封闭自己，来躲避你的进攻，双方无法进行坦诚、友好的合作。

第四节　谈判者的追求

谈判者的追求是指以什么样的目标来指导谈判。当然，也可以用另一种方式来描述谈判者的追求，即谈判目的。不过，此处所要论述的不是作为委托人的谈判目的，即要求实现的目标，而是作为谈判者的一种心态、心理活动反映出的个人的追求。这个追求的意义较丰富，突出表现了谈判者的心理活动的一个重要层面。这种心理活动对谈判者的谈判有着重大的影响，有时甚至起左右谈判的作用。

一、可能的追求

由于谈判者的地位、修养、生活的社会环境不同，各人所持的信念、追求也会不一样。从大量的谈判实例看，主要有以下几种代表性的追求目标。

（一）为了完成任务

有的谈判者对待所承担的谈判业务只是当做吃饭的职业，像钟摆一样，24小时左右摆下去，不论客观世界怎么变化，他们的谈判是按部就班，依作息时间表而动停。他们追求的是谈判的结束，不是谈判的效果。例如，当买方委托他时，他会对卖方报的价格说："太高了，回去重新报价。"至于为什么高，则不去推敲。若有推敲时，也是说："自己报的价，自己明白，无需我指出。"对委托人则说："你们就这么点钱，能否谈成不知道。"在对己方

第八章 商务谈判心理

的报价评论后,也会对委托人说:"价压不下来,你们再准备点钱吧!或者少要点货。"至于估价的依据,没有材料也不详细向委托人做解释。在某种意义上,买卖双方均摸不着头脑。只要卖方降了点价,买方又多拿了点钱,交易达成,该谈判任务也就完结了。至于卖方或买方的心理如何、感受如何则不必多虑。

(二)为了客户

谈判者的目的是为了客户的要求而谈,客户同意则同意,客户反对则反对。至于客户的同意与反对是否客观合理则是次要的。例如:谈判中客户要求对方提供某个条件,按常规这个条件的实现极为昂贵,但客户不想多破费,坚持"白要"。谈判者不问青红皂白就胡诌理由,结果自然碰壁。与此相反的是,明明对方不合理,可以坚持再争取些好条件,客户却认为"没必要",要求放弃谈判或者客户径直与对方就此达成协议,终结了谈判。谈判者对此言听计从,心里想:"反正是客户愿意,与我不相干。再说我也不掏钱。"

(三)为企业和国家利益

谈判者追求在谈判中为所在企业获得最大经济与信誉上的利益,为其委托人所在的民族和国家争取最大的利益。在谈判的进程中,既服从上级的要求,又主动去补充和完善上级的要求,以追求谈判的最佳效果。在遇到困难时,既会千方百计去实现企业的目标,一旦达到时,又会乘胜扩大战果,毫不满足。对谈判业务既尊重权威,又不迷信权威;对委托人既忠诚尽职,又将其正确摆在民族与国家地位之下。对业务要求精益求精,对思想作风要求谨慎虚心,对工作作风要求雷厉风行、优质高效,对谈判伙伴要求集思广益。所有一切的言论与行为全部围绕"追求企业与国家的最大利益"。

(四)为了出风头

有的谈判者承担某项谈判业务、甚至争某项谈判任务,只是出于虚荣心的要求,在大庭广众之下显示自己的才干。在谈判时,突出个人的权威,喜欢对手或周围的人奉承自己,注意的是"好言语",而不是"好结果"。有的好出风头的谈判手具有一定的业务技能,有的则盲目自大。前者疏于精细,后者则如"漏勺"。这种谈判者怕别人"领功",在商议谈判对策时,顺其意时就听,逆其意时即使温和表达也难接受,造成闭目塞听。置自己于众目睽睽之下,而不是众人帮助之下。在与对手论战之中,单枪匹马,运用策略的余地较小,更不能应付对手的"反间计"与"激将法"。

(五)为了晋升

有的谈判者面临晋升的机会,追求谈判成功作为"晋见礼"、"铺路石"。例如:该谈判

手在企业中正处在提升的关口，接受了谈判任务。如果谈判成功（条件对其只要不亏，即视为成功），就可以作为政绩晓谕众人，并在上司面前表功。或者在晋升的竞争局面下，揽到了谈判任务，若谈判成功就会比竞争对手多积一分。或者并非即刻晋升，而是为了将来的前程做准备，把谈判当做资本。这种谈判者在谈判过程中十分注意上级的态度、周围同事的反应、谈判的成功。至于谈判结果的公正性与合理性，是第二位的。只要上级的意见贯彻了，周围的人也认为"尽力"了，人缘不坏，不论谈判结果"好多少，或坏多少"，合同签下来就行。

（六）为了发财

有的谈判手以谈判业务为手段，追求个人的得失、尤其是经济利益。例如：谁请我吃饭，对谁就客气；谁给我送礼，就与谁做生意；谁给我回扣（个人的），我给谁做的生意条件就优惠……这种谈判手在谈判业务中，选择的不是好商品，而是谈判的人；抉择的不是人的业务是否精明，而是该人是否"开窍"；关注的不是谈判结果对委托人如何，而是该笔生意成交后会给个人带来多少"外快"。这种谈判手行踪诡秘，喜欢"天马行空，独往独来"。即便不如此过分，也是喜欢单独活动、"单刀赴会"。

二、不同追求心理的利用与防范

从上述追求心理的论述不难看到各种追求给谈判手带来的心理影响，总起来讲，有可能给谈判带来积极的或消极的影响。关键是要会利用，同时善于弥补自己的心理漏洞。

（一）善于判定对手心理的追求

与对手全面展开交锋之前，应注意心理战的准备。对手在想什么？应该有个初步了解。一般讲来，将对手与上述 6 个方面的心理追求对号并不困难，从对手的言谈、从其助手的言谈、从自己有意识旁敲侧击或调查性的非正式与正式的谈话可以了解到大概。要核实自己掌握的信息，还需在谈判中以故意过分的追逼来观其反应，或者根据自己的判断对号入座地验证。比如：以严谨的工作程序和斤斤计较的谈判方法，可以验证对手的追求心理是否在于"完成任务"；以尊重客户——委托人，而忽视谈判手，甚至故意转移对话主角的做法，可从对手的反应中判断出为"客户服务的追求心理"；以私人、小团体或企业利益为重点宣扬条件损及国家利益的说法、论证方法看对手的情绪，可以判断其是否站在企业和国家利益的角度来指导谈判中的心理追求；以不切实际的奉承话（常言道"不合尺寸的高帽子"）去吹嘘对手，可以判断出追求虚荣、爱出风头的谈判手；以小礼品、小聚会、小许诺可以试出对手的私欲、财欲等。

第八章 商务谈判心理

当然,实际谈判中,除了以语言了解之外,可以利用的谈判实战手法很多。此处仅列举了最直接、最典型的实战手法,这些手法本身也还存在一个"得当"的问题。总起来讲,要求"自然、合乎情理",还要讲究"时机",否则也达不到效果。

(二) 注意保护自己心理追求上的秘密

一般讲来,谈判手的心理追求属于个人隐私,也是一种个人秘密。讲到保护个人秘密,当然不是指那种以谈判业务追求个人私欲、财迷心窍的心理追求,对于这种追求应予以惩罚。这种人不够商务谈判的资格,也缺乏人格,更没有国格。对于其他消极性的心理追求,严格讲也应予以纠正。鉴于时间的限制及各种复杂的因素,谈判者不可能在承担谈判任务之时均完美无瑕地上阵。那么,对手消极的谈判心理要有自知之明,加以掩护、保守秘密,不要被对手利用。即便积极的追求,也不要毫无顾忌地表现出来。

怎么保密?回答起来确有困难,因为人的行为犹如一面镜子,会反映此人的思想追求。不过,语言是人们行为的标杆。有鉴于此,首先不要从自己的言谈中或同事的言谈中论证自己的追求。如果被迫要讲,就要考虑"加密",即把假的掺到真的中,或者以一种"假面具"来代之,以搪塞对手。其次,应让所有的参与助手们有此观念、互相保护。再次,要有时间观念。保密有一定的时间性,有的谈判者多年的习惯很难改,但"时间"应能约束自己。在一定的时间(视谈判具体不同,该定义的内容也不同)内,应尽最大努力去保护个人秘密。这个"时间"的要求,不仅反映谈判者的"起码的"修养,也反映其业务水平。因为从思想素质上讲,你可能一时达不到要求,但若业务精通、知道利害关系的话,也会为了业务目标的实现克制自己。

(三) 不失时机地利用追求的心理

优秀的谈判者总是将对手的追求心理作为运用策略的依据加以利用。谈判实务证明,利用追求心理的效果是良好的,因为这是谈判手的内心世界的活动,从内心世界下手进攻,自然容易动摇对方的谈判立场。

讲利用,主要从两个角度而言:乘虚而入与借力而用。乘虚而入是指利用对方的弱点,争取有利条件。那些"好出风头"者"虚浮","欲晋升者"胆小怕事,谋求私利者更是如臭鸡蛋,其壳极脆。只要在谈判的适当阶段,以恰当的技巧合法利用,就会获得利益。例如:用赞美之词让好虚荣者在谈判桌的气氛上得到满足;将小利、小惠加大张扬后让出;在其任何轻微、甚至毫不沾边的攻击面前故意做作,让其感到"英明非常",这样就可以失小利换大利、以虚荣换实利;让"急于求成"的官迷抛出条件后,才跟着其条件往前谈,时不时再给他来点紧张空气,这样就可以控制谈判中的主动权,只要"耐心"谈判、以柔克刚,就可以最大限度地减少对手的利润。虽然为客户、为职业的个人弱点不像上面的那

207

些人明显，但也有弱点。例如，过于强调为客户者，可能被对手利用其脆弱的地位，在谈判中被客户夺去光彩，被自己的追求削弱谈锋，而对手运用策略可加剧这种削弱，从而在轻松的谈判中得利。

对于追求的心理，除了可利用消极面的弱点，许多时候也可借助对于积极面促进谈判进程。像为企业、为职业、为民族与国家的追求心理就有其积极的一面。比如，谈判手具有一定的公开性与客观性，并且有一定的荣誉感，可以进行正常、健康的对话。有时可运用这些心理特征逼迫对方提供真实的信息，放弃苛刻、不公正的要求。反过来，这些对手的攻击也是猛烈的，因为其思想负担较少且具有相当的进取心，所以在利用其积极面的同时还要防守，即留有谈判的余地与论战的材料，以阻止对手的进逼。

事实上，精明的谈判手在谈判的不同阶段、不同论题上，会针对不同的对手、按不同的文化传统灵活多样地利用谈判中的追求心理。他们取得了成功，但从来不会向对手承认这一点。他们无论得到多大的利益，总会说自己是"失败者"、"吃亏者"。

（四）追求心理缺陷的修补

人非圣贤，孰能无过。谈判的组织者与谈判者应成为正视自己谈判心理缺陷的勇者。只有具有自知之明的思想品德，才能采取客观有效的措施纠正缺陷。实现修补需从以下两方面着手。

1. 组织措施

作为谈判的组织者，在选定人选时即应考虑到谈判者追求心理上的问题，并根据谈判任务的性质或分量选择胜任的人选。在选定人选后，应明确地进行心理上的教育，以帮助谈判者树立正确的谈判追求心理。对于明知有缺陷的谈判者，要保持相互间的沟通，以及时纠正谈判者可能出现的偏差，防止谈判漏洞。

2. 自我改造

作为谈判手，应正确对待自己的优缺点。尤其是对这种内心世界的缺陷，即便不披露（口头上正视），也应心中有意识去改正；或以"预警"的方式在投入谈判之前给自己提醒；或以"检验"的方式在谈判过程中逐段检查，无问题再继续往下谈，否则就重谈，直到纠正了谈判中的失误再继续或以"反省"的方式，在每段谈判结束时反省自己的言行是否有缺陷复萌；或借助"镜子"控制自己，即主动让同事监督自己的言行，及时批评指正，防患于未然。

采取以上措施修补谈判手的追求心理的缺陷，也等于加强了谈判力量，为谈判的成功创造了条件，同时可更有效地运用心理的作用，促进对谈判手的培养。

三、谈判者追求心理阶段变化的对策

谈判者的心理存在着主观与客观两个方面的因素。在谈判过程中，主观和客观的心理因素随谈判环境的变化而变化，主观意识与客观刺激紧密地汇聚在一起，成为谈判进展的动力。谈判者的追求变化较多，在阶段性的谈判中更可明显地看到这种变化。在谈到对策时，自然包括双方的追求心理。

（一）己方追求心理阶段变化的对策

对于己方，要注意 3 种可能的追求方面的心理因素。

1．饱而不贪

所谓饱而不贪，即谈判的基本目标已实现，可以扩大战果，但不可以"吃双份"。许多谈判者经过努力实现了自己的谈判目标，由于尚未成交签约，就加大谈判压力，试图争取更大的战果。从责任心的角度应赞赏这种精神，从谈判规律的角度要予以分析评判。如果双方谈判势均力敌时，己方的条件所得亦应包括对方的"努力"，对方的努力包括其"自卫与进攻"的行动。应该说该结果接近终局，若再任意提出条件就可能起反作用。当条件无法达成且使谈判陷入危机时，再退却就会有些被动。如果攻击对手的方法不对，还会留下些不快。如果对手比自己精明，则更要小心，一般也很难有再进攻的机会。

如果对手比自己弱，虽然可以在得手之后再提要求，但不一定有效果，因为这种人权限不会太大，最多告诉你"我可以汇报"，结果拖延谈判时间，最终也不会有大的让步。

2．饥而不急

所谓"饥而不急"，是指在谈判中得到的条件离要求差得很远时，不能急躁，急于求成会导致你鲁莽从事。从谈判实务的角度看，有以强硬形象出现的谈判者向对手施加压力，强压对手作出让步，由于语句不当、理由不充分或表达不适当，使谈判气氛骤变，把对手压跑或压翻了脸；有以温和手法出现的谈判员，主动作出让步，想引起对手共鸣，由于时机不当，或对对手的心理及作风了解不透，结果非但没有引起"共鸣"，反而吊起了对手的胃口，使对手要的条件更苛刻，追逼得更凶。所以，不单方着急更有利于谈判，况且谈判的结果属双方共有，该急的是双方而不应是单方。即便谈判地位有差别，有"买方市场与卖方市场"之别，但能否成交，对双方谈判者来说是一样的感受。

3．荒而不慌

所谓"荒而不慌"，即谈判毫无进展，对方态度强硬到使自己一无所获或所获不足挂齿。没有经验的谈判者往往会感到不知所措、无从下手。此时，不能慌乱，要冷静思考对策。大凡出现这种局面时，对手可能有两种情况：一种情况是本身条件即如此，无讨价还价可言。

此时,要检查对手的背景情况(公司销售习惯、相关交易品的市场现况、对手的地位等)来判断是否属此类情况,同时也可以检查一下自己的追求是否太"离谱"、毫无道理;或是有理,但属"空理"——如"你的情况你自己知道,不用我说"之类的论理。另一种情况系对手十分老练,他以心理战起步,与你比耐心、比意志,谁顶不住谁就先让步。这种情况可从交易的必需性、对手的地位、谈判可以利用的时间、对于平时的言谈和态度来判断,也可从自己的态度、追求的条件、掌握的证据来判断。除了这两种正常情况外,也存在一种非正常情况,即对手根本不指望成交或不想成交,故意表现这种态度。例如:被邀请来谈判的人知道自己不可能得到合同,故意以较高的条件来表达其追求,即使不成也无碍谈判的效果,而且比"让"姿所得到的效果还好些,因为至少保住了自己可能成交条件的秘密。

(二)对方追求心理阶段变化的对策

对于对方的追求,要注意两种可能的追求方面的心理因素。

1. 予之不松

所谓"予之不松",是指在阶段变化中,对手可能因为谈判的进展而产生更大的欲望,使谈判更难达成协议。因此,在每个阶段的让步的过程中,要尽力扼制对手的追求欲望,扼制的基本手法是让对方说道理并针对这些道理予以反驳。在交手的同时,再控制出让条件的时机,使对手深刻认识到得到的条件不易,若再追求也会同样难。此外,出手条件不应太松,即便出自"个人性格"——不喜欢啰嗦也不能出手太大,以为让步一次就可以拍板成交。然而,这只能让对方在一段时间内增大胃口,还得经过再次坚持之后,使之回到现实中来,这将会失去时间,且仍然多少要再付出代价方可使对方罢手。

2. 紧之有望

所谓"紧之有望",是指在阶段变化中,对手久攻不下,十分沮丧。这时应设法给对手一种希望,支持他继续谈判。例如,在争论之中不讲绝对的话。"这是绝不可能的"、"这是最后立场"、"根本不可能的事"。事实上确实存在根本不可能的条件,但在谈判中、论述中可以少用这类"绝语"。可以用的表达方式很多,像反问式的说法:"若站在贵方立场上,会接受这样的条件吗?"与绝对的话相反就是"敞口式"的论述,如"对贵方要求需求请示或研究"、"对我方的立场,可以听取贵方的评论"、"这是我方目前认识的结果。如果有新的资料,我们愿意了解并重申我方的立场"等等。

此外,紧的节奏要掌握适当,即卡紧条件、坚持立场的时间要掌握好。根据整个谈判日程的安排、双方主谈人及同伴的工作时间表,适时掌握坚持与放弃原立场的时间。还有,表现紧的条件的让步幅度要适当。说适当,是指能鼓舞对手冲向成交。比如,谈判的前阶段,卡得较紧且坚持的时间又长时,可能在转变阶段时顺势让出幅度大点的条件。不过,让步幅度是个敏感性较强的问题，要综观自己与对手商业条件的实际情况与成交目标而定。人们常说："让人哭、笑不得的条件"，就既具有刺激性，又具有回旋性，让对手感到自己的要求被尊重且明显的有所得，虽没有达到目的，但照此下去就很有希望。这样，该让步幅度既鼓舞了对方的谈判意志与成交愿意，又并未完全满足对手。反过来说，手中还有条件支持继续谈判。

第五节 谈判心理禁忌

一、一般心理禁忌

（一）一般谈判心理禁忌

一戒急。如：急于表明自己的最低要求，像家庭主妇一样一见到便宜货就急于抢购；急于显示自己的实力；急于表明自己对市场、对技术、对产品的熟悉；急于显示自己的口才、风度甚至酒量等。这些行为容易暴露自己的"薄"、"弱"、"露"、"洞"，易使己方陷于被动地位。

二戒轻。如：轻易暴露所卖产品的真实价值；轻信对方的强硬态度；没有得到对方实实在在的交换条件就轻易做出让步；轻易放弃谈判等等。"轻"的弊病：一是"授人以柄"，二是"示人以弱"，三是"假人以痴"，四是"小战即败"，都是自置窘境的心理弊病。

三戒狭。心理狭隘的人不适合介入谈判，因为心理狭小容不下谈判桌。如：把个人感情带进交易之中，或自己的喜怒哀乐受人感染，或脾气急躁、一触即发，或太在乎对方的礼仪、礼貌、言语、态度。这种人一般来说大都是"成事不足，败事有余"。

四戒俗。所谓俗就是小市民作风，如：因对方有求于我就态度傲慢，一派施主之面孔；因有求于对方就鞍前马后、卑躬屈膝，令人不堪其肉麻之状。须知俗态大凡都要"丧权辱国"，既失去谈判的利益，又失去谈判者的尊严。

五戒弱。俗话说"未被打死先被吓死"就是弱，如：过高地估计对方的实力，不敢与对方的专家正面交锋、据理力争；始终以低姿态面对对方，虚弱之态可掬，忠厚之状可欺。

六戒贪。贪杯、贪吃、贪色、贪财、贪玩、贪说、贪功、贪权、贪虚荣等都是谈判之大忌，这些忌讳令许多精英功败垂成、毁于一旦、身败名裂。

（二）专业谈判心理禁忌

一戒盲目谈判。一切尚未知己知彼的谈判，一切尚未充分准备的谈判都不能盲目进入。

二戒自我低估。毛泽东有一句伟大的名言：在战术上重视敌人，在战略上藐视敌人。天下没有打不败的敌人，天下没有不可取胜的谈判。"高度重视——充分准备——方法得当

——坚持到底"这是取得谈判胜利的普遍法则,我们没有理由自我贬低、自我弱估。《哈佛谈判学》指出:谈判是知识和努力的汇聚;谈判的目的在于得到我们需求的,并寻求对方的许可,就是这么简单。

三戒不能突破。此戒是指被对方抛出的一大堆数字、先例、原则或规定所唬住。须知没有不使用数字、原则的谈判,也没有不突破数字、原则的谈判,在双方的"谈"与"判"中,事情在发展,情况在变化,利益在延展。

四戒感情用事。

五戒只顾自己。只顾自己的谈判大抵都是失败的谈判,双赢哲学是当今世界基本谈判哲学,当然,双赢不是利益的完全均衡。由"只顾自己"可能导致"拒不妥协",这同样是一种误区;须知"没有妥协就没有谈判";善于妥协是有智慧的表现。谈判的座右铭:理想的谈判就是对双方都有利益的谈判。

六戒假设自缚。据说哈佛商学院用了十年的时间研究出"原则谈判法则",其核心就是打破立场的僵化,破除假设的自缚,寻求利益的合理分配。有哲人指出:主观臆断是一般人的通病。别让有限的经验成为永恒的事实;作为谈判者就是要冒风险,挣脱过去经历的先例,对臆测提出疑问,从现有的经验之中做些新的尝试。不要表现得仿佛有限的经验就代表了全球性的真理。尽量先去试验一下自己的猜测是否正确,迫使自己走出经验之外,别固守着落伍的方式做事情。

七戒掉以轻心。谈判永远是不可掉以轻心的事业,不仅获胜前不能掉以轻心,就是获胜后也不能掉以轻心。反之,则或功败垂成,或成而树敌。

八戒失去耐心。能耐能耐,能够忍耐才是有能耐。谈判也是一种耐力的竞赛,没有耐力素质的人,不易进入谈判。一路春光明媚的谈判,一般都含有某种危机在其中;所以,忍耐性是一个不可忽视的制胜因素。

二、谈判中的心理战

在一切劝说人的工作中都存在运用心理战术的问题,心理战具有很强的技术性。

案例 8-2

在美国,一位名叫亚的多家小商店的业主,正在同一位多家大商店的拥有者、并有兴趣再兼并一些店铺的大老板肯,进行关于出售商店的谈判。经过长时间的唇枪舌剑之后,双方在价钱上发生了分歧。

肯:我出的价不能高于1500万元了。

第八章 商务谈判心理

亚：我一再跟您讲了，我们要价2000万元，少一分钱也不干。现在让我们把这一切都忘了算了。

肯：真遗憾，亚先生，我们实在谈不到一块儿。如果你改变了主意，请再通知我吧。

亚：您就当咱们有没谈过得了，我真的无法再让价了。（说完礼貌地离开了）

两星期后，肯给亚打来电话，表示同意对方2000万元的要价。

这个实例在谈判学中被定义为"虚张声势"的心理战。这种心理战含着三个要素。一是敢于虚张声势，即敢于为自己商品的高价制造多方面的根据，制造氛围；二是敢于冒风险，即冒对方不买账、生意告吹的风险；三是敢于坚持，但这个"敢于"是在理智分析、胜算在胸的基础上的"敢于"，而"坚持"是心理战的核心，"坚持"是谈判取胜的最重要的心理因素。

三、谈判者的心理素质要求

谈判无疑是人的一种社会活动，而一切社会活动都必须接受人际交往法则的制约，因此谈判对人的心理素质有相当严格的要求。所谓心理素质主要是指人的情感（包括情绪、态度等）、动机（包括需求、欲望等）和行为。

（一）对谈判者情感心理的要求

1. 谈判中主要的情感表现

在谈判实践活动中，人的情感表现是非常丰富的，但归纳起来主要有：喜、怒、忧、惊、悲、惧等六种。

"喜"在谈判之初表现为"乐于合作"，在谈判中期表现为"进展满意"，在计谋得逞时表现为"沾沾自喜"，在各方满意时表现为"皆大欢喜"。

"怒"同样可以表现为"气恼于初"、"愈演愈烈"和"不欢而散"。

"忧"在谈判中表现为一种较为持久的心理状态，"忧"是忧愁和顾虑的综合情绪。"忧"的理由很多，因谈判胜算的渺茫，因谈判对手的高压气势，因本方的意见分歧，都会不断增加"自忧"的心理氛围。

"惊"是谈判中的惊讶与奇怪的感觉，这种感觉主要出现在始料不及的事情发生之时，而且这种事情多出在对手、助手、上司的言行所带来的后果上。

"悲"是愧悔、伤心、怅叹与委屈的混合情感流露，一般出现在两种情况下，一是"失算"，一是"被误解"。

"惧"是谈判中的一种畏缩、害怕的情绪。这种情绪主要出现在以下几种情况中：①

讨价还价时；②使用"边缘政策"时；③做重大或陌生问题的决策时。

2．心理状况对谈判的影响

谈判者在谈判过程中表现出来的情感肯定会影响谈判对手的心理和行为，但是，这种影响也应从两个方面去理解。一是"个人情感的真实流露"，该喜则喜，该忧则忧，该愁则愁，该惧则惧，是一种自然性的发泄，给人以一种"诚实"、"实在"的感觉，从而使对手易于接受自己表述意见的真实性，收到某种积极的效果。但是它同样会带来消极的后果，也易使对方产生误会、误解，进一步扩大分歧，导致关系的紧张，甚至会转移谈判焦点，促使谈判流产。二是"劣质性格"的情感表露，即一言不合就拍案而起，不会讲理，只会蛮横，或者是人身攻击，意气用事，这些只会带来难于弥补的过失。

3．明智的情感策略

明智的情感策略是指利用情感的发泄来影响对手的谈判立场，由于影响对手的情感发泄具有极强的目的性，所以它应该是理性的、策略性的个人情感行为，又是谈判人员常用来支持自己立场的有力手段，具体操作起来有以下几种方式：①以理性的情感发泄影响对手。所谓"理性"就是情感的自我控制性，所谓"控制"就是使情感能沿着谈判的功利目的、关系目的去流泻；②以策略性的情感发泄影响对手。所谓"策略性"就是戏剧性，具有很强的导演性和演出性，即剧情需求什么情感，演员就表演什么情感。这里又有"软"、"硬"两种不同的表现形式：软性的情感发泄包括"愁"、"悲"、"惧"和"亲善"等情感形式；硬性的情感发泄包括"急躁"、"不满"、"气愤"等表现形式。一般的谈判都需"软硬兼施"，各得其所。

（二）对谈判者的动机要求

许多谈判学著作对谈判人员参加谈判的动机做了这样一些概括：为了完成任务，为了客户，为了企业，为了国家，为了出风头，为了晋升，为了发财……关于谈判者的动机问题，在"商务谈判的需求"一节里已有论述。必须明确指出，不同的谈判动机会直接影响谈判的走向或成败。只代表个人利益的谈判可以允许各种动机的存在，而代表集体、国家利益的谈判则必须具有为国家、为集体的动机，否则一切谈判学理论都会坍塌。这是谈判人员必须具备的第一位的心理素质。

（三）对谈判者的行为要求

行为是情感、动机的外在表现，但又不完全等同，因此，本文提出以下几点行为要则。

1．要为谈判准备必要的物质条件

商务谈判是一项精神高度集中，体力和脑力消耗都比较大的活动，为了保证谈判人员能以充沛的精力和饱满的精神投入到谈判中，应该为他们准备必要的物质条件。这里所说

第八章　商务谈判心理

的物质条件不仅是指谈判人员在衣、食、住、行等方面的生活条件，而且还包括样品、合同文本、有关技术资料、谈判场地、通讯设备等方面的条件，因为这些条件也是谈判得以顺利进行的物质基础。在进行这些方面的准备时，总的要求是既要与谈判人员的身份、地位相适应，又要能满足谈判人员在工作和生活上的需求。

2. 谈判人员之间要注意建立友好的人际关系

谈判人员并不是只讲物质利益的"经济动物"，而是有感情的人，他们也追求友情，希望在友好合作的气氛中共事。所以，无论是在双方谈判人员之间，还是在一方谈判小组内部，都要注意建立良好的人际关系。这就要求谈判人员一方面要注意在谈判过程中应本着友好合作的态度，利用各种机会建立和发展双方的友情。如为对方举行宴会、邀请对方参加联欢活动、赠送礼品、回顾双方的愉快合作等等。如果彼此之间建立起友情，相互信任感就会大大增强，让步和达成协议的可能性就会提高。另一方面，谈判小组内部也要建立起互谅互让，团结协作的关系。谈判小组内部各成员的年龄、性格、专长，甚至生活习惯都各有不同，在工作上存在不同意见、在生活习惯上有差异是很正常的事情。但如果不注意处理好，很容易导致小组内部的矛盾和分裂，严重影响谈判小组发挥整体作用的功能。因此，在日常生活中，谈判小组成员应互相谅解、互相忍让、互相帮助，使全体成员都能感受到集体的温暖，产生归属感。在讨论问题时，要让各成员充分发表意见，并吸取各种意见中科学合理的内容；对于不能被采纳的意见，也不要全盘否定，而应委婉地加以拒绝；当某个成员在谈判中有过失时，也不要横加指责，互相埋怨，而是应尽快想出补救办法，帮助他总结经验教训，鼓励他继续好好干，这样做会大大强化其将功补过的心理，使他能尽快地振作起来，在以后的谈判中更加努力工作。

3. 要注意尊重谈判对手

在与谈判对手交往中，要处处注意对对方的地位、人格、学识、宗教信仰等表示尊重。例如，由身份对等的人出面接待，谈判中注意认真倾听对方的发言，不使用污辱性语言，尊重对方的风俗习惯和宗教信仰等，都可使对方感受到尊重，增加对方的好感。

4. 适时地对对方所做的努力和工作成果表示赞赏

商务谈判人员和常人一样，都希望自己的工作富有成果，能得到别人的承认。在商务谈判中，适时地对对方的学识、见解表示佩服，对其主观上所作的努力和过人的能力表示赞赏，能使他心理上产生满足感和自豪感。

以上几点，对满足谈判者的需求，是很有作用的。当然，在多数情况下，谈判者的各种需求，是很难得到全部满足的。此时就应该注意对谈判者的某些需求进行诱导，如多强调导致某种情况的客观因素，或改变对方对某些需求的重要性的认识等，使其在心理上得到平衡。

（四）谈判心理三要素

1．深沉

谈判者应冷静沉着、掩而不露、从容不迫地应对所面临的问题，尽量避免喜怒形色于表、急躁心切于行。深沉可以为清晰思路创造良好的心理基础。惊恐、冲动、忙乱是谈判之大忌。须指出的是，谈判者并不是要让人"感觉到"或自己"做出深沉的样子"，而是将深沉体现于处理问题的每一个细微思维活动之中。这也说明在行为、表情、言语与内心思维活动之间是可以保持一段距离的。

2．理智

谈判者对自己处理问题的能力必须非常清楚，对于无法处理、无法控制的问题切不可丧失理智。换句话说，能处理的问题一定要冷静地处理好，不能处理的问题必须寻求其他的途径解决。有的谈判者由于无节制性，结果本来清晰的思路也被对方设置的圈套扰乱了。

3．调节

谈判者须注意根据实际情况的变化和需求及时调节自己的心绪。一个人的心理平衡往往会因外部条件的变化而受到干扰甚至被打破，因此谈判者要通过相应的调节保持或重新建立起新的心理平衡。比如，当对手的谈判条件发生变化时、更换谈判人员时、谈判环境改变时、原有协议被新建议代替时、双方谈判实力对比发生变化时等等，都会对谈判者的心理状态和思维活动产生影响。这时，尽快调节自己的心理状态，是谈判者应付外界变化或实现自己目标的重要的心理基础。善于调节的谈判者，其思维方式虽然也会起伏变化，但能见机行事，能抓住那些转瞬即逝的机会，"见风使舵"，获得主动。

 思考题

1．根据需求理论，现代商务谈判分几个层次？
2．试举例说明需求理论在现代商务谈判中的实际应用。
3．气质有哪几种类型？对谈判有什么影响？
4．性格对谈判有什么影响？
5．在谈判中谈判者可能有哪几种心理追求？
6．在谈判中如何利用谈判者的心理追求？

第八章　商务谈判心理

阅读材料

由电影的情节看商务谈判心理

2009年由冯小刚执导的爱情喜剧"非诚勿扰",戏里在开始时讲述男主角以200万英镑卖出了自己发明的"分歧终端机",并称其发明能解决世上所有的纷争,靠的就是剪刀、锤子、布的游戏模式,但为了在这种博弈过程中不能投机取巧,包括耍赖等。"分歧终端机"能让各方都在博弈过程中处于一种"不可视",也就是"无知"的状态下来进行博弈。当然,戏里面用来解决纷争的小孩子博弈只是编剧用来幽默一番的情节。与之类似的还有一部美国电影"谈判专家",戏中讲述一名芝加哥黑人警察被诬告,而他知道自己是被陷害的,在无可奈何下,他绑架了一些人,并要求芝加哥的一名白人警察来跟他谈判,好让这位黑人警察有时间来寻找自己是清白的证据。这部影片非常有趣的地方是:这位黑人警察和白人警察都是芝加哥警方非常厉害的谈判专家,而他们就在这单案子中进行博弈对决。在他们刚开始博弈时,黑人警察想摔电话就摔电话,说不谈就不谈,他掌握了所有谈判的主控权。而那位白人警察在分析完这位黑人警察的动机和处境后,便还以颜色,把黑人警察置身的大楼电源给切断,因为白人警察清楚知道黑人警察要透过电脑去查找自己清白的资料,此时电源切断了,黑人警察便不能再使用电脑了。此时,黑人警察要求白人警察把电源接上,白人警察见黑人警察有求于自己,便立马打蛇随棍上要求黑人警察先放一名人质。于是,黑人警察放了一名人质,而白人警察就把大楼的电源重新接了起来……以上的情节,其实充分体现了商业场上谈判时的博弈。很多人经常误以为谈判就是和对手打心理战,只要战术成功,就能赢得谈判,其实是错的。谈判绝对不只是简单的心理较量,更多的是实力的较量,就是你手上拥有多少筹码。谈判者的手中必须拥有筹码,才有与对手谈判的资格,而且,这个谈判筹码不是死的,是可以变化的。在没有上谈判桌之前,都是实力的较量,只有到了谈判桌之后才会涉及心理战术。所以谈判绝对是实力的较量而不仅仅是心理的较量,但心理较量绝对是赢得谈判的重要手段之一。

【问题与思考】

（1）谈判心理与简单的博弈有什么不同？

（2）思考谈判心理与谈判实力的关系。

第九章　商务谈判的礼仪与礼节

　内容提示

在现代商务活动中，人们需要相互交往，改善彼此关系，磋商业务问题，进行谈判，达成协议。商务谈判是现代商务活动的一个极其重要的环节。

本章主要介绍在商务场合中应遵守的礼仪礼节规范。如交谈礼仪、迎送礼仪、宴请礼仪、馈赠礼仪等以及交际的一般礼节、见面时的礼节、称呼礼节、递接名片的礼节及服饰礼节等。另外，介绍了商务谈判中文化的差异及文化差异对谈判的影响，通过学习针对不同国家文化的礼仪来增强谈判成功的策略，并在实际中加以运用。

第一节　商务谈判中的礼仪

商务谈判礼仪是日常社交礼仪在商业活动中的具体体现，是指谈判各方在参与谈判活动过程中所应遵守的各种礼仪规范。商务谈判由于其本身的商业性和正规性，对礼仪方面有着一些特殊的要求。礼仪和礼节作为重要的生活规范和道德规范，是对他人表示尊敬的方式与体现。同时，它也是人类文明的重要表现形式，在一定程度上反映了一个国家、一个民族、一个地区和个人的文明、文化程度和社会风尚。

商务谈判礼仪与礼节不仅有助于维护企业形象，而且可以推动谈判的顺利进行。在商务谈判中，个人代表着集体，个人形象代表着企业形象，个人的一举一动、一言一行，都是本企业的典型活体广告。恰当地运用谈判礼仪，对于个人来说，是素质和教养的体现，同时，也很好地维护了企业的形象。恰当的礼仪是谈判进程中的润滑剂，它有助于谈判各方充分沟通、交流感情、表达心意，同时还能建立、发展和维护各方的友好合作关系，为今后的发展奠定基础。

一、交谈礼仪

在交谈活动中，只有尊重对方，理解对方，才能赢得对方感情上的接近，从而获得对

第九章 商务谈判的礼仪与礼节

方的尊重和信任。因此，谈判人员在交谈之前，应当调查、研究对方的心理状态，考虑和选择令对方容易接受的方法和态度；了解对方讲话的习惯、文化程度、生活阅历等因素对谈判可能造成的种种影响，做到多手准备，有的放矢。

（1）交谈时表情要自然，态度要和气，语言表达要得体。说话时可做适当的手势，但动作不要过大，更不要手舞足蹈，交谈时距离要适当。

（2）加入他人谈话时要先打招呼。当别人个别谈话时，不要凑近旁听，若有事要与人交谈时，要等别人谈完；有人主动与自己谈话时，要乐于交谈；第三者参与交谈时，应以握手、点头或微笑表示欢迎，发现有人欲和自己交谈时，可主动上前询问；谈话中遇有急事需处理或离开时，应向对方打招呼，表示歉意。

（3）在交谈中，语速、语调和音量对意思的表达有着较大的影响。交谈中，陈述意见要尽量做到平稳、中速。在特定的场合，可以通过改变语速来引起对方的注意，加强表达的效果。一般问题的阐述应使用正常的语调，保持能让对方清晰听见而不引起反感的高低适中的音量。

（4）交谈中，自己发言时要注意给别人发表意见的机会；别人讲话时也应寻找机会适时地发表自己的看法；要善于聆听对方的谈话，不要轻易打断别人的发言，一般不谈与话题无关的内容。

（5）在交谈中，应目视对方，以示关心；对方发言时，不应左顾右盼、心不在焉或注视别处，显出不耐烦的样子；不要老看手表、伸懒腰、玩东西等，显得漫不经心。

（6）交谈时，一般不询问妇女的年龄、婚姻等状况；不径直询问对方的履历、工资收入、家庭财产、衣饰价格等私生活方面的问题；对方不愿回答的问题不要寻根究底；对方反感的问题应表示歉意并立即转移话题；不对某人评头论足；不讥讽别人；不要随便谈论宗教问题。

（7）男子一般不参与妇女圈的讨论，也不要与妇女无休止地交谈而引人反感；与妇女交谈要谦让、谨慎，不随便开玩笑；争论问题要有节制。

（8）交谈中要使用礼貌用语，如你好、请、谢谢、对不起等，并针对对方不同国别、民族、风俗习惯等，恰当运用礼貌语言。

（9）在社交场合中交谈，一般不过多纠缠，不高声辩论，不恶语伤人，即使有争吵，也不要斥责、讥讽、辱骂对方，最后还应握手道别。

二、迎送礼仪

迎接是商务谈判礼仪的序幕，事关谈判氛围。对应邀前来参加谈判的人员，应根据他们的身份和目的等，安排相应的迎送活动，并确定迎送规格，做好迎送中的具体事务，恰守礼仪，自始至终地组织好迎送活动。

（一）确定迎送规格

迎送规格应当依据前来谈判的人员的身份和目的、己方与被迎送者之间的关系以及惯例决定。主要迎送人员要与来宾的身份对等、对口。对等就是双方的职位、职称相当；对口即双方的职责范围或专业相似。若当事人因故不能出面或不能完全对等，应灵活变通，由职位相当的人士或副职出面。只有当双方关系特别密切，或者己方出于某种特殊需要时，如对方对于己方来说格外重要，方可破格接待，即安排比来宾身份略高的人员接待。除此之外，均应按常规接待。

（二）掌握来宾抵离的时间

迎接人员应当准确掌握对方抵达时间，提前到达机场、车站或码头，以示对对方的尊重，只能由己方去等候客人，绝不能让客人在那里等候主人。同样，送别人员亦应事先了解对方离开的准确时间，提前到达来宾住宿的宾馆，陪同来宾一同前往机场、码头或车站，亦可直接前往机场、码头或车站恭候来宾，与来宾道别。

（三）做好接待的准备工作

得知来宾抵达日期后，应首先考虑其住宿安排问题。对方尚未启程前，先问清楚对方是否已经自己联系好住宿。如果未联系好，或者对方系初到此地，则代其预订酒店房间，最好是等级较高、条件较好的酒店。

客人到达后，通常只需稍加寒暄，即陪客人前往酒店，在行车途中或在酒店简单介绍一下情况，征询一下对方意见，即可告辞。

（四）迎送礼仪中的有关事务

（1）献花。献花是对来宾表示亲切和敬意的一种好方法，尤其来宾中有女宾或携有女眷时。在其尚未到达酒店之前，预先在其房间摆一个花篮或一束鲜花，会给她们一个惊喜，有时甚至会达到意想不到的效果。但要注意送花时要尊重对方的风俗习惯，应尽量投其所好，绝不可犯其禁忌。如日本人忌讳荷花和菊花；法国人不喜欢菊花、杜鹃花以及黄色的花；香港人不喜欢白色和红色的花；俄罗斯人则认为黄色的蔷薇花意味着绝交和不吉祥而且送鲜花一定要送单数。另外，给对方女性送花，最好以我方某女性人员的名义或己方单位名义或负责人妻子的名义赠送，切忌以男性名义送花给对方交往不深的女性。如果对方是夫妇同来，己方送花尤应以负责人夫妇的名义或公司的名义送给对方夫妇。

（2）陪车。应请客人坐在主人的右侧。若带有译员，译员坐在司机旁边。

三、宴请礼仪

宴请是商务谈判进程中最常见的交际活动形式之一，各个国家和民族往往根据自己的特点与习惯，根据活动的目的、对象以及经费开支等因素举办不同形式的宴会。

（一）宴请的形式

宴请可视不同的情况采取不同形式的宴请，分为宴会、招待会和工作餐。

1. 宴会

宴会分为国宴、正式宴会、便宴及家宴。

国宴是规格最高的宴会，需要排座次，宴会厅内挂国旗，安排军乐队奏国歌及席间乐，席间致辞或祝酒。正式宴会规格仅次于国宴，而便宴是非正式宴会，较随便、亲切，宜用于日常友好交往。便宴可分为午宴、晚宴、早餐，可以不排座次，不做正式讲话，菜肴道数亦可酌减。家宴即在家中设的便宴，往往由主妇亲自下厨烹调，家人共同招待。

2. 招待会

招待会指各种不备正餐、较为灵活的宴请形式，备有食品、酒水饮料，一般不排座位，可自由活动。常见的有冷餐会、酒会、茶会。

冷餐会菜肴以冷为主，也可用热菜，连同餐具陈设在桌上。客人不排座位，可多次取食。酒水可放在桌上，也可由招待员端送。酒会适用于各种节日、庆典、欢迎及招待演出前后。其形式活泼，便于广泛交流。茶会是一种简便的招待形式，请客人品茶交谈。茶会通常设在客厅，内设条几、坐椅，不排席位，如为贵宾举行，则应与主人安排在一起，其他人随意。

3. 工作餐

工作餐是人们在社交活动中经常采用的一种非正式的宴请形式，一般是因为工作的需要，把餐桌当做会议桌，边用餐边谈。这类活动一般只请与工作有关的人员，并且工作进餐往往安排席位。

（二）宴请的组织

由于宴请工作的种类不同，宴请组织工作的难易也有较大差别。工作餐较简单，而正式宴会，尤其是国宴，组织工作则相当复杂，有很多国际惯例、礼仪要求，是外事活动中的重要项目之一，有许多具体工作要进行认真筹划。

（1）确定宴请目的、名义、对象、范围与形式。宴请的目的多种多样，可用于欢迎代表团、外交官员到离任，也可为庆祝某纪念日、搞某项活动和工作交流等；宴请名义和对象的确定主要依据主客身份对等的原则；宴请的范围依据包括宴请的性质、主宾身份、国

际惯例、与我方关系及政治气候等多重因素；宴请形式的确定主要视具体情况和当地的习惯而定。

（2）确定宴请的时间、地点。宴请时间以对主宾双方来说都较为合适的时间为宜。若难以兼顾，则应尽量选择对客人来说方便的时间。时间大约确定后，可以通过电话或其他途径征询一下主宾的意见，对方认为没有问题，即可以正式确定，并按此时间通知其他宾客。注意不要选在对方的重大节假日、重要活动和禁忌的日子与时间内。如宴请信奉基督教的国家的人士不要选十三号星期五。

宴请的地点要按活动性质、规模、宴请形式、主人意愿及实际可能而择定。官方正式隆重活动一般安排在政府、议会大厦或宾馆内。举行小型正式宴会在可能条件下，通常另设休息厅供宴会前简短交谈用，待主宾到达后一起进入宴会厅。民间的宴请可以设在酒店、宾馆，也可以在有独特风味的餐馆。

（3）发出邀请及请柬。组织宴请活动时，一般都发请柬，这既是礼貌，也作为客人备忘之用。便宴亦可约妥而不发请柬，工作进餐一般不发请柬。请柬一般要提前1～2周发出，有的地方还需再提前，以便被邀人士有所准备。

（4）订席。席上酒菜要根据宴请形式和规格及规定的预算标准而定。选菜不要以主方的喜好为准，而要考虑来宾的喜好和禁忌。如果个别宾客有特殊需要，也可以单独为其上菜。大型宴请，则应照顾到各个方面。选菜还要注意合理搭配，包括荤素搭配、色彩组合、营养构成，时令菜肴与传统菜肴的搭配，以及菜肴与酒水饮料的搭配。菜肴道数与分量都要适宜，不宜过多或不足。最好选一些有地方特色的菜和名酒。

（5）席位安排。正式宴会一般都要排席位，也可只安排部分客人的席位，其他人只排桌次或自由入座。按国际惯例，桌次的高低以离主桌的位置远近而定，右高左低。同一桌上，席位高低以离主人座位远近而定。我国习惯于按每人的职务排列，如有夫人出席，常把女方排在一起，即主宾坐男主人右上方，其夫人坐在女主人右上方。国外习惯男女穿插安排，以女主人为准，主宾在女主人右上方，主宾夫人在男主人右上方。

（6）现场布置。现场布置取决于活动的性质和形式。宴请的布置应该庄重、大方，可以少量点缀鲜花、刻花等，不要用红红绿绿的霓虹灯装饰。宴请可以用圆桌也可用长桌或方桌，各桌之间距离要适当。

（7）餐具的准备。餐具准备要充分及清洁。

（8）宴请程序及现场工作。宴请时，主人一般在门口迎接客人，如规格较高，可由少数主要官员陪同主人排列成迎宾线。其位置在客人进门存衣以后，入休息厅之前。相互握手后，由工作人员引进休息厅。如无休息厅，则直接进宴会厅，但不入座。有些国家官方隆重场合，客人（包括本国客人）到达时，有专职人员唱名。

第九章　商务谈判的礼仪与礼节

休息厅内有相应身份的人员照料客人。

主宾到达后,由主人陪同进入休息厅与其他客人见面。如客人尚未到齐,迎宾线不撤,代表主人迎接其他客人。

主人陪同主宾进入宴会厅,全体客人就座,宴请即开始。如休息厅较小,宴请规模较大,也可请主桌以外的客人先入座;主桌人员最后入座。

如有正式讲话,各国安排的时间不一,一般正式宴请场合排在热菜之后、甜食之前,主人先讲,宾客后讲,也有一入席即讲话的。

吃完水果,主人与主宾起立,宴会即告结束。

外国日常宴请以女主人为第一主人时,以她的行动为准。入席时她先坐下,然后招呼大家开始。餐毕,女主人起立,邀请全体女宾与之共同退出宴会,男宾尾随在后。

主宾告辞,主人送至门口,主宾离去后,原迎宾人员顺序排列,与其他客人握别。

（三）赴宴

（1）回复。接到宴会邀请,能否出席要根据邀请方的要求,尽早、尽快通过电话或信函答复对方,以便主人安排。在接受邀请之后,不要随意改动,万一有特殊情况不能出席,尤其是主宾应及早向主人解释、道歉。应邀出席一项活动之前,要向主人核实活动举办的时间、地点,是否邀请了配偶以及主人对服装的要求等,以免失礼。

（2）掌握时间。出席宴请活动,抵达时间的迟早、逗留时间的长短,在某种程度上反映了对主人的尊重,这要根据活动的性质及有关习惯掌握。有的国家是正点或晚一两分钟抵达,我国是正点或提前两三分钟到达。如确实有事需提前退席,应向主人说明,然后悄悄离去;也可事先打招呼,届时离席。

（3）抵达。抵达后,通常先到衣帽间脱下大衣帽子,然后前往迎宾处,主动向主人问好,并根据活动内容表示祝贺。

（4）入座。进入宴会厅之前应先了解自己的桌次和席位,入座时进行核对,不要随意乱坐。如邻座是长者或妇女,应主动为对方拉开椅子,协助对方先坐下。在西方国家夫妻不坐在同一桌上。入席的方法很多,应看清是何种排法再入席。坐下后应主动与周围的人打招呼,进行自我介绍。

（5）进餐。大家入座后,主人应招呼客人用餐,在中国是男主人为主,西方是女主人为主。

（6）宽衣。在社交场合,无论天气如何炎热,不能当众解开纽扣,脱下衣服。小型便宴上,如主人请客人宽衣,男宾可脱下外衣搭在椅背上。

（7）祝酒。作为主宾参加宴请时,应了解对方祝酒习惯,以便做必要的准备。碰杯时,主人和主宾先碰,人多时可同时举杯示意,不一定碰杯。祝酒时注意不要交叉碰杯。

商务谈判

主人和主宾致辞、祝酒时，应暂停进餐和交谈。主人和主宾致辞后往往到各桌敬酒，各桌宾客应起立举杯，碰杯时目视对方致意，主桌未祝酒时，其他桌不可先起立或串桌祝酒。

（8）致谢。在出席私人宴请之后，往往应在三日内致函或名片表示感谢。

（9）特殊情况处理。宴会中遇意外情况，如碰倒酒水、碰掉餐具等，应沉着冷静，可轻轻向邻座（或主人）说声"对不起"，餐具掉落后可请招待员另送一付。酒水溅到邻座身上，应致歉并协助擦干，如对方是妇女，则只要把干净餐巾或手帕递上即可，由她自己擦干。

四、馈赠礼仪

赠送礼品是商务谈判活动中的一项重要礼仪。谈判者在相互交往中赠送礼品，表达友好和增进双方友谊的愿望，同时也表达了对该次合作成功的祝贺和对再次合作能够顺利进行的愿望。但是，只有合乎礼仪的赠送行为，才能达到这样的目的。

馈赠礼品时，应注意以下几点。

（1）礼物的价值不宜过高，但要有特色。各国对于礼物价值要求有所不同，在美国一般的商业性礼物价值在二十五美元左右，而亚洲、非洲、拉美、中东地区的客商与欧美客商相比有所不同，他们往往比较注重礼物的货币价值。

（2）礼物的选择。在具体选择礼物时，应根据对方的喜好与习惯，选择有中国民族特色，有一定纪念意义的物品，一般偏重于艺术价值和纪念意义；相对来说使用价值不是很重要，过于贵重的礼物，往往使人觉得别有用心。

（3）赠送礼品，首先要注意对方的文化背景。由于谈判者所属民族、国家、地区等文化背景的差异，其爱好和要求必然存在差异，因此，必须注意根据对方的习俗、兴趣与爱好选择合适的馈赠礼品。例如，在阿拉伯国家，不能以酒作为馈赠礼品，不能给当事人的妻子送礼品；在英国，人们普遍厌烦有送礼人单位或公司印记的礼品；法国人忌讳菊花；而日本人则不喜欢有狐狸图案的礼品。

（4）要注意包装。包装是礼物的外套，不可马虎、草率，否则影响送礼的效果，在包装图案和颜色上，更要考虑不同国家、不同民族的习俗和爱好。例如：日本人忌讳包装打上蝴蝶结，送礼时在门口要打开包装。

（5）要注意时机和场合。一般情况下，各国都有初交不送礼的习惯。此外，英国人多在晚餐或看完戏之后乘兴赠送礼品，法国人喜欢下次重逢时赠送礼品，我国以离别前赠送纪念品较为普遍。应当注意，礼品往往是有一定的暗示作用的，必须小心谨慎，不要因赠送礼品造成误解。例如，我国一般忌讳送梨和钟。因为梨与"离"同音，钟与"终"同音，都是不吉利的，男性对一般关系的女子，不可送贴身内衣、腰带，更不宜送项链、戒指等首饰物品，否则，容易引起误解。

正所谓礼尚往来，除馈赠礼品之外，商务谈判人员也常会遇到受礼问题。对于赠送的礼品是否能接受，要考虑有关规定和纪律，当对所送礼物不能接受时，应说明情况并致谢。接受符合规定的礼物，对欧美人一定要当面亲自拆开礼品包装，并表示欣赏，真诚接受和道谢，受礼后还要注意还礼。还礼可以是实物，一般为对方礼物价值的二分之一，也可在适当时候提及，表示"不忘"和再次感谢对方。

五、非面对面谈判礼仪

并不是每一次商务谈判都要面对面地进行，借助电话、书信等媒介也是商务交往中经常使用的方式，在这种情况下，表示礼貌的方式很单一，作为谈判者更应注意通过语言、文字的交流来创造良好的谈判气氛，以促使谈判的顺利进行。

（一）电话谈判中的礼仪

电话是现代联系方式，电话联络已经成为人们相互沟通的重要交际方式。在国际商务谈判中，双方互通电话于礼节上很有讲究。在谈判双方休整过程当中，一方给另一方打电话，一般是有重要的事情，双方对此类电话都会很注意。因此，打电话之前应做好准备，打好腹稿，选择好表达方式、语言、声调等。

在通电话时，揣摸对方的唯一手段便是电话里传过来的声音。谈判者要想使对方感受你的真诚、友好，也只有依靠对自己声音的控制。因此，通电话时一定要持友善的态度，不要因对方见不到你的微笑而忽视它的作用，面部表情冰冷时，一般也很难有自然温和的声音。

在电话里进行商务谈判尤其应当注意听明白、说清楚，不仅要认真听对方的话，也要确保对方完全理解你的意思。因此，讲话时要把速度放得稍慢一些，发音要清晰，遇到特别重要的内容（如时间、地点、报价、人名、数字、地名等）应重复一遍，询问对方是否听清后，再继续往下讲。听对方讲话时应全神贯注，以一些简单回答对对方的讲话做出反应，如果一声不响，对方会怀疑你是否在用心听。

电话接通后应先自报家门，"我是××，请问……"如果你想与之通话的人并不熟识，就有必要将自己的工作单位、职务等一并讲清，以给对方考虑、选择的机会。如果对方愿意与你通话，谈话可以开始；如果对方因故不愿与你通话，也可以使他有回避的余地，可以换时间再打电话或借此机会与对方约定下次通话的时间。这样接触非常有礼貌，不会给对方造成唐突之感。

作为接电话的一方，拿起话筒应先说"你好，××公司"。如果对方要找的人不在，应请对方留下姓名、电话号码或留言。有一点应当注意，如果对方没有表明身份便提出要与

某人通话，恰巧此时某人不在，一定要告知对方某某不在，再询问对方的姓名、单位。若盘问对方之后才回答某某不在，容易给对方造成某某在而不愿接听电话的印象，这是非常失礼的。

电话洽谈，一定要专心致志，不要同身旁的人讲话或边打电话边做其他事情，或者吃东西、喝水、嚼口香糖等，这不仅不礼貌，而且影响通话的清晰度，如果遇到紧急事情，确实需要处理，要向对方说明，并表示歉意，可以按下封锁声音的按钮，或用手捂上话筒再与他人讲话，恢复通话时，仍要说"对不起"或"抱歉"之类的话。若处理的事情比较繁琐，可以告知对方，处理之后再回拨给对方。

如果通话时，电话突然中断，无论造成断线的原因是什么，拨打电话一方应主动重拨电话。如果你不想继续谈下去，而对方仍不结束话题，则不可未等对方讲完就挂断电话，否则很失礼，而且对方误以为是线路中断，还会再打过来；应该婉转告知对方现在不想谈下去，使对方会意，终止谈话，又不失礼貌。

（二）信函谈判中的礼仪

信函，特别是写给未曾见过面的人的信函，常常给读信人留下很深的第一印象，使其从信中产生对写信人水平、风格、能力等的主观判断。一封干净整洁、合乎规范、措词得当、彬彬有礼的商务信函，可以赢得对方的信赖、敬重与好感，这是成功合作的第一步。以信函形式进行的商务谈判，涉及许多方面，如询价、索样、报价、订购等，但基本礼节是一致的。商务信函的书写应遵守以下原则。

（1）信纸应合乎规范，平整干净，不宜选用折皱、有污迹的信纸，四周空隙要自然对称，不要"顶天立地"，尤其是信纸的左边一定要留有一定的空白，以便收信人装订存档。

（2）无论是手写还是打印，字体要清晰、工整、易于辨认。

（3）信的结构、格式要正确、完整。全信应包括抬头、日期、封内地址、称谓、信的主体、客套结束礼词和签名等部分。抬头指写信人的姓名、单位名称、地址等；封内地址是收信人的单位名称、地址；如果信纸已有相关内容，只需在抬头下面、信纸的右上角注明写信日期即可。

称谓要准确到位。"准确"特指信函中的称谓要和收信人的身份相符。若是写给组织的信，则应以组织的具体名称或具体工作部门相称；若是写给个人的信，则应按写信人与收信人间的关系来称谓；若是写给德高望重的领导、著名人士的信，则应在其姓名后加"老"字，以示尊敬；若是写给同事、同行的信，对方有职称或职务，可称其职称或头衔，这也是一种尊称。惯用的称谓是"尊敬的××先生（女士），如果不清楚信件应发给哪个具体的人，可以用"敬启者"来代替。信的主体应力求简洁，一般商务信函均不超过一页打印纸，但是也应避免过度简洁成为电报文件，应确保每个句子的完整和合乎逻辑，不该省略的冠

第九章 商务谈判的礼仪与礼节

词、代名词一定不要省略，以免发生误解。

在商务信函里应尽可能使用第一人称，"我"比"我们"更友好，亲切，只有真正代表所在单位写公务信函时，才适合使用"我们"。

信结尾处加上一两句私人问候语更能给读信人以彬彬有礼之感，如"祝你工作顺利，身体健康！""祝你愉快！"等等。

信尾落下自己签名之前，可以"你的忠实的"或"最诚挚的"等等；打印信函的手签名下边一定要有打印出的写信人的全名、职务，以防因手写签名的不完整或字迹潦草，难以辨认。

（4）正常尺寸的信纸应一分为三地折叠，以让收信人用拆信刀打开信封抽出信时第一页的抬头朝上展现在眼前为原则。

（5）英文信件规定，信封第一行写收信人姓名，第二行写街道名称和门牌号，第三行写城市和国家的名称以及邮政编码。可以每行开头对齐，也可以每行往右后缩五个字母，信封的左上角或信封背面上方是书写寄信人姓名、地址的地方。

第二节 商务谈判中的礼节

一、交际的一般礼节

了解和掌握交际的一般礼节对于商务谈判中的商务人员来说是非常重要的。若在商务场合中，商务人员的仪表、仪态适当得体，将会促进商务谈判的进程，取得商务谈判的成功。

（一）商务人员的仪表

仪表主要指一个人的容貌、仪态，是一个人精神面貌的外观体现。商务人员的仪表是文化素养和内在美的外在体现。在商务交往活动中，仪表首先会通过人的感官作用于人的心理活动，形成认可或否定的判断，并由此产生愉悦或讨厌的情感活动。因此，商务人员的仪表给人的是第一印象，而这种第一印象对以后的商务交往活动能够产生巨大影响。

1. 面貌

一个人的面貌应该包括两个方面的内容：一是长相容貌。虽然说长相是天生的，但后天的修饰是必不可少的，很多时候后天的修饰更重要；二是精神面貌。要保持乐观的情绪和充足的睡眠，这样才会有饱满的精神面貌；三是面容修饰。女士应着优雅的淡妆，不要浓妆艳抹；男士面容应该保持洁净、大方。另外，发型对商务人员的面貌也起着举足轻重的作用，干净清洁的头发，款式大方的发型，有利于增强人们对商务人员的第一印象。

2. 表情

面部表情是内心情感的重要体现，从人的面部表情中可以反映出许多重要的信息，通过面部各个器官的动作，可以展示出内心多样的情绪和心理变化，具有极强的感染力，或赋予某种暗示。一般而言，商务人员的表情应该做到亲切自然，切忌做作，微笑是保持面部表情亲切自然的永恒法宝。另外，谈判人员还应该注意培养眼睛的灵活和明亮，有力的目光是智慧的象征，可以提升自己的实力。

3. 修饰礼仪

在修饰仪容方面，仪容的修饰美是仪容礼仪关注的重点。商务人员首要要求是修饰仪容外在美，依照规范与个人条件，对仪容进行必要的修饰，扬其长，避其短，注意美观、整洁、卫生、得体，设计塑造出美好的个人形象，在人际交往过程中尽量显得自己有备而来，自尊自爱。此外还要注重修饰仪容的内在美，通过努力学习，不断提高个人的文化、艺术素养和思想道德水平，培养自己高雅的气质和美好的心灵，使自己秀外慧中，表里如一。

在佩戴饰品方面，一般而言，男士不要佩戴任何首饰之类的装饰品，但是适当的装饰有时也可衬托男士的阳刚之美，如手表，也不失为一种"不经意"的选择。女士则可精心选择适合自己的各种配饰。

（二）商务人员的仪态

仪表是一个人的外在表现，而仪态则反映出一个人的内在修为。一个人的行为仪态好似一面镜子，反映出其文化蕴涵、知识水平和道德修养。要塑造良好的交际形象，就必须注意仪态举止。仪态礼仪是自我心态的表现，一个人的外在举止行动可直接表明他的内心态度。所以，商务人员在仪态上要做到彬彬有礼，落落大方，遵守一般的礼仪礼节，尽量避免各种不礼貌、不文明的习惯。

1. 坐

坐是一种静态造型，端庄优美的坐，会给人以文雅、稳重、自然大方的美感。正确的坐姿应该腰背挺直，肩放松。在正式场合，入座时要轻柔和缓，起座要端庄稳重，不可猛起猛坐，弄得桌椅乱响，造成尴尬气氛。与人交谈时，忌双腿不停地抖动，甚至鞋跟离开脚跟在晃动。在谈判中，不能出现坐姿与环境要求不符的情况。入座后二郎腿翘起，或前俯后仰，将双腿搭在椅子、沙发和桌子上等均为不良坐姿。女士叠腿要慎重、规范，不可呈"4"字形，男士也不能出现这种不雅的坐姿；坐下后不可双腿张开成八字型，也不可将脚伸得很远。不规范的坐姿是不礼貌的，是缺乏教养的表现。对不雅的坐姿应在平时加以纠正，养成良好的就座姿态。

2. 站

正确的站姿应该是：两脚脚跟着地，两脚自然成四十五度角，腰背挺直，抬头挺胸，颈

第九章　商务谈判的礼仪与礼节

脖伸直，颔微向下，两臂自然下垂。双手不可叉在腰间，也不可抱在胸前——这是威胁性或拒绝的体态；不可驼着背、弓着腰，不可眼睛左右斜视——这不仅显得形象猥琐，也会让对方觉得你心不在焉；不可一肩高一肩低，不可双臂随意摆动，不可双腿不停地抖动。不宜将手插在衣裤袋里，也不要下意识地做小动作，如摆弄打火机、香烟盒，玩弄皮带、衣襟、发辫，咬手指甲等。这些不但使人显得拘谨，给人以缺乏自信和经验的感觉，而且也有失庄重。

3．行

男性与女性在走路姿态上有很大区别，一般来说男性走路应当昂首、闭口、两眼平视前方，挺胸、收腹、直腰，行走时上身不动，两肩不摇，步态稳健，以显示出男性刚强、雄健、英武、豪迈的风度。

女性走路时应当头部端正，但不宜抬得过高，目光平和，直视前方。行走时上身自然挺直，收腹，两手前后摆动幅度要小，两腿并拢，小步前进，走成直线，步态自如、匀称、轻柔，以表现女性端庄、文静、典雅的气质。

行走最忌内八字、外八字；亦不可弯腰驼背、摇头晃肩、扭腰摆臀；重心交替要协调；不可走路时吸烟、双手插在裤兜；不可左顾右盼；不可无精打采，身体松松垮垮；不可摆手过快，幅度过大或过小。

4．手势

手势是人们交际时不可缺少的体态语言，是非语言符号体系的重要组成部分。手势美是动态美，要能够恰当地运用手势来表达真情实意，含蓄、彬彬有礼、优雅自如的手势，可以强化口头语言的效果，促进谈判的进展。

在商务场合中，介绍某人或给对方指示方向时，应掌心向上，四指并拢，大拇指张开，以肘关节为轴，前臂自然上抬伸直。指示方向时上体稍向前倾，面带微笑，自己的眼睛看着目标方向并兼顾对方是否意会到目标。切不可用手指指人。

应避免出现当众搔头皮、掏耳朵、抠鼻孔、剔牙、咬指甲、剜眼屎、搓泥垢、修指甲、揉衣角、用手指在桌上乱画、玩手中的笔或其他工具；切忌乱做手势或指指点点；口中有痰要吐在纸或手帕中，手中废物要扔进垃圾桶。

二、见面时的礼节

（一）问候

见面打招呼是人们最简便的礼节，最简单的话语是"早上好"，"下午好"、"晚上好"或"您好"。问候别人应面带微笑，态度和蔼。

（二）介绍

1. 被他人介绍

被他人介绍时，应该站起来，如果自己是主人或身份较高者，应在被介绍后立即与对方握手，表示欢迎；如果自己是客人或身份较低者，就根据对方态度作出相应反应。对方伸手握手，自己也应积极伸手；对方愿意交谈，自己也应响应；对方请你稍等，表示歉意，应说"没关系"，并耐心等待，不能立刻给人脸色看。

2. 自我介绍

自我介绍时要自然大方，不可流露出傲慢之意。被介绍到的人应起立微笑示意，可以礼貌地说："幸会，请多关照。"然后落座。询问对方要客气，如"请教尊姓大名"等。如有名片，要双手接递。介绍完毕，可选择双方共同感兴趣的话题进行交谈，以沟通感情，营造和谐气氛。

3. 为他人做介绍

为他人做介绍时应先准确了解被介绍双方的身份、地位、姓氏，最好还应介绍一些被介绍人与众不同的优势与特长。介绍的程序与握手相似，应先向女士、身份高者、年长者、主人、先到者介绍男士、身份低者、年轻者、客人、后到者。社交场合应突出女士优先和长者优先；在本单位、本系统内，应以身份、职务为尊，介绍前可说："请允许我为您介绍……"

（三）握手

谈判双方人员见面和离别时，一般都以握手作为友好的表示。握手的动作虽然平常简单，但通过这一动作，确能起到增进双方亲密感的作用。

一般情况下，主动和对方握手，表示友好、感激或尊重。握手的顺序是主人、长辈、上司、女士主动伸出手，客人、晚辈、下属、男士再相迎握手。如果男性年长，是女性的父辈的年龄，或女性未成年在20岁以下，则男性先伸手是适宜的。但无论什么人，如果忽略了握手的先后次序而已经伸了手，对方都应不迟疑地回握。

握手的方法是握手时，距离受礼者一步，上身稍向前倾，两足立正，伸出右手，四指并拢，拇指张开，向受礼者握手，掌心向下握住对方的手，显示着一个人强烈的支配欲，无声地告诉别人，他此时处于高人一等的地位，应尽量避免这种傲慢无礼的握手方式。相反，掌心向上同他人握手的方式显示出卑谦、毕恭毕敬的态度。如果伸出两手去捧接，则更谦恭备至了。平等而自然的握手姿态是双方的手掌都处于垂直状态，这是最普遍也是最稳妥的握手方式。

第九章 商务谈判的礼仪与礼节

握手时应伸出右手，谈判双方握手的时间，以3～5秒为宜。握手时，一般应走到对方面前，不能在与其他人交谈时，漫不经心地侧面与对方握手。当然，过紧地握手，或是只用手指部分接触对方的手都是不礼貌的。握手者的身体不宜靠得太近，但也不宜离得太远。握手者的面部表情是配合握手行为的一种辅助动作，通常可以起到增进情感加深印象的作用。

握手的力度要掌握好，握得太轻了，对方会觉得你在敷衍他；太重了，人家不但没有感觉到你的热情，反而觉得你是个大老粗。既然要握手，就应大大方方地握。

多人相见时，注意不要交叉握手，也就是当两人握手时，第三者不要把胳膊从上面架过去，急着和另外的人握手。在任何情况下拒绝对方主动握手的举动都是无礼的，但手上有水或不干净时，应谢绝握手，同时必须解释并道歉。恰当的握手可以向对方表示自己的真诚与自信，也是接受别人和赢得信任的契机。

（四）致意

在公共场合看到远距离的相识人，通常是举右手招呼并点头致意；有时与相识者侧身而过，从礼节上讲，也应说声"你好"，与相识者在同一场合多次会面，只点头致意即可；对一面之交的人或不相识的人在社交场合均可点头或微笑致意。除此之外，还有脱帽致意、大略致意方式。女士致意的方式一般只要点头或微笑就可以了。当对方向自己致意时，应还以致意，毫无反应是失礼行为。

（五）其他见面礼节

鞠躬礼盛行于日本、朝鲜、韩国等国。在日本，人们习惯行60度到90度的鞠躬礼，双手摊平扶膝，同时表示问候。拥抱礼是盛行于欧美各国熟人、朋友之间表示亲密感情的一种礼节。合十礼，通行于南亚和东南亚信奉佛教的国家，是将两个手掌在胸前对合，掌尖和鼻尖基本平齐，手掌向外倾斜，头略低，遇到这种礼节应以相同礼节还礼。接吻礼多见于西方、东欧，是上级对下级、长辈对晚辈以及朋友。夫妻之间表示亲昵、爱抚的一种礼节，通常是在受礼者脸上或额上吻一下。

三、称呼礼节

在国际商务谈判活动中，称谓得体、准确，既能表现出对人的尊敬，又能表现出对人的热情。

一般来讲，对男子要称先生，对已婚妇女称夫人，未婚女子称小姐，如不了解对方是否已婚，一般可称小姐、女士。目前，女士已逐步被公认为对妇女的一种称呼。以上称呼，一般要冠以姓名、职称、职衔等。如"玛丽女士"、"怀特夫人"、"上校先生"、"密特朗先

生"、"博士先生"、"市长先生"、"议员先生"、"戴安娜小姐"、"秘书小姐"、"护士小姐"等。对医生、教授、法官、律师以及有博士学位的人士,可单独称"医生"、"法官"、"博士"等,同时可以加上姓氏,还可以加上"先生",如"卡特教授"、"法官先生"、"马丁博士先生"等。

一般来说,不同的国家或地区有不同的称呼。在有些国家和地区,名字与称谓暗示一个人的社会地位与家庭状况。互通姓名时犯的一点点小错也会在当时使人感到不自在或觉得受到伤害。因此,即便感到时机已经成熟,在没有对方的许可下,也不要只用对方的名字来称呼对方。

四、递接名片的礼节

使用名片是社交活动中最为简便的自我介绍方式,在商业活动中尤其重要。双方交换名片时,最好是双手递、双手接,除非是对有"左手忌"的国家(如印度、缅甸、泰国、马来西亚、阿拉伯各国及印尼的许多地区,传统认为左手是肮脏的)的对象递送名片时。切忌用"尖锐的指尖"指向对方,这是攻击性极强的动作,极不礼貌。以下三种方式,为递送名片的正确方式。

(1)手指并拢,将名片放在掌上,用大拇指夹住名片的左端,恭敬地送到对方胸前,名片上的字体反向对己,正向对对方,以便对方阅读。

(2)食指弯曲与大拇指夹住名片递上。

(3)双手的食指和大拇指分别夹住名片的左右两端递上。

名片是人格的象征,尊重一个人的名片无异于尊重他人的人格。因此接受名片时也应充分注意礼貌。

(1)空手时,必须以双手接受对方以任何方式递过来的名片。

(2)接过名片后应点头致谢,并认真地看一遍。最好能将对方的主要职务、身份轻声读出来,以示尊重,遇到不大清楚的地方可马上请教。切忌接过名片一眼不看就收起来,也不要随手摆弄,这样不恭。

(3)对于名片上的字不能确切把握读音时,应虚心请教,不要不好意思,认真地询问只会使对方感到你很重视他;相反,不会装会,念错了对方的名字,才是最不礼貌的。

(4)妥善保管对方的名片,不要在上面随便压东西,如不小心把名片掉到地上,应立即俯身拾起并向对方表示道歉。

(5)若想得到对方的名片,对方却没主动给你,不妨直接提出请求:"请恕冒昧,方便的话,可不可以给我一张名片?"这种索取名片的方式,只会提高对方的身份,没有任何失礼之嫌。

第九章 商务谈判的礼仪与礼节

五、服饰礼节

服饰是指人的衣服装饰，穿着打扮是人类生存的基本要素，又是外表的重要构成，服饰是形成谈判者良好的个人形象的必备因素。

在不同场合，应着不同的服饰。最隆重的场合如国家庆典、国宴、国家最高领导人接见、授勋等活动，应穿着严肃大方的礼服。参加葬礼或吊唁活动，在我国，男子一般穿黑色或深色服装；女子亦着深色服装，内着白色或暗色内衣，不用花手帕，不抹口红，不佩戴饰物。在剧院看歌剧、听音乐时，一般要穿着礼服。参加婚礼、应邀到朋友家做客、参加联欢晚会，则可以穿得美观大方，女子应当化妆。郊游、远足，乘车、船、飞机旅行时，要穿便服。参加正式活动时，如请柬上要求穿礼服时，一定按规定穿着。

案例 9-1

瑞士某财团副总裁率代表团来华考察合资办药厂的环境和商洽有关事宜，国内某药厂出面接待安排。洽谈会第一天，瑞方人员全部西装革履，穿着规范，而中方人员有穿夹克衫布鞋的，有穿牛仔裤运动鞋的，有的干脆穿着毛衣外套。结果，当天的会议草草结束后，瑞方连考察的现场也没去，第二天就找了个理由，匆匆地打道回府了。这充分说明在商务场合中，必须重视服饰礼节。

（一）西装的穿着

1．西装穿着的基本要求

西装的袖长以达到手腕为宜，衬衫的袖长应比上衣袖口长出 1.5 厘米左右，衬衫的领口亦应高出上衣领口 1.5 厘米左右，这样有一种匀称感。在隆重场合穿西装要系扣，一个扣的要扣上；两个扣的只需扣上面的一个，平时可以都不扣；三个扣的，扣中间一个；双排扣西服，通常情况下，纽扣全部扣上。西装衣袋的整理十分重要，上衣两侧的两上衣袋不可装物，只作为装饰用，上衣胸部的衣袋可以装折叠好花式的手帕，有些小的物品可装在西装上衣内侧的衣袋里。裤袋亦和衣袋一样，一般不可装物，裤子后兜可装手帕、零用钱。西裤长度以裤脚接触脚背为妥。穿西裤时，裤扣要扣好，拉锁全部拉严。西装坎肩要做得贴身，与西装配套的大衣不宜过长。西装翻领的"V"字区最显眼，领带位于这个部位的中心，被称为西装的灵魂，领带要按规定系好，下端应与腰带齐。手帕应平整，叠得方方正正，一般使用白色或不太鲜艳的手帕，并准备两块。穿深色没有花纹的皮鞋，并经常上油打光。穿深色袜子，以显庄重。

服饰的根本要求是整洁，要体现出谈判行业员工的精神面貌，应该做到衬衫洁白、领

带典雅大方、西裤裤线笔直、皮鞋打油上光。

2. 男子着西装要注意的几个方面

西装配套要讲究，谈判场所要着深色套装，以示庄重、自尊；非正式场所要力求和谐，以展示风度，讲究领带的选择与佩戴，以显示人的个性与人格。注重衬衫的选配，正式场合衬衫颜色力求素净文雅，整洁无折皱的衬衫可显示人的内在美。西装款式的选择要与人的脸形、体型、年龄和性格相适应，以显示个人的身份。西装整体的协调更重要，要使身份、场合、年龄、季节、性格相互协调，要使西装、衬衫、领带、皮鞋、袜子和穿着方式相互协调。

穿西装打领带时衬衫应系好领扣，不打领带时，领扣应打开。衬衫、西服领带、鞋袜全身颜色应不超过三种，称为"三色原则"，即西装里面不能穿多件毛衣，可穿一件，若穿在衬衫外时，领带应放在毛衣内部，不穿开身衫及带图案的毛衣，应穿素色毛衣。羊绒衫可穿在衬衫内，但衬衫内不应露出任何衣服的领子。新西装袖口的商标一定要去掉，正式场合应穿黑皮鞋，以系带鞋为好。袜子的颜色与西装一致或深于西装，不要黑蓝西装白袜子。

3. 领带

领带是与西装配套的饰物，在正式场合系上领带，既礼貌又庄重。在佩戴领带时要注意以下几方面：要注意领带的选择，领带的质料大多为丝绸，常用图案有水珠、月牙形、方格形等，正式场合必须系领带，领带颜色要讲究。宴会等喜庆场合领带颜色可鲜艳明快；参加吊唁活动要系黑色或素色领带；参加商业界活动宜佩戴醒目且花纹突出的领带；职业领带往往是素色或深色，多无花纹。领带较为普遍地被职业女性使用，当女性的衬衫上结上细窄的领带时，会增添女性的庄重、典雅。要注意西装、衬衣的条纹与领带质地、颜色的协调搭配。

（二）女子服饰

在商务谈判中，女性人员应注意树立合适的礼仪形象。

1. 着装

女性在正式、重要的洽谈场合，春秋季节应以西装、西装套裙为佳。一般的会谈中可以穿着一般的毛衣套装，只要能充分体现女性的自信、自尊即可。在夏季着装可以是长、短袖衬衫配裙子或裤子、连衣裙等，裙外可加开衫。天冷外出时，可以外罩大衣，女装要注意不可以露、透、紧，穿裙装时，一定要穿长筒丝袜，袜子的色彩应以肉色、黑色或浅色透明丝袜为宜，同时，避免袜口外观或袜子走丝和有残破。

女性的服装要注意与发式、首饰、帽子、手套、鞋相协调，正式谈判场合不能穿凉鞋。

第九章　商务谈判的礼仪与礼节

2．首饰

首饰佩戴是女性在谈判活动中遇到的一个重要问题。得体的首饰、化妆可以给人以淡雅、端庄、大方的感觉，使人尊重之情油然而生；相反，过分鲜艳、俗气的首饰、化妆则给人留下轻浮、不自重的印象，甚至引起对方的反感与轻视。

首饰的选择应注意以下几点：一是金和珍珠质地的首饰适用于一切场合。二是以少为佳，不戴亦可。三是同质同色，即佩戴一件以上的首饰，要讲究质地相同，色彩一致，黑色首饰不能在洽谈活动中佩戴。四是要合乎惯例。戒指一般戴在左手，只戴一枚，绝不可超过两枚。在国际商务谈判中，左手小指不允许戴戒指，手链可以佩戴，一般戴一条。在谈判中，项链是较为合适的一类首饰，挂件的选择一般以心型、几何型和动物类为宜，须注意特殊的禁忌，注意图形文字不要侵犯了对方的习俗禁忌，正式场合一般不宜佩耳环。

3．化妆

化妆适度，是对对方尊重的必要标志，西方人对此较为注重，认为化妆可称得上是女性的第二时装。在商务谈判活动中，化妆不宜过浓，尤其不可使用浓香型化妆品，使用香水一般用在四大部位：一是两手之腕的脉动部位，二是下巴以下，三是耳根以下，四是在长裙的裙摆之下。

在商务谈判中，女性切忌在众人面前化妆，这是没有教养、不懂礼貌的表现。

第三节　商务谈判中的文化差异

商务谈判就本质而言，是一种人际关系的特殊表现，而人的思维习惯、语言、心理等都是以特定文化为基础的。所以，在商务谈判中必须注意谈判双方或多方的文化差异。

一、商务谈判中文化差异的主要表现

（一）社会价值观不同

来自不同国家的人的社会价值观是不同的。在经济发达的社会里，价值观发展更为抽象化，并打破了空间范围流传于全社会，使人们的行为表现复杂化和多样化。抽象的、有时相互矛盾对立的和广泛传播的文化价值观，在一定的条件下，左右着人们的生活方式和行为方式。一般认为，美国人做事有很强的目标性，他们希望能够既快又好地完成一项工作。美国人认为，能够这样工作的人才是能干的人，否则将被视为缺乏能力或做事效率太低。而在亚洲一些国家，人们考虑更多的则是如何尽可能多地创造一些就业机会，而不是简单地只考虑提高效率。

（二）决策方式不同

谈判的重要准则之一是要和拥有一定决策权的人谈判，至少也是与那些能够积极影响有关决策的人员谈判。这就需要谈判者了解对方企业的决策结构与决策权限，了解能够对对方决策产生影响的各种因素。企业的决策结构、决策权限与受文化影响的一国的政治经济制度、法律制度和企业制度有关。由于不同国家的政治经济制度、法律制度和企业制度等存在着很大的差异，所以商务活动中的决策结构也有着很大的不同。而同样是在企业拥有决策权的情况下，企业内部的决策权限在不同的国家和地区也会有很大差异。

（三）象征意义不同

同一种事物，在不同的文化中，其象征意义也不同。例如，柠檬香在美国表示清新、活泼，但在菲律宾则与疾病有关。

在日本，数字 4 表示厄运，这同美国人认为 13 表示不吉利一样。他们在 13 号（特别是星期五）一般是不举行活动的，甚至连门牌号、旅馆房间号、楼层号、宴会的桌号等都不用 13 这个数字，如果 13 号与星期五正好是同一天，那这一天便被称为"黑色星期五"，预示着这一天可能会有灾难降临。

在印度，猫头鹰被认为是不吉祥的征兆，就如同美国人害怕看到黑猫一样。在日本，狐狸会使人想到"狐狸精"。在阿拉伯国家，日落会使人想到死亡和疾病。所以，在商务谈判中，不恰当地引用或使用这些象征，往往会起到消极的作用。

二、文化差异对商务谈判的影响

文化是一个国家、民族特定的观念和价值体系，这些观念构成人们生活、工作中的行为方式。世界各民族由于特定的历史和地域而逐渐形成了自己独特的文化传统和文化模式。文化差异无形地存在于人们周围，对商务谈判产生着微妙的影响。

1. 文化差异对谈判参与者行为的影响

文化塑造了人的行为，个人生活史和行为的主轴是对社会遗留下来的社会文化、传统模式和道德准则的顺应。每一个人，从诞生的时候起，所面临的风俗习惯便塑造了个人的经验和行为。到了能说话的时候，就已经是从属于那种文化的小小造物了，待长大成人，能参与各种活动时，该社会的习惯、信仰、禁忌就成了个人的习惯、信仰、禁忌。因此，风俗习惯、宗教信仰、嗜好禁忌和道德规范等文化特征塑造了人类行为。文化塑造个人行为，不同文化背景下的人就会具有不同的行为方式，有什么样的文化特征，就会有什么样的行为方式。

第九章　商务谈判的礼仪与礼节

2．文化差异对沟通方式的影响

不同文化的人群有其所偏好和习惯的沟通方式，跨文化谈判中的谈判双方经常属于不同的文化圈，有各自习惯的沟通方式。习惯于不同沟通方式的双方要进行较为深入地沟通，往往就会产生各种各样的问题。人类文化学家霍尔认为：在高内涵文化国家，人们的表达通常较为委婉、间接，而在低内涵文化国家，直截了当地表达则较为常见；高内涵文化的谈判者比较注重发现和理解对方没有通过口头表达出的意思，而低内涵文化的谈判者则偏爱较多地运用口头表达，直接发出或接受明确的信息。来自这两种不同文化的谈判者在进行谈判时，往往是一方认为对方过于粗鲁，而另一方可能认为对方缺乏谈判的诚意，或将对方的沉默误解为对其所提条件的认可。

3．文化差异对谈判风格的影响

文化是由谈判人员带到谈判中来的，谈判人员的行为同时也反映了他们所具有的文化特征。以思维方式为例，美国人是直接从那些看上去对他们有最重要影响的事物本身着手认识事物的，因此，在谈判中，他们会就一些具体的问题先开始讨论。在谈判语言的选择和运用上，美国人的交流方式比较直接，通常以简单、明了和坦率的方式表达自己的思想，很少模棱两可、含糊其辞。另外，美国人善于争辩，他们认为争辩不仅仅是发表个人意见的权利，也有利于解决问题，而且认为观点的分歧并不会影响人际关系。而中国人的思维方式是全盘的，中国人的曲线思维模式是整体取向，凡事从整体到局部，由大到小，由笼统到具体。反映到谈判桌上，就形成了先务虚、再务实的解决问题的程序。也就是说，先明确谈判总体原则，然后再对具体的问题达成一致意见或倾向。在东方文化中，为了保全双方的面子、群体的面子或别人的面子，经常使用暧昧的、间接的语言。即使不同意对方的意见，也很少直接予以拒绝或反驳，而是迂回曲折陈述自己的见解，或支支吾吾以示为难。例如，在谈判中，如果中国谈判者对某项提议难以接受时，他不会说"不"，而会说"也许"、"可能"。这在西方人看来难以理解，并可能误解中方的意思为"可以"、"有机会"。"和为贵"的价值观，使中国人把创造和谐谈判气氛作为谈判的重要手段，并且希望通过谈判建立一种长久和谐的关系，而非一次性的交易。

三、商务交往中一些国家的谈判注意事项

在商务谈判过程中，商务谈判人员通过言谈举止表现出来关于谈判的思想、策略和行为方式等有明显的不同。这是由于来自不同国家或地区的商人有着迥然不同的历史传统和政治、经济制度，其文化背景和价值观念也存在着明显的差异，因在商务谈判中的风格也各不相同。在商务谈判中，如果不了解这些不同的谈判风格，就可能既失礼于人，又可能

因此而失去许多促使谈判成功的契机。如果想在商务谈判中稳操胜券，就必须熟悉不同国家的商务谈判风格，采取灵活的谈判方式。

（一）美国

美国是世界上经济、技术最发达的国家，经济实力也最为雄厚，因此，美国人对自己的国家深感自豪，对自己的民族具有强烈的自尊心与荣誉感。这种心理充分表现在他们的商务活动中。他们在谈判中，自信心和自尊心都比较强，加上所信奉的自我奋斗的信条，常使与他们打交道的外国谈判者感到美国人有自我优越感。

一般来讲，与美国人交往应注意以下问题。

（1）美国人时间观念强，会谈需事先预约，迟到或不准时赴约，被认为是很不礼貌的。

（2）美国人忌讳被问及年薪、存款、购买物品的价钱等属于个人隐私的问题，不宜打听女士的年龄。

（3）美国人与大多数西方人一样，忌讳"13"和"星期五"。

（4）美国人忌食动物的五脏。

（二）日本

在商务场合中，与日本人谈判时，许多在商务谈判中通行的所谓"国际惯例"，往往在日本人身上难以适用。因为在日本人看来，保持和睦是至高无上的，因此，日本人倾向于说"是"而不说"不"。同时，日本人在谈判中喜欢闪烁其词，制造一种含含糊糊的气氛。所以，与日本人谈判，应充分了解日本文化。

日本人深受中国传统文化的影响，儒家思想道德意识已深深地沉淀于日本人内心深处，并在行为方式上处处体现出来。日本是一个十分注重礼节的国家，日本的商务谈判人员表面上都是彬彬有礼的。然而，在这种礼节的背后，隐藏着他们真正的谈判目标——赢得谈判的胜利。因此，要了解与掌握日本人的基本礼节。

（1）见面时，日本人以鞠躬为礼节，也可行握手礼，女性一般只鞠躬而不握手。

（2）日本人称呼一般使用"先生"、"小姐"、"夫人"，也可在姓氏之后加上一个"君"字为尊称。

（3）日本人重视送礼，接受赠礼时应回赠礼品，尤其去做客时，应给女主人带一份小礼物。

（4）在公共场合，高声谈笑和穿着随便被视为失礼，与他人谈话时，注视对方双眼也是不礼貌的。

（5）日本人在数字上忌讳"4"、"6"和"9"。

（6）日本人时间观念强，会见要守时。

第九章 商务谈判的礼仪与礼节

(三) 英国

英国人以绅士风度闻名于世,有处变不惊、轻描淡写的谈话特点。他们喜欢谈论的话题是其丰富的文化遗产或宠物,而避免谈论政治和宗教,尤其是不可对王室的事妄加评论。问及个人私事或别人、别的公司的事是不受欢迎的。

英国是一个秩序井然的社会,必须做到严格守时。约会提前安排,尽早提供谈判议程。在商务活动中讲究效率,谈判大多进行得较紧凑,不拖拉。

此外,在与英国商人进行谈判时,还应了解以下禁忌。

(1) 与美国人一样,英国人也很忌讳"13"和"星期五",视其为厄运和凶兆的数字和日期。如果"13号"与"星期五"同日,则被视为"黑色星期五",人们在这一天一般都不举行活动。

(2) 英国商人对墨绿色很讨厌,视其为令人懊丧的颜色。红色也不受欢迎,有表示凶兆的意味。他们对黑色的使用也比较谨慎,一般情况下以黑色为丧服的颜色。

(3) 英国人忌用山羊图案,认为山羊是讨厌的动物;忌用大象图案,认为大象是蠢笨的象征;忌用孔雀图案,认为孔雀是淫鸟、祸鸟;忌用黑猫图案,认为见了黑猫是不祥之兆;忌用百合花图案,把百合花看做死亡象征。

(四) 法国

法兰西民族天性乐观、开朗、热情、幽默,极富爱国热情和浪漫情怀,他们非常注重相互信任的朋友关系,往往凭着信赖和人际关系进行商务交往。在谈判开始时,他们喜欢聊一些社会新闻及文化方面的话题,以创造一种轻松友好的气氛。

在与法国商人进行商务交往中,应注意以下禁忌。

(1) 法国商人忌讳"13"这个数字。同样他们还视"星期五"为不吉利的日子,如果"星期五"与"13号"恰好是同一天,这一天则被视为"黑色星期五",法国商人在这一天一般不举行活动。

(2) 法国商人忌讳墨绿色,同时对黑色的使用也比较谨慎,他们一般将黑色用于丧礼。

(3) 法国商人忌讳孔雀、仙鹤以及菊花图案。他们视孔雀为祸鸟,认为仙鹤是蠢汉与淫妇的象征,还视菊花为丧葬用花。

法国人也不喜欢核桃、杜鹃花图案,认为这两样东西都不吉利。他们对类似纳粹的任何符号和标记都很反感,也不喜欢在商品包装上出现宗教性的标志图案和锤子、镰刀图案。我国传统的山水、仕女图案以及大红大绿的图案也不受法国人欢迎。

(五) 德国

德国人以沉稳、自信、好强、勤奋、严谨著称,且果断、不拖泥带水、为人诚实、说

一不二，不过德国人性格倔强、自负、缺乏灵活性和妥协性。

在与德国商人进行商务交往时，应注意以下禁忌。

（1）德国人忌食核桃，不大吃鱼虾及海味，不爱吃油腻、过辣的菜肴。

（2）切忌以核桃作为礼品；不要选送菊花、玫瑰和蔷薇作为礼品。送花时，花的枝数和朵数不能是"13"或是双数，鲜花不要用纸包扎。

（3）与德国人交往时，不要第一次见面就送礼物。送的礼物不可贵重，否则有行贿之嫌。带有本单位广告标志的物品不宜作为礼品。太个人化的物品，如衣服、化妆品，特别是香水、口红等也不宜作为礼品。

（4）德国人很注重礼物的包装，包装礼品，不用白色、黑色和棕色的纸，也不用彩带系礼品。不宜把自己的名片放在礼品内，较合适的做法是亲手写一张名片送上为好。

（六）俄罗斯

俄罗斯人热情好客、豪爽大方、待人谦恭，但近几年的社会变革使得其性格有所变化。在日常生活中，俄罗斯人热衷于社交活动。

在与俄罗斯商人进行商务交往时，应注意以下禁忌。

（1）俄罗斯人特别忌讳"13"这个数字。他们一般偏爱"7"，认为"7"预示着办事会成功。

（2）俄罗斯人忌讳黑色，认为黑色是死亡和丧葬的色彩。他们喜欢红色，把红色视为美丽和吉祥的象征。

（3）俄罗斯人讨厌兔子和黑猫的图像，认为兔子是一种怯弱的动物，如果从自己跟前跑过，那便是一种不祥的兆头；他们对黑猫更为厌恶，并视黑猫从自己面前跑过为不幸的象征。

（七）印度

印度大部分人信仰宗教，不吃肉类，很少喝烈性酒，各种蔬菜、水果是他们的主食。印度人用摇头既表示"肯定"又表示"否定"，因此只有多问几次，根据语言来确定。

印度的官方语言为英语，只要是上过学的印度人都会讲英语，不过印度人的发音不是每个自认为会英语的国人都能听懂的。谈判时，最好有一个曾经和印度客商打过交道的翻译在场，实在听不懂，就请对方用笔写下来更好一些。

在和印度商人进行商务谈判时，还要了解印度商人的一些禁忌。

（1）印度人视"1"，"3"，"7"为不吉利的数字，所以总是尽量避免这些数字的出现。同时他们也认为，以零结尾的数字是消极的。

（2）印度人忌讳白色，认为白色表示内心的悲哀，因而习惯用百合花当做悼念品。他们也不喜欢黑色以及浅淡的颜色，认为这些颜色太消极。

第九章　商务谈判的礼仪与礼节

思考题

1. 商务谈判中应注意哪些礼仪礼节？
2. 商务场合中，迎送礼仪有哪些要求？
3. 商务场合中，馈赠礼物时应注意哪些问题？
4. 交际的一般礼节有哪些？
5. 商务场合中，见面时应注意哪些礼节？
6. 商务场合中，递接名片应注意哪些礼节？
7. 商务谈判中的文化差异及对商务谈判的影响？
8. 结合实例说明世界主要国家商人谈判风格及在谈判中应注意的问题。

阅读材料

10 万的谈判

日方 A 公司派了专务带人与中方 B 公司谈判出口一套生产线设备，双方已经过多个回合谈判，技术条件已谈完，只等价格分歧解决后即可签合同。但此项谈判进展不太顺利，日方不想让步太快，中方亦不放弃已提出的要求。谈判拖到了中方的国庆节，可日方不让中方休息，希望节日期间继续谈判。中方谈判组经商量后同意了日方的要求，B 公司汪副经理与项目工厂的王厂长、李总工程师及其助手小马、小孟一同参加了 10 月 1 日上午的谈判。

谁心里都明白，该天上午谈判应结束了，日方能出个什么价，能否满足我方要求呢？在座的各位心中都没底。中方主持人汪副经理等日方人员落座后，先开了口："昨天，我们已把贵方价格中的问题及我方的要求提出了，希望今天能听到贵方令人满意的答复。"

日方代表团团长 C 专务喝了口刚沏的清茶，堆着一脸笑，慢慢地说道："汪先生，几个月来，我们的报价在贵方高压之下，几经改善已到了最低点。我们都脱得只剩背心了，再降就要光膀子了。"

C 先生的话使人感到来者不善，今早恐怕难以成功。汪副经理盯着对方镜片后狡黠的双眼，随即应道："C 先生，不是穿背心，而是夏天穿皮袄，是价格太虚的问题。如果真到了贵方光膀子的地步，我们也会公平给价，不会让您这么个高级官员光膀子、失面子的！请贵方对我们昨天提出的降价、改善服务条件、追加返销量等方面的要求作出回答。"

C 先生说："汪先生，您看我的眼睛都肿了。昨晚，我与同僚们通宵研究贵方要求，感到条件实在太苛刻，贵方要求再免费提供 6 人年的服务，根本没必要，合同的服务量已足够了。返准销量取决于国际市场的变化。我们的报价原本就比较实事求是，经过贵方几番高压，也拧干了水分。"

汪副经理说："我能否理解贵方今天的态度是：不同意中方要求。那我是否可以按贵方至今天为止的

商务谈判

条件评价贵方的报价条件?"

C 先生双眼直盯着汪副经理的眼睛,欲从中窥出接下去他会得出什么样的结论,一种恐惧在他心中蔓延。他暗自想:为了得到该合同,我的公司已组织近百人次工作了快一年,在这几个月的白热化的谈判中,我本人不顾年迈穿梭于中国、日本国内各协作厂之间,不知费了多少口舌方才取得今天的进展。昨天中方提出的最后条件虽然严了些,但还是公道的。今天是最后的谈判,为了再捞回点钱,激怒了中方,把整个合同都丢了,就无法向社长及全公司职员交代了。C 先生手上捧着汪副经理踢过来的球,不知怎么回。汪副经理不回避对方的目光,反而凝神注视,犹如大功率的雷达波束直扫对方思想的窗户,似乎在进行一场心理的探测、较量:你相信我的话吗?你敢硬到底,等我做结论吗?紧张的气氛使房间一下子静下来,只有十几双眼睛在相互探测问题的虚实及严重程度。

C 先生怕汪副经理做出令他下不了台的结论,但又不甘心自己昨夜向同僚夸口要守住今天条件的傲气这么快被击溃,只得建议暂时休会。休会挽救了 C 先生的面子,也让与会的人松了口气。一种意志的动摇给后面条件的松动送来了希望。王厂长、李总工程师、项目经理小孟、租赁业务员小马会心地交流了一下目光,紧张的心中有了一线光明。

15 分钟后日方翻译来请。C 先生拿着茶杯望着汪副经理笑,汪副经理也一笑坐下,手一伸,说道:"请讲,我洗耳恭听。"

C 先生说:"为了表示对贵方意见的尊重,为了感谢贵公司在过去谈判中对我们一贯的配合与帮助,为了表示我们上下合作的诚意,也为了表达我公司领导要把该项目做成的决心,尽管我们十分为难,还是同意做如下的改善:同意免费提供 1 人年的服务,增加 1%的返销量,再降价 20 万美元。这是我方最后的方案,行不行由贵方做结论,我们的命运掌握在汪先生手中。"

汪副经理听完 C 先生这附带一连串"为了"的条件,心中思忖:好个谈判的老手,今天早上明明有这个方案还抵抗不拿出来。虽然这个条件也不错,但未达到预计的水平。可对方既动了,又守死了,做不做结论呢?同意,还是不同意?若同意,似乎还有前进的余地;若不同意,会不会赶跑对方,把谈判弄僵?需要思量。这一连串的问号在短短的几分钟内像电影镜头一样在脑中闪过,汪副经理马上做出反应:"贵方拿出了新条件,我表示感谢。但还没有完全弥补贵方条件的不足。不知贵方还有新的说明没有?若有,我愿意听。在做结论之前贵方有权修改条件。在我做了结论之后,再给条件就没用了。"汪副经理把球又 pass 过去,进一步试探对方。

C 先生不愧是一个沙场老将,马上应道:"汪先生,我们是谈判老对手了,我知道您的脾气,喜欢爽快,不爱拖泥带水,讨价还价。您说我们条件不好,我们就认真研究,能拿出什么条件就一下子端给贵方,由贵方评判谁的条件好,你们就选谁吧。"

汪副经理答道:"好吧!暂时休会,容我与我的同事们商量一下,再给贵方答复。"

汪副经理把中方人员叫到自己的办公室,他首先请大家发表意见,王厂长乐呵呵地说:"汪副经理,今天拿到了这些条件,加上过去已得到的条件,我们认为已是个很大的胜利,我们很满意。对方看来封死

第九章 商务谈判的礼仪与礼节

了口,要是硬压,搞僵了反而不好。我 11 点钟要去火车站,赶回省里汇报结果,以便办手续列入明年基建计划。"李总工程师也说:"对方的确降了几次价,专家们认为条件不错,价格上油水已不多了,可以收了。虽然与我们昨天的要求还差 20 万美元,但不宜因小失大。"

小马分析道:"按预测对方价应在×××万美元,应降×××万美元,目前已基本实现目标。按计算这 20 万美元应降下,但从目前谈判气氛看已封死了,汪副经理再压一下,实在不行也可以接受对方条件。"

"我方还不还价呢?"汪副经理提问道。"还了,对方要不接怎么办?中方不好下台,对方今天下午也要走,谈判要拖,再出现点意外,不利于谈判。"小孟答道。

王厂长接过话:"昨天、今天贵公司已进行了有力的谈判,刚才汪副经理又批评了对方。为了使贵公司好下台,还有 20 万美元的差距,由我们工厂出面接。"

汪副经理说:"谢谢工厂对我们的理解与支持。我看大家的意见是同意对方条件?"中方人员都点头称是,汪副经理总结道:"我的意见是,不急于接,从现在起到 11 点还有 40 分钟,我们先在这儿等 10 分钟,让对方等等,使其感到问题实在复杂,增加心理压力。回到谈判间后,我先压对方一下,若不奏效,在 10 点 50 分时,王厂长再接对方的条件,解我的围。"

回到谈判间,已是半小时后了。日方因前途未卜,果然坐立不安。见到汪副经理等进来了,欲起又起不来,欲笑又觉苦,只好在原座上欠了欠身子,手中拿起了笔、本子,抬起头,目光都投向汪副经理。

汪副经理稳稳地坐在沙发中间,解开西服的扣子,整了整衣服,然后翻开自己的笔记本,拿起杯子呷了一口茶,润了一下嗓子,似乎想使自己的嗓音能更洪亮些。在做这些事时,汪副经理神色严肃,脸上也无笑容,只有眼角和嘴角挂着一丝佯装的、为了表示礼貌的微笑。而这一系列动作又像出场前的叫板,使在座各位全神贯注。汪副经理开口了:"C 先生,您也看到了,我们让您久等了,因为我们内部意见分歧很大,经多方请示,才有答案。现在我就讲我们的结论。"到此,他顿了顿,扫了对方人员一眼,这一扫把大家的心给吊起来了。

"我们认为贵方没有认真考虑我方意见,刚才的条件缺乏合作诚意,我们不能接受。"话音一落,C 先生的脸刷地红了,张着嘴木然了。其他人员的目光不约而同地投向他,是请示、求救,还是埋怨?情绪是复杂的。中方人员的脸色也很难看,怎么给否了呢?一阵惊异还未定。

汪副经理接着说:"考虑到贵方一年来所做的工作,贵公司高级领导一贯的友好态度,也为使贵我双方发展长远合作有个坚实的基础,对于目前存在于贵我之间的 20 万美元的差距,我方可让一步,也请贵方再让一步,即再降 10 万美元,以最终结束谈判。如果这个建议贵方还不能接受,那后果则贵方承担,我已尽了最大的努力。"

原来汪副经理来了个"大喘气",卖了一个"关子",又抛出了新要求。欲进先退,有其妙处。

C 先生在一阵如雷轰顶的震动之后,听到了汪副经理的建议如获起死回生的至宝,紧绷的脸顿时松下来,架子也不端了,生怕该条件又跑了,自己没机会拿合同了。他与身边高级幕僚耳语了一下,估计是说"就这样吧",马上回答:"同意汪先生的建议,我方再降10 万美元。"

 商务谈判

成交了，双方握手互贺，并约定下步签约的日程。此时时针指在 10 点 45 分，离王厂长表态还有 5 分钟。差 5 分钟，又争回了 10 万美元。

散会了，王厂长、李总工程师紧握着汪副经理的手说："谢谢、谢谢。你们为用户利益，为国家利益兢兢业业的极端负责的精神，精湛的谈判艺术令人钦佩！"

汪副经理笑了笑，回答道："不必谢，这是我们应该做的。"

【问题与思考】

试分析在整个商务谈判过程中，汪副经理是运用了哪些策略使得谈判取得最后的成功。

第十章 国际商务谈判

 内容提示

国际商务谈判是国际商务活动的重要组成部分,在国际经济活动中发挥着十分重要的作用。国际商务谈判是一个非常复杂的过程,一方面,由于国际贸易的方式、手段及环节复杂多样;另一方面,影响国际商务谈判的政治、法律、经济、文化等因素更加复杂多样、不断变化。

本章主要介绍国际商务谈判的特征与要求以及各国商务谈判的风格。

第一节 国际商务谈判的特征与要求

国际商务谈判与其他谈判相比较,既具有一般谈判的共性特征,又具有其个性特征。

一、国际商务谈判的特征

(一)国际商务谈判对象的广泛性和不确定性

国际商务谈判对象的广泛性,是指交易谈判的对象遍及世界各个地方,具有空间分布上的广泛性。商务谈判的对象不受人为的、空间的限制,而是由经济规律决定。随着一国出口商品贸易规模的扩大,出口商品的增加,出口商品市场不断扩大,出口商将在全球范围内选择交易对象。此外,为了获得更好的交易条件,谈判主体也需要广泛接触不同的交易对象。商务谈判对象的广泛性,使得谈判者通过什么方式和手段在全球范围内寻求合适的交易对象就显得非常重要了,同时,国际商务谈判也是非常复杂和困难的一项工作。

虽然国际商务谈判对象在选择上具有广泛性,但是,最终每一场交易谈判对象又是具体的。在广泛的选择范围内,最终的谈判对象究竟是谁?这是不确定的和不固定的。每一次交易谈判的对象都要根据交易的内容、交易对象的有关条件、国际市场行情变动及其他相关因素的影响来具体确定。这些影响因素在不断地发生着这样那样的变化,导致谈判对

象也在不断变换。

国际商务谈判对象的广泛性和不确定性这一特点,一方面要求谈判者充分掌握国际市场行情、各国的对外贸易政策、商品销售条件、国际运输业发展、国际分工格局、企业自身经营的变化与发展等等影响交易谈判的因素,根据价值规律和供求关系运动状况,在广泛的范围内选择最佳交易谈判对象。另一方面,要处理好广泛性和相对集中性、不确定性和相对固定性之间的关系:既要在全球范围内寻找最佳贸易伙伴和交易对象,获得最大贸易利益;又要在一定程度上有所集中,以便更好地研究这些市场和交易对象的需求特点,在谈判中据有主动权;既要不局限于原有的交易对象,不断寻找新客户,又要重视老客户,使交易谈判对象具有相对稳定性,以便建立巩固的合作关系,减少交易谈判成本,降低交易风险。

(二)国际商务谈判环境的多样性和复杂性

国际商务谈判的环境,是指影响国际商务谈判的一切外部条件。国际商务谈判环境的多样性和复杂性是由谈判对象的广泛性和不确定性决定的。每一场商务谈判的对象都可能是不同国家的商家,由此导致谈判不仅受谈判者自身的国内环境影响,更主要的是面临着多样的和复杂的国际环境。这些环境因素包括国际市场行情;各国不同的政治、经济、法律、文化、风俗习惯和社会心理;不同国家的度量衡、货币及汇率制度;不同国家的地理环境;不同谈判对手的经营条件和经营状况等等。这些环境因素不仅具有多样性、复杂性,同时还具有多变性。

国际商务谈判是在多样和复杂的环境中进行的,这些外部环境从不同角度制约着谈判的结果和成败。因此,谈判人员要想把握谈判的主动权,最终获得谈判的成功,就必须认真分析复杂多样的谈判环境。

(三)国际商务谈判情势的多变性和随机性

国际商务谈判的多变性和随机性,是指在谈判过程中,由于外部环境瞬息万变,导致谈判的议题、格局、态势、策略等等也会随着外部环境的变化而改变。因此,要求谈判人员能够依据变化中和变化后的外部环境,随机应变地调整整个谈判方案。

因势而变,即根据经济形势或谈判局面形势的发展变化而变化。对谈判双方来说,谈判态势是不断变化的,有时利于一方,有时又利于另一方。双方处于不同的地位形势下,需要把握机会,制定和调整谈判目标,采取不同的策略。

因时而变,即随时间的变化而变化。不同时间,谈判双方在谈判中所处的态势可能不同,在谈判中的优劣势会随时间而发生变化,谈判者的精神状态也会随时间而发生很大的差异。因此,谈判者要把时间安排作为谈判策略的重要组成部分。不同的时间安排不同的议题,不同的阶段实施不同的策略。

第十章　国际商务谈判

因机而变，即谈判中随时间变动而产生的经济形势或谈判格局的变化，会带来很多机会，需要谈判者具有敏锐的洞察力，当机立断，及时修订原有的谈判方案，才能够把握稍纵即逝的机会，在谈判中获得最佳利益。

（四）国际商务谈判合作性与竞争性的统一性

国际商务谈判既是合作的过程，又是竞争的过程，要达到"合作"与"竞争"的统一。所谓谈判是一种合作，是指双方的需求和利益相互关联，每一方利益的实现都要以对方的利益得到满足为条件。如果对方的利益没有满足，不能达成协议，实现己方的利益就是一句空话。所以，谈判双方必须具有合作的意识，采取合作的态度，既考虑己方的利益，也要顾及对方的利益，在某些方面做出一些合理地让步，才能最终实现双方各自的利益。

但是合作不等于没有竞争。因为，每一方都希望通过谈判和交易，实现自身的需求和利益。但是，围绕谈判标的，双方存在着诸多方面的利益分歧。如果没有竞争，就会导致自身的合理利益无法得到满足。谈判双方只有通过策略和技巧，在每一个议题上与对方展开竞争，才能获得理想的谈判结果。

达到"合作"与"竞争"的统一，首先要求谈判者具有合作与竞争的意识，既要考虑己方的利益，又要考虑对方的利益，在对己方有利的前提下，尊重对方的利益；其次，要求谈判者针对不同议题，正确区分利益的大小，把握时机，该让步的让步，该争取的争取，获得综合利益最大化；最后，要求谈判者能够运用不同的策略和技巧，既达到竞争的目的，又体现合作的态度。

（五）国际商务谈判条件的原则性和可伸缩性

在国际商务谈判中，围绕每一个谈判议题，谈判双方都会提出不同的建议与条件。每一方提出的条件一般都包括最大期望点、可能实现点和临界点。

所谓最大期望点，是指谈判一方没有充分考虑对方的利益和接受能力，仅从己方的利益和谈判策略的角度考虑而提出的要价。在谈判中，这个谈判条件实现的可能性不大，一般是作为"高报价"策略来使用，在随后的磋商中，往往再一点点地往下降。

所谓可能实现点，是指谈判一方考虑己方的利益，也充分考虑对方的利益以及接受能力，提出的谈判条件。由于也考虑了对方的利益，往往与最终的谈判结果比较接近。

所谓临界点，是指谈判各方达成协议的最低条件。低于这个条件，谈判者的利益将无法实现，谈判以失败而告终。

在谈判的每一个议题上都存在着临界点。比如，最低交易价格、最后交货期限、最少交易数量等等。作为卖方价格的临界点不单单是指成本价。根据不同的情况，价格的临界点可以是成本价加上一个利润值，可以是成本价，还可以是低于总成本但高于变动成本的价格。由于临

界点是各方的"最后防线",因此,每一方都应该保守秘密,不能把己方的临界点透露出去,以防对方利用己方的临界点大做文章。同时,也不能踩着对方的临界点,置对方于死地。

商务谈判条件的原则性,是指谈判条件是有临界点的,任何一方都不能突破己方的临界点和对方的临界点。

商务谈判条件的可伸缩性,是指谈判条件将在最大期望点和临界点之间上下波动,可能最终结果接近最大期望点,也可能最终结果接近临界点。这主要取决于外部环境条件对谈判的影响、双方的谈判实力、谈判者的谈判能力以及谈判过程中策略与技巧的正确运用。

(六)国际商务谈判语言表达和文字表达的一致性

国际商务谈判是通过语言-思维链进行信息交流与沟通的一种活动。谈判各方首先会以口头语言进行磋商,运用策略和技巧,对所有的议题和条件进行讨价还价,直至在所有议题上达成一致。当谈判各方的所有交易条件都达成一致后,需要签订一份正式的、具有法律效力的合同或协议,以约束双方的行为。大部分国家都以书面合同作为主要的合同形式,甚至某些国家只承认书面合同。口头谈判只是形成一个备忘录,需要在此基础上,拟定一个书面合同。书面文字合同的意思表达和口头谈判的意思表达要具有一致性。这个问题在国际商务谈判中更为重要和复杂。这是因为,国际商务谈判涉及不同的语言和文字,两种或者多种文字在表达某种意思时,往往由于用词不当,缺乏准确性、完整性和逻辑性,产生歧义,影响合同的效力和履行。

(七)国际商务谈判科学性和艺术性的统一性

国际商务谈判既是一门科学,又是一门艺术。所谓谈判是一门科学,是指谈判具有一般规律性,由此形成了谈判理论、谈判原理及谈判方法和手段等谈判学的科学体系。谈判者应该充分学习和掌握国际商务谈判的理论知识和一般规律,并在谈判中,根据谈判的具体环境背景和双方的态势,科学地运用谈判理论,使理论和实践相结合,解决双方存在的分歧和矛盾,从而达成一致,获得谈判的成功。谈判学是一门综合性的边缘学科。整个谈判中涉及多个学科的理论知识,诸如经济学、贸易学、金融学、管理学、市场营销、商法、统计学、社会学、心理学、语言学、公共关系学、运筹学、逻辑学等等。

所谓谈判的艺术性,是指在谈判过程中,需要运用大量、富有创造性的方式、方法,将原则性和灵活性、理性和感性很好地结合起来。在商务谈判中,双方既存在利益的联系,又存在利益的分歧,需要通过竞争来实现各自的利益,同时又要讲求合作。如何实现"竞争"与"合作",使双方利益均沾,需要谈判者充分了解双方的利益所在,寻找利益的共同点,提出富有创造性的建议和条件,充分运用策略和技巧,通过说服和技巧性让步,获得主要利益,获得谈判的成功。谈判的主体是人,处理好谈判中的人际关系对谈判能否成功至关重要。这就要求谈判者在谈判中，充分运用策略和技巧来打动对方、说服对方。

案例 10-1

有一次，日本一家公司与美国一家公司进行一次许可证贸易谈判。谈判伊始，美方代表便滔滔不绝地向日方介绍情况，而日方代表则一言不发，认真倾听，埋头记录。当美方代表讲完后，征求日方代表的意见，日方代表却迷惘地表示"听不明白"，只是要求回去"研究一下"。几星期后，日方出现在第二轮谈判桌前的已是全新的阵容，由于他们声称"不了解情况"，美方代表只好重复说明一次，日方代表仍是埋头记录，以"还不明白"为由使谈判不得不暂时休会。到第三轮谈判，日本人又如法炮制。半年多过去了，正当美国代表团因得不到日方任何回音而烦躁不安、破口大骂日方没有诚意时，日方突然派了一个由董事长亲自率队的代表团飞抵美国，在美国人毫无准备的情况下要求立即谈判，并抛出最后方案，以迅雷不及掩耳之势，催逼美国人讨论全部细节。措手不及的美方代表最终不得不同日本人达成了一个明显有利于日方的协议。

二、国际商务谈判的要求

国际商务谈判的基本原则是国际商务谈判中的指导思想和基本准则。在国际商务谈判中遵循必要的谈判原则，是取得谈判成功的基本保证。

（一）诚实守信原则

诚实守信原则，是指双方在谈判中讲求诚实与信用。国际商务谈判的最终目的是实现交易。在谈判过程中，双方是否讲信用、是否诚实可靠，不仅是奠定谈判成功的基础，更重要的是关系到将来合同能否真正地履行。如果双方在谈判中缺乏信用，互相欺骗和互相猜疑，谈判就无法进行下去，最终会导致谈判失败。即使谈判获得成功，也是虚假的成功，在合同的履行过程中会出现这样那样的问题，导致最终合同无法履行，交易失败。坚持诚实守信原则，要求双方在谈判中要做到以下四点。

1. 以诚待人

以诚待人，即在国际商务谈判中不用欺诈的手段提供虚假的信息来达到自己的目的。以诚待人可以赢得对方的信任，有利于形成一个良好的谈判气氛；有利于激发对方的积极性，形成积极有效地互动。以诚待人与保守己方的商业秘密并不矛盾。对于己方在谈判中有关的临界点、谈判目标、谈判策略等是需要并应该向对方保密的。

2. 相互信任

在国际商务谈判中，不仅要以诚相待，而且要相信对方，不猜疑、不轻易否定。只有

这样才能形成互相信任的良好的谈判气氛。

3．慎重许诺

在国际商务谈判中，每一项承诺都意味着将来要实际履行。所以，对每一项许诺都要慎重，确信有能力实现诺言。因而，不要轻易许诺，以免因不能遵守诺言而失信于对方。

4．遵守诺言

在国际商务谈判中，双方所提出的建议和方案，在一定程度上是一种承诺，表示当对方接受后，己方会按照所提出的建议和方案去实际履行。如果在国际商务谈判中轻易地推翻自己提出的交易条件，往往会失信于对方，导致谈判中不信任之风蔓延，最终导致谈判失败。因此，在国际商务谈判中，双方都要"一诺千金"，遵守谈判中的诺言，实践诺言。

（二）讲求合作原则

国际商务谈判是一项双赢的事业。虽然在国际商务谈判中，双方都有各自的目标，但是，每一方目标的实现都取决于对方的合作，取决于对方的需求能否被合理满足。因此，在国际商务谈判中，对方不是敌手，而是合作的伙伴。谈判双方在谈判中需要遵循合作的原则，既要考虑己方的需求和利益，也要考虑到对方需求和利益的满足，力争实现利益均沾。

遵循讲求合作的原则，首先，要求谈判者采取诚挚和坦率的态度对待谈判，即以诚待人，以信取人。在平等合作、互相信任的基础上，坦诚相见，将己方的意图、目标、要求明确告诉对方，对对方的要求也认真倾听，给予诚恳答复。这里诚恳是有一定限度的。坦诚相见并不等于和盘托出我方所拥有的一切信息和资料。要根据谈判的进展情况，以及对方的态度来确定己方的开放程度。其次，谈判者要努力了解对方的真正意图及目标，并理解与尊重对方的意图及目标。理解和尊重对方的意图和目标并不等于承认和接纳对方的意图和目标。谈判者认真地倾听、客观地判断、正确地理解，目的是为了寻求多方面的互利选择，扩大合作的空间。第三，谈判者要学会合理地让步。在谈判中，索取和让步同时存在。如果只强调索取，而没有让步的意识和实际行动，很难实现合作，获得谈判成功。谈判者要学会合理的、艺术性地让步，例如，让步要超过感觉阈限、让步步骤要具有降低对方期望值的效果、在不重要的方面让大步等等。最后，谈判者要通过发散和创造性的思维，从分歧和矛盾中跳出，寻找和创造出新的利益共同点，形成多角度的互利选择。

（三）利益均衡原则

坚持利益均衡原则，就是要在国际商务谈判中以考虑双方的利益均衡为基点，把双方的注意力放在寻求整体利益的均衡上，避免在立场问题上讨价还价。立场，是指人们在认识和处理问题时所处的地位和所抱的态度。立场一旦形成，往往不易改变，当事人会坚持和捍卫自己的立场。

坚持立场的谈判会产生不明智的协议,或是降低谈判的效率。最主要的是会影响双方的关系,使谈判气氛恶化,最终导致谈判破裂。因此,谈判者在谈判中应该尽量避免在立场上讨价还价,避免使用那些明显地表明自己的立场的词语,诸如"我的观点是……""我的立场是……"等等。要把注意力放在利益的协调上,尽可能扩大利益选择的空间。

案例10-2

有一个人寿保险员一直很纳闷,他弄不明白为什么有个男人他连续拜访了10年都没有做成生意,最近却向新到该城的另一个保险员认购了价值10万美元的保险单。其中原因细究起来其实很简单:大约在8年前,他在拜访了那个男人好几回之后说了句:"我将来会说服你的,老家伙。"那"老家伙"当时立即嚷:"不,你做不到——绝无希望。"打那以后,那个男人就一直信守这种立场。

(四)人事分开原则

把人与事分开,是指在国际商务谈判中,要把对谈判对手的态度和意见与对所要讨论的事情或问题的态度区分开来。真正做到把人与事分开,要求谈判者做到以下五点。

(1)加强自身修养。一个好的谈判者,要形成一种正确对待人和事物的素养,在日常工作与生活中,时时注意让自身不受个人情感、好恶的影响,不受他人情绪、态度的影响,客观公正地看待和处理各种事物。

(2)正确理解对方。当对方提出某项方案、建议和条件时,先是要认真仔细地倾听,正确了解对方的观点和看法。然后,尽可能地站在对方的立场上,考虑一下对方为何提出这个建议或要求。这样,就可以避免因主观猜测而造成的对对方的不满和反感进而产生紧张对立的气氛。

(3)客观阐述问题。

(4)共同提出提议。

(5)调节双方情绪。

(五)客观标准原则

所谓客观标准,是指独立于各方意志之外的合乎情理和切实可用的准则。它可以是一些现成的惯例、通则,也可以是由权威机构提供或做出的各种数据、资料、鉴定和研究报告,还可以是双方共同商讨形成的客观标准。

在谈判中坚持客观标准要注意以下几点。

1. 标准的公正性

标准的公正性是指在没有屈服于任何压力下形成或确定的，不偏袒任何一方的标准。一方迫于另一方压力而形成的标准，一方在欺诈、隐瞒等情况下诱导对方认可而形成的标准，双方在非理性的情况下形成的标准，非权威机构做出的鉴定等等，由于有失公正，往往并不能真正地解决问题。因此，为使客观标准真正能够起到作用，标准的公正性首先要得到保证。

2. 标准的普遍性

标准的普遍性是指该标准被广泛地使用，并得到公认。偶尔使用的标准由于没有得到大量的验证不具备普遍性，只适用于某些特殊事物、特殊情境的标准也不具备普遍性。不具备普遍性的标准，其客观性和适用性一般也很难确定。但是，针对一些特殊的交易标的物，如特制设备、创新性产品等，由于没有普遍使用的标准，需要双方参考现有的相关标准，商讨确定一个共同认可的标准。

3. 标准的适用性

标准的适用性是指能够最好地、最客观地解决实际问题的标准。国际商务谈判中，面对一个议题可能有多个标准。例如，产品的交易价格，既有国际市场价格，也有国内市场价格。进行国际贸易时，国际市场价格更具有实用性，双方应该参照国际市场价格，考虑到交易费用等等，来确定最后的交易价格。当双方都认为己方提出的标准最适用时，就需要双方就客观标准进行商讨。如果通过商讨也无法确定哪个标准是最适用的，那么，比较好的做法是找一个双方认为是公正的"第三方"，由其来建议使用哪一个标准。

（六）维护主权原则

维护主权原则，是指在国际商务谈判中，应以维护国家主权和民族尊严为前提。凡属干涉我国内政，有损我国主权的行为和要求，不论对企业多么有利，我方都应予以拒绝，不做有损国格、人格的事情。国际商务谈判的谈判主体，代表着不同国家，虽然是企业间的经济谈判，但在某种程度上也涉及国家的尊严。作为每一个谈判者，应该首先把祖国的利益、民族的尊严放在首位，坚决捍卫国家主权。

第二节　各国商务谈判风格比较

在各种涉外谈判实践中，来自不同社会背景和历史文化的谈判者，都有各自的价值观、立场和经历，由此也影响到各人会有不同的谈判方式和表达特点，谈判桌上所表现出来的就是不同的文化背景和行为方式以及各式各样的观念特征。一位称职的谈判者不仅能充分发挥自身的长处，而且善于发挥本国文化价值的长处，同时又尊重对方的谈判风格。只有这样，才能在尊重对方的同时，更好地创造友好的谈判气氛，更加有的放矢、因人而异地采取与其特点相适应的谈判策略，灵活有效地运用谈判技巧，来获得更好的谈判效果。

所谓谈判风格，是谈判者在谈判活动中所表现的主要气度和作风特点，谈判风格凸现在谈判者谈判过程中的行为、举止和控制谈判进程的方法、手段上。谈判风格对于谈判过程中谈判双方的交往方式、交往关系，甚至谈判结果有着直接的影响，因此，在商务谈判中，了解并熟悉谈判对手的谈判风格，对于把握谈判的方向和进度，有的放矢地运用谈判策略具有重要意义。

谈判者的谈判风格带有深深的文化烙印。文化不仅决定着谈判者的伦理道德规范，而且影响着谈判者的思维方式和个性行为，从而使不同文化背景的谈判者形成风格迥异的谈判作风。

因循文化背景的差异，可把谈判风格分为两种类型：东方型的谈判风格和西方型的谈判风格。东方型的谈判风格即是以东方文化为背景的亚洲国家的谈判风格，其中尤以中国、日本为典型代表；西方型的谈判风格即是以西方文化为背景的欧美国家的谈判风格。

一、中国商人的谈判风格

中国有着几千年源远流长的文化传统，受儒家文化熏陶的中国人在谈判中有着独特的风格。中国人待人注意礼节，重人情、讲关系，故中国素有"礼仪之邦"的美称。中国人吃苦耐劳，具有很强的韧性；谈吐含蓄，不易直接表露真实思想；工作节奏总体不快，比较保守，不轻易冒险；工于心计，足智多谋。

中国商人在谈判时，习惯于以礼相待。在洽谈生意时，中国商人常常要求在本国进行谈判，以便控制议事日程、掌握谈判步调，并在此过程中仔细观察对方，让客人相信他们的诚意，期待着建立起信任和友谊。与中国商人谈判，无论其年纪大小，均要注意礼节，因为你代表的是一个集体，而不是个人。对于讲究面子的中国人来说，礼节常与威信和尊严联系在一起，因此，不论对方年龄大小、地位高低，始终注意自己言行中的礼仪，使自己首先是个与礼仪之邦相称的对话人，才能为自己第一步的成功奠定基石。

中国商人习惯于"先礼后兵"，在以礼相待时，也会考虑使用强硬手法，尤其是在被逼时。因此，在谈判的论述中，在各种条件的进退中，决不可让中国商人感到"以势压人"、"过于利用优势"，即使某些分歧非说不可，不妨先打个招呼，使对方有个心理准备。

中国商人对于老朋友、老关系，或是朋友的朋友、关系的关系，均会予以重视，在力所能及的情况下也会予以照顾。在与中国商人谈判中没有人际关系不行，太多了也不行。

因此，要针对具体的交易，为达到某一具体效果而将有力量的人际关系运用到点子上。

中国商人比较含蓄，不喜欢直截了当地表明自己的态度。所以，面对中国商人，一时难以抓住他们的真实想法时，千万要沉住气，不必过早地表白自己，更不必在没有摸清对手意向的情况下，盲目改变自己的谈判立场。

中国商人对问题的原则性和灵活性把握得很有分寸，并在谈判时注重利益均衡。当谈判进入实质性阶段，中国商人往往会要求首先以意向书的形式达成一个原则框架，然后才洽谈具体细节。中国商人在原则问题上寸步不让，在具体事务上，他们则表现出极大的灵活性。

香港、台湾、澳门等地区兼受中国传统文化和世界各国文化的影响，现代人的意识观念与大陆有所差异。一方面他们具有中国人勤劳智慧的特点，另一方面则商业气息极浓；他们在商业交易中，善于与对方拉关系、套近乎；也擅长使用小恩小惠做诱饵取大利。他们报价灵活，水分很大，常常一降再降给对方造成错觉，使对方感到他们已做了最大让步，其实成交价往往仍高于基本价。因此，与他们谈判前，应充分了解产品的市场行情。他们做交易时，惯于放长线，钓大鱼。港澳地区公司企业多如牛毛，其中不乏皮包公司，因此要注意资情调查，谨防上当受骗。另外，港、澳、台的商人较注重眼前利益，市场行情有变时，常会想办法钻合同的漏洞，因此要仔细认真地制定合同中的每一条款，确保合同为有纸漏。

二、亚洲商人的谈判风格

（一）日本商人的谈判风格

日本是个资源匮乏、人口密集的岛国。由于日本深受中国儒家思想文化影响，儒家思想中的等级观念、忠孝思想、宗法观念深深植根于众多日本人的内心深处，他们把忠、义、信、勇作为人格修养信条，形成富有特色的大和民族文化-武士道精神。现代的日本人兼有东西方观念，具有鲜明特点。他们讲究礼仪，注重人际关系；等级观念强，性格内向，不轻信人；有责任感，群体意识强；工作认真，慎重，有耐心；精明能干，进取心强，勇于开拓；讲究实际，吃苦耐劳，富有实干精神。这些特征在日本商人身上表现突出。日本人在谈判中是最具个性魅力的，各国的谈判专家也公认日本人是最成功的谈判者。

（1）日本商人喜欢"投石问路"。在正式会谈之前，他们常举行一些带有社交性质的聚会，以试探以对方意图、个性和可靠程度。在这种场合，日本人"毫不经意"地问这问那，显得异常热情与真诚。这种"醉翁之意不在酒"的聚会，既是一种礼貌，也是一种策略。

（2）"拖延战术"是日本商人惯用的"伎俩"。日本商人经常导演的局面是减交或不成交，往往拖延到谈判结束前才敲定。为此，他们常常千方百计地探听对方的行期和日程安

第十章 国际商务谈判

排。之所以采取这种战术，是因为他们懂得"任何成交总比不成交好"这一商人的普遍心理。他们利用这种心理，尽量拖延，尽可能使最终的谈判结果对自己有利。

（3）日本式的"巨大牺牲"是形式大于内容。美国的日本问题专家麦克尔·布莱克在研究了日本商人的国际谈判风格后指出，日本商人做出让步是具有形式主义色彩的。他们会将自己不断变换的新立场称作为"气量极大"的"最大限度"的让步。实际上，这种类似于"最后通牒"的声明可以在同一次谈判中不止一次地听到，因而也就没有当真的必要，尽管他们最终的意愿是真诚的。

（4）"以少胜多"是日本商人的一种谈判习惯。日本商人都希望在谈判中自己一方的人数超过对方，这主要出于以下原因：一方面，日本商人强调集体主义，并且只有在集体中，他们才会有一种心理上的安全感；另一方面，日本公司的决策需要各个部门、各个层次的雇员参加，参加谈判的人越多，越容易在最后的决策中达成一致的意见。

（5）日本人不喜欢硬性、快速的"推销式"谈判，他们讨厌进攻性的滔滔不绝的讲话。相反，他们注重镇静、自信、优雅和耐心，喜欢在介绍情况时作"低调"处理。事实上，在谈判中人们会发现日本人目光显得呆滞、面无表情，长时间地坐在那里一言不发。这并不说明他们对对方的话不感兴趣或不同意，也不说明他们有内部分歧。这种沉默和含糊的态度，正是日本人在谈判中很典型的态度。

（6）正如办事一丝不苟的日本作风一样，虽然日本商人在表面上显得含含糊糊、模棱两可，但实际上他们在谈判中非常细致。他们不仅对各种情况进行详细调查了解，而且在会谈中对具体的问题做反复权衡，即使在达成协议之后，他们也会索取大量情况介绍、研究调查报告、图表等。

案例 10-3

某市的一家建筑公司花巨资买下了一大片土地，准备盖高级住宅区和高级别墅。由于M国地处热带，台风频繁，所以必须有一种坚固抗风的钢材——精密锰钢，才能保证建筑的安全。公司决定派以副董事长为首的代表团去日本洽谈买钢材事宜。

代表团在机场受到日方公司的代表的热烈欢迎。豪华的大型小轿车在等着他们，日方代表还衷心希望他们在东京能过得很愉快，一切好像都是好兆头。日方代表甚至还"好心"地告诉他们说，多在日本呆几天，什么时候回去，他可以帮助预订机票。团长告诉他回去的时间在月底，只能有10天左右谈判了。他心里还美滋滋地称赞日本人周到的考虑和热情的迎接呢！他没有想到，他这样做实际上就把公司允许他谈生意的期限告诉给对方了。他的最后期限给暴露了！

日本人真是太热情了！一连几天，闭口不谈生意，团长急得去找日方经理时，经理彬

商务谈判

彬有礼地劝说他稍等，因为他第一次来日本，要尽情地领略一下异国风光嘛！并详细地介绍了东京各地的名胜、风景、人情、商场及购物注意事项，而且和团长拉起了家常。团长出于礼貌不好拒绝，但又无可奈何。于是，在日方人员的盛情款待下，他们用了2天时间游览了东京，1天时间去了富士山，1天时间参观日方工厂，时间已过去了几天了，团长越来越心焦，而日方经理仍漫不经心，仍热情得很，拉着他们又是喝酒，又是赴宴，又是打网球，甚至打高尔夫球，似乎生意已成交了。

已经剩下不到4天的时间了，而日日夜夜的礼仪很周到，看样子还有不少的"盛情款待"，再拖下去肯定对代表团没有任何利益了，要知道房地产风险很大啊！越久越无利。于是团长在一大晚上趁机问了一下对方的代表。

"请问贵公司对我团购买意向如何看待呢？"

"很好！很好！欢迎合作！"日方代表微笑地说。

"可是过去了几天，不见贵公司前来接洽呀。我们实在等不了啊！如果贵公司没有诚意，那么我们就回国了，再考虑去美国或德国了。"

"在东京玩得怎样呢？我们一向对待朋友很友好，很热情的！先在这里玩嘛，生意的事很容易解决。不知阁下对东京南郊住宅区有何高见？那是用我们钢材建起来的。如果您愿意，明天我们可以请设计人员跟你们去，提供些参考。阁下以为如何？"

"老实说，那住宅区设计得很漂亮，但规模很小呀。我们的地皮大着哪！谢谢您了！"团长漫不经心地说着。

"现在几月呢？请您告诉我一下，好吗？"日方代表幽幽地笑着问。

"您想必太专心公务了吧！现在是3月份了，樱花现在该开了吧！"

"哦，想必已开了。樱花很漂亮，贵团是否去看一下呢？"日方代表文质彬彬地邀请他。"今晚音乐很好听，祝您和贵团玩得愉快！"日方代表团员掩饰不住笑意，轻轻地走开，在总经理耳边低语几句。

团长毫无兴趣地随日方陪同人参观了一下住宅区，又去富士公园看了似海洋一样浪漫的樱花。直到下午，谈判正式开始了。双方礼节性地寒暄了几句，接着便唇枪舌剑地争论起来。眼看下午毫无结果（这也是日方所追求的），团长怏怏地说："如果不行，我们后天就回去了。"

日本人真守信用，第二天早上谈判开始前，经理早已把他们返程机票送到团长手里，令团长感激不已，自然谈判气氛缓和得多了。无论怎样讨价还价，团长最终还是在日方的合同上签下了名字。原来，日方打听到M国公司早已买下了几百亩地皮，如果在雨季前不开工奠基，那么前功尽弃，损失惨重，而现在已是3月底了，离5月不远了；团长他们决定后天回去，现在又有机票了，所以在这两天内必须成交，雨季将来临了，他们也没时间

256

去美、欧寻找，故必须在日本成交，日方考虑代表团的很大地皮必须用很多钢材，早已串通国际上的钢厂，把该种钢材价格抬高了一倍多，而且，日方"作出了最大让步"，将价格主动降低20~30美元。面临这种情势，团长不得不签下了公司的大名，让日本人大大赚了一笔。而日方所得的条件和信息，全是在舞会上从团长漫不经心的回答中得出的。然而，起关键作用的还是日方周到的礼节和盛情的款待，使M国公司没有充足时间考虑和改变方针。

（二）韩国商人的谈判风格

韩国是一个自然资源匮乏，人口众多的国家。这个国家以"贸易立国"，经济发展较快，曾是亚洲"四小龙"之一。韩国商人在长期的对外贸易实践中，积累了丰富的经验，常在不利的贸易谈判中占上风，被西方发达国家称为"谈判的强手"。

（1）谈判前重视咨询。韩国商人十分重视商务谈判的准备工作。在谈判前，通常要对对方进行咨询了解。一般是通过海内外的有关咨询机构了解对方情况，如经营项目、规模、资金、经营作风以及有关商品行情等。如果不是对对方有了一定的了解，那么他们是不会与对方一同坐在谈判桌前的。而一旦同对方坐到谈判桌前，那么可以充分肯定韩国商人一定已经对这场谈判进行了周密的准备，胸有成竹了。

（2）注重谈判礼仪和创造良好的气氛。韩国商人十分注意选择谈判地点。一般喜欢选择有名气的酒店、饭店会晤。会晤地点选定后，他们一定会准时到达。在进入谈判地点时，一般是地位最高的人或主谈人走在最前面，因为他也是谈判的拍板者。

韩国商人十分重视会谈初始阶段的气氛，一见面就会全力创造友好的谈判气氛。见面时总是热情打招呼，向对方介绍自己的姓名、职务等。落座后，当被问及喜欢用哪种饮料时，一般选择对方喜欢的饮料，以示对对方的尊重和了解。然后寒暄几句与谈判无关的话题，如天气、旅游等等，以此创造一个和谐气氛。最后，才正式开始谈判。

（3）注重技巧。韩国商人逻辑性强，做事喜欢条理化。谈判也不例外。所以，在谈判开始后，他们往往是与对方商谈谈判主要议题。而谈判的主要议题虽然每次各有不同，但一般需包括下列5个方面的内容：阐明各自意图、叫价、讨价还价、协商、签订合同。尤其是较大型的谈判，往往是直奔主题，开门见山。在谈判过程中，他们远比日本人爽快，但善于讨价还价。有些韩国人直到最后一刻，仍会提出"价格再降一点"的要求。他们也有让步的时候，但目的是在不利形势下，以退为进来战胜对手。这充分反映了韩国商人在谈判中的顽强精神。

此外，韩国商人还会针对不同的谈判对象，使用"声东击西"、"先苦后甜"、"疲劳战术"等策略。在完成谈判签约时，喜欢使用合作对象国家的语言、英语、朝鲜语三种文字签订合同，三种文字具有同等效力。

（三）阿拉伯商人的谈判风格

阿拉伯国家主要分布在西亚的阿拉伯半岛和北非。它们经济单一，绝大多数盛产石油，靠石油及石油制品的出口维持国民经济，主要进口粮食、肉类、纺织品以及运输工具、机器设备等。

由于受地理、宗教、民族等问题的影响，阿拉伯人以宗教划派，以部族为群，家庭观念较强；重朋友义气，热情好客，却不轻易相信别人。他们喜欢做手势，以形体语言表达思想。尽管不同的阿拉伯国家在观念、习惯和经济力量方面存在着较大差异，但作为整个民族来讲却有较强的凝聚力。

阿拉伯国家凝聚力的核心是伊斯兰教和阿拉伯语，阿拉伯人非常厌恶别人用贬损或开玩笑的口气来谈论其信仰和习惯。

（1）重信誉，讲交情。在阿拉伯人看来，信誉是最重要的，所以谈生意的人必须首先赢得他们的好感和信任。阿拉伯人十分好客，对远道而来并亲自登门拜访的外国客人非常尊重。如果他们问及拜访的原因，最好说是为了得到他们的帮助。当合同开始生效时，拜访次数可以减少，但定期重温、巩固和加深已有的良好关系仍然非常重要，这会使他们看到一个重信义、讲交情的形象，会在以后的谈判中获得意外回报。

（2）谈判节奏缓慢。阿拉伯人做出决策的时间比较长。阿拉伯人不喜欢通过电话来谈生意，也不喜欢一见面就匆忙谈生意，他们习惯于先同你谈一些社会问题或其他问题。遇到这种情况，要显得有耐心而且镇静。

一般来说，阿拉伯人特别重视谈判的前期阶段，即相互试探、摸底的阶段。经过长时间的、广泛的、友好的会谈，在彼此敬意不断增加的同时，他们其实已对谈判中的一些问题进行了试探、摸底，并间接地进行了讨论。所以，与阿拉伯商人打交道，必须去适应他们的慢节奏。

（3）重视中、下级人员的意见和建议。在阿拉伯国家中，谈判决策由上层人员负责，但中、下级谈判人员向上司提供的意见或建议却能得到高度重视，在谈判中起着重要的作用。阿拉伯人等级观念强烈。外商在谈判中往往要同时与两种人打交道：首先是决策者，他们只对宏观问题感兴趣；其次是专家及技术人员，他们希望对方尽可能提供一些结构严谨、内容翔实的资料，以便仔细加以论证。与阿拉伯人做交易时千万别忽视了后者的作用。

（4）代理商在商务活动中起重要作用。在阿拉伯商界还有一个阶层——代理商。几乎所有阿拉伯国家的政府都坚持，无论外商的生意伙伴是个人还是政府部门，其商务活动都必须通过阿拉伯代理商来开展。这种代理制度，不仅有利于维护阿拉伯国家的利益，而且对外国商人来说也是大有裨益的。如果有一个好的代理商，则会为外商提供便利。如可以帮助雇主同有关部门尽早取得联系，促使他们尽快做出决定；快速完成日常文书工作，加

第十章　国际商务谈判

速通过繁冗的贸易壁垒；帮助安排货款回收、劳务使用、物资运输、仓储乃至膳食等事宜。

（5）喜欢讨价还价。在阿拉伯国家，商店无论大小，均可讨价还价，标价只是卖主的"报价"。更有甚者，不还价即买走东西的人，还不如讨价还价后什么也不买的人更受到卖主的尊重。其逻辑是：前者小看他，后者尊重他。因此，为适应阿拉伯人善于讨价还价的习惯，外商应建立起见价即讨的意识：凡有交易条件，必须准备讨与还的方案；凡想成交的谈判，必定把讨价还价做得轰轰烈烈。高明的讨价还价要显示出智慧，即找准理由，把理说得令人信服，做到形式上相随，实质上求实利。

阿拉伯人注重小团体和个人利益，他们谈判的目标层次极为鲜明，谈判手法也不相同。所以，在整体谈判方案中，应预先分析他们利益层次的所在范围。只有先解决好利益层次的问题，在谈判时才会有合理的利益分配，从而为最终的成功打下基础。

（6）喜欢图文结合的资料。阿拉伯人不欣赏抽象的介绍说明，他们更欣赏能看得见、摸得着的东西。因此，在谈判中可以采用多种形式，采取数字、图形、文字与实际产品相结合的方式，形象地向他们说明有关情况，增强说服力。

要注意的是：对于确实需要提供的材料，必须请一流的翻译将其按照阿拉伯人的习惯进行精准地翻译，否则翻译的失误可能造成灾难性的后果。另外，应当注意材料中所附图片的排列顺序，因为阿拉伯人阅览图片的顺序是从右向左的。

（7）其他。阿拉伯人对政治高度敏感，因而与其谈话时的话题要把握分寸，不要涉及中东政治，不要谈论国际石油政策以及宗教上的敏感问题。此外，由于阿拉伯国家宗教意识浓厚，妇女一般不在公开场合抛头露面，因此应尽量避免派女性去阿拉伯国家谈生意。

（四）东南亚商人的谈判风格

东南亚地区的国家，如新加坡、菲律宾、泰国、马来西亚等，多数与我国文化传统有着共性，商务谈判的总体风格是重视人际关系和感情、面子的作用。

1. 新加坡商人的谈判风格

新加坡是"亚洲四小龙"之一，是一个名副其实的华侨国家，华人占75%以上。所以，在贸易谈判中，参与者以华侨居多。华侨的乡土意识、团体同甘共苦的精神极为强烈，勤奋、能干举世公认，同时，华侨极讲"面子"。对老一代华侨而言，"面子"在商业洽谈中具有决定性的意义。而年轻的华侨受了西方的影响，则较偏重于西方文化。

在洽谈中，如果遇到了重要的决定，新加坡商人往往不喜欢做成书面的字据。一旦订立了契约，就绝不会违约。华侨一般都重信义，珍惜朋友之间的关系，对背信弃义的行为深恶痛绝。

2. 泰国商人的谈判风格

在泰国进行谈判时，直率与坦白非但不会被欣赏，还会产生适得其反的结果。在洽谈中，大声讲话和发怒被视为极不礼貌，任何一种发脾气的表现都让泰国人感到尴尬，使合作化为泡影。

泰国的商界人士有华侨、傣族人、老挝商人。华侨的人数虽不多，但在商界中占重要地位；他们非常谨慎、诚实，往往需较长时间建立友情，一旦彼此之间互相信赖，就会完全相信对方，通融性也较强。

而傣族、老挝族的商人性情柔顺，讲礼貌、和蔼可亲，比较重信用，与他们谈判时需要耐心细致，签约时力求尽量详细、明确。

3. 印度尼西亚商人的谈判风格

印尼人很有礼貌，从不讲别人的坏话除非是深交，否则难以听到他们的真心话。在洽谈时，如果交往不久，那么即使表面上看起来气氛极友好，谈得很投机，但与他们心中所想的是否完全一致就难说了。如果说建立了推心置腹的交情，那么就会成为可靠的合作伙伴。

印尼人的宗教信仰十分牢固，所以与之进行商务活动必须特别注意他们的宗教信仰。

印尼人与北欧人的特点相反，那就是印尼人特别喜欢家中有客人来访，而且无论什么时候访问都很受欢迎。

4. 菲律宾商人的谈判风格

菲律宾人天性和蔼可亲，善于交际，作风落落大方。他们在商务活动中应酬颇多，常常举行聚会。同菲律宾人做生意，最容易取得沟通的途径是"入乡随俗"，在社交场合尽可能做到应酬得体。

5. 印度商人的谈判风格

印度商人在无利害冲突时很好相处，但一旦有了利益关系就判若两人，层层设防，处处猜疑。要在商业上与印度商人形成肝胆相照的关系，需要很长的时间。与此相应，印度人谈判时会守口如瓶，绝不轻易透露公司的秘密和商务信息。

在交易中，印度人会漫天要价。他们喜欢辩论，在交易中讨价还价的缠劲非常大，而且完全居于那种市场上你争我吵的讨价还价方式。

6. 巴基斯坦商人的谈判风格

巴基斯坦商人多数喜欢与客人建立良好的友谊和私人亲密的关系。他们注重礼节，在商谈中不使用电话，必须进行面谈。由于大多数巴基斯坦商人为伊斯兰教徒，因此女性一般不从事商务活动。在进行商务谈判过程中，出面的大多为上层人士，他们权力较大，可以马上拍板做出决定。巴基斯坦商人十分重视文字契约，任何协议都必须有书面文字以留住证据，否则，口说无凭。只要有了文字契约，绝大多数巴基斯坦商人均很守约。

需要注意的是，与巴基斯坦人做生意时应有一口流利的英语，而且，巴基斯坦人在谈判中往往会提出许多额外要求。

三、欧美商人的谈判风格

（一）美国商人的谈判风格

美国是世界上经济、技术最发达的国家。英语几乎是国际谈判的通用语言，世界贸易有50%以上是用美元结算，这使得美国人对自己的国家深感自豪，对自己的民族具有强烈的自豪感和荣誉感。美国人的性格是外向的、随意的，表现为直率、开朗、豪爽、热情、自信、果断、幽默诙谐、喜形于色、善于交际、不拘礼节，追求物质生活，富有强烈的冒险精神和竞争意识等特点。

（1）直截坦率，充满自信。

在美国人看来，直截了当是尊重对方的表现。在谈判桌上，美国人精力充沛，头脑灵活，充满自信，喜欢迅速切入正题。他们不喜欢拐弯抹角，不讲客套，并总是兴致勃勃，乐于以积极的态度来谋求自己的利益。美国商人十分欣赏那些说话直言快语、干脆利落，又精于讨价还价，为取得经济利益而施展策略的人。所以与美国人谈判，表达意见要直接，"是"与"否"必须保持清楚。如果美国人提出的条款、意见是无法接受的，就必须明确告诉他们不能接受，不得含糊其辞，使他们存有希望。如果为了不失去继续洽谈的机会而含糊作答，这种做法往往适得其反，不仅易给对方造成不良印象，还易导致纠纷。拒绝的措辞要婉转明确，使用敬语或"Yes…"、"But…"之类的说法较容易为对方接受。

当双方发生纠纷时，美国人希望谈判对手的态度认真、坦率诚恳，即使双方争论得面红耳赤也不会介意。对于中国人在谈判中用微妙的暗示来提出实质性要求，美国人感到十分不习惯。不少美国厂商因不善于品味中国人的暗示，失去了不少极好的交易机会。

谈判中的直率也好，暗示也好，表面上是谈判风格不同，实际上是文化差异问题。东方人认为直接拒绝对方、表明自己的要求，会损害对方的面子，僵化彼此之间的关系，像美国人那样感情爆发、直率、激烈的言辞是缺乏修养的表现。同样，东方人所推崇的谦虚、有耐性、有涵养，可能会被美国人认为是虚伪、客套、耍花招。

另外，在谈判过程中，要绝对避免指名批评，因为美国人谈到他人时，都会顾忌损伤他人的人格。例如，指责客户公司中某人的缺点，或把竞争对手的缺点抖出来贬损，这些都是被美国人蔑视的行为。

（2）注重效率，珍惜时间。

美国人重视效率，喜欢速战速决。美国有句谚语："不可盗窃时间。"在美国人看来，时间就是金钱。美国人常以"分"为单位计算时间。例如，月薪1万美元，每分钟就是8美元。所以，在谈判过程中，他们连1分钟也舍不得去作无聊的毫无意义的谈话，十分珍惜时间、遵守时间。

美国人认为，最成功的谈判者是能熟练地掌握把一切事物用最简洁、最令人信服的语言迅速表达出来的人。因此，美国谈判者为自己规定的最后期限往往较短。谈判中，他们十分重视办事效率，开门见山，报价及提出的具体条件也比较客观，水分较少。他们希望谈判对方也能如此，尽量缩短谈判时间，力争每一场谈判能速战速决。谈判一旦突破其最后期限，谈判很可能破裂。除非特殊需要，同美国人谈判时间不宜过长，一定要有时间观念。

（3）法律观念强。

美国人的法律意识根深蒂固。这种法律观念在其商业交易中也表现得十分明显，律师在谈判中扮演着重要角色。美国人认为：交易最重要的是经济利益。为了保证自己的利益，最公正、最妥善的解决办法就是依靠法律、依靠合同，而其他的都是靠不住的。因此，他们在进行商务谈判时，特别是在国外进行商务谈判时，一定会带上自己的律师。美国人特别看重合同，会十分认真地讨论合同条款，对法律条款一般不轻易让步，而且特别重视合同违约的赔偿条款。因此，美国人在商业谈判中对于合同问题的讨论特别详细、具体，也关心合同适用的法律，以便在执行合同中能顺利地解决各种问题。

（4）语言幽默。

美国人的幽默久负盛名。在谈判过程中，美国人也喜欢用轻松幽默的语言表达信息，或讲讲笑话。

案例 10-4

曾有这样的故事流传：在餐厅盛满啤酒的杯中发现了苍蝇，英国人会以绅士风度吩咐侍者换一杯啤酒来；法国人会将杯中啤酒倾倒一空；西班牙人不去喝它，只留下钞票，不声不响地离开餐厅；日本人会令侍者把餐厅经理找来，训斥一番；沙特阿拉伯人会把侍者叫来，把啤酒杯递给他，说"我请你喝"；美国人则会对侍者说："以后请将啤酒和苍蝇分别放置，由喜欢苍蝇的客人自行将苍蝇放进啤酒，你觉得怎样？"

（二）英国商人的谈判风格

英国是世界上资本主义发展最早的国家之一。英国人的"曾经称霸过"世界的大国民意识仍旧很强，总是一副悠然自得的样子。同时，他们又依然保留着岛国民族的特性，比较保守、怕羞，并且显得傲慢、矜持，给人难以接近的印象。

(1) 冷静而自信。

英国人在谈判初期，尤其是在初次接触时，常与谈判对手保持一定距离，绝不轻易表露感情。随着时间的推移，他们才与对手慢慢接近、熟悉起来，并且对于会逐渐发现，他们精明灵活，善于应变，长于交际，待人和善，容易相处。英国人在开场陈述时常常十分坦率，愿意让对方了解他们的有关立场和观点，同时也常常考虑对方的立场、行动，对于建设性意见反映积极。在商务谈判中，英国人往往表现得沉默、冷静、谨慎、自信，而不是激动、冒险、夸夸其谈。英国人生性内向而含蓄，尤其是受过高等教育的人，表现得很自谦。他们把夸夸其谈的人视为缺乏教养，把自吹自擂的人视为低级趣味。在闲谈时很少表现自己，偶尔发表意见时，也往往以"以我看来，似乎是……""如果我没有记错……"等辞令作为开场白。

英国商界赞同这样一句话："不要说'这种商品我们公司没有'，应该说'只要您需要，我们尽量替您想办法'。"这一点，不仅反映了英国人的灵活态度，也表现了他们十足的自信心。他们的自信心强，还特别表现在讨价还价阶段，如果出现分歧，往往固执己见，不肯轻易让步，以显其大国风范，让人觉得他们持有一种非此即彼、不允许讨价的谈判态度。

(2) 绅士风度与等级观念。

英国人谈吐文明，举止高雅，注重社会公德，很有礼让精神。无论是在谈判场内还是在谈判场外，英国谈判手都很注重体现个人修养，尊重谈判业务，有时也会追逼对方。同时，他们也很关注对方的修养和风度，如果客商能在谈判中显示出良好的教养和风度，就会很快赢得他们的尊重，为谈判成功打下良好的基础。由于受古老的等级传统影响，英国人的等级观念变得非常严格而深厚。他们颇为看重与自己身份对等的人谈问题，因此洽谈生意时尽量同对话人的等级诸如官衔、年龄、文化教育、社会地位等对等，以求平衡，表示出平等和尊重。这对于推进对话、加强讨价还价的力量有一定的作用。

英国人的绅士风度还表现在他们谈判时不易动怒，也不轻易放下架子，喜欢有很强的程序性的谈判，一招一式严守规定，谈判条件既定后不爱大起大落，注意钻研理论并注重逻辑性，喜用逻辑推理表明自己的想法。他们听取意见随和，采纳意见却不痛快，处理复杂问题时比较冷静。这种外交色彩浓厚的谈判风格常使谈判节奏受到一定制约，但以简单直截了当又不失礼貌的谈判手法会使他们为证明自己并不拖拉而配合你，从而加快节奏。绅士风度常使英国谈判手受到一种形象的约束，甚至成为他们的心理压力，对此应充分利用。在谈判中大力宣扬、高抬其形象，然后以确凿的论据、有礼有力的论证施加压力，表明英国谈判手不会因为放弃其不合理的立场而丢面子，从而刺激其自尊心，取得良好的谈判效果。

(3) 中规中矩。

在商务活动中，英国人招待客人时间往往较长。当受到英国人款待后，一定要写信表

商务谈判

示谢意,否则会被视为不懂礼貌。与英国人约会,若是过去不曾谋面的,一定要先写信告之面谈目的,然后再去约时间。一旦确定约会,就必须按时赴约,因为英国人做生意颇讲信用,凡事要规规矩矩,不懂礼貌或不重诺守约,以后办事就难以顺利进行。

(三)法国商人的谈判风格

在近代世界史上,法兰西民族在社会科学、文学、科学技术方面有着卓越成就。法国商人具有浓厚的国家意识和强烈的民族文化自豪感。他们性格开朗、眼界豁达,对事物比较敏感,为人友善,处事时而固执,时而随和,十分勤劳,善于享受。

(1)喜欢用法语谈判。

法国人为自己的语言而自豪,认为法语是世界上最高贵、最优美的语言。因此,在进行商务谈判时,他们往往习惯于要求对方同意以法语为谈判语言,即使他们的英语讲得很好,也很少让步,除非他们在国外或在生意上对对方有所求。有专家指出,如果一个法国人在谈判中对你使用英语,那可能就是你争取到的最大让步。所以,要与法国人长期做生意,最好学些法语,或在谈判时选择一名好的法语翻译,他们会因此很高兴并对你产生好感。

(2)富有人情味。

法国人很有人情味,非常珍惜人际关系。有人说,在法国,"人际关系是用信赖的链条牢牢地互相联结的"。法国人很重视交易过程中的人际关系。一般说来,在尚未结为朋友之前,他们不会轻易与人做大宗生意,而一旦建立起友好关系,他们又会乐于遵循互惠互利、平等共事的原则。因此,与法国人做生意,必须善于和他们建立起友好关系。这不是件十分容易的事,需要长时间的努力。在法国社会交往中,家庭宴会常被视为最隆重的款待。但是,无论是家庭宴会还是午餐招待,法国人都将之看做人际交往、发展友谊的时刻,而不认为是交易的延伸。因此,如果法国人发现对方设宴招待,意图是想利用交际来促使商业交易更为顺利的话,那么他们会很不高兴,甚至断然拒绝。

与法国人洽谈生意时,不应只顾谈生意上的事务与细节,否则很容易被法国对手视为"此人太枯燥无味,没情趣"。要注意,法国人大多性格开朗、十分健谈,他们喜欢在谈判过程中谈些新闻趣事,以创造一种宽松的气氛。据说在法国,就连杂货店的女老板都能轻松自如、滔滔不绝地谈论政治、文化和艺术。所以,在谈判中,除非到了最后决定拍板阶段可以一本正经地只谈生意之外,其他时间应多谈一些关于社会新闻和文化艺术等方面的话题来活跃谈话,制造出富有情调的氛围。另外要加以注意的是,法国人在谈判中讲究幽默与和谐,但他们不愿过多提及个人和家庭问题,这是与他们谈话时应尽量避免的话题。

(3)偏爱横向式谈判。

与西方许多国家习惯由点到面的谈判方式不同,法国人在谈判方式上偏爱横向式谈判,由面到点,即先为协议勾画出一个轮廓,然后达成原则协议,最后再确认谈判协议各方面的具体内容。他们不如德国人那么严谨，却喜欢追求谈判结果，不论什么会谈、谈判，在不同阶段，都希望有文字记载，而且名目繁多，诸如"纪要"、"备忘录"、"协议书"、"议定书"等等，用于记载已谈的内容，为以后的谈判及正式的协议奠定基础和基调。这种做法可以促进早日实现谈判的实质效果，但对于频繁产生的文件应予以警惕，慎重从事。对己有利的内容，可同意建立文件；对己不利却难以推却的可仅建立初级的纯记录性质的文件，注意明确各种文件的不同的法律约束力，严格区别"达成的协议议点"、"分歧点"、"专论点"、"论及点"等具体问题，否则产生的文件会变得糊涂不清，成为造成日后纠纷的隐患。另外，法国人习惯于集中精力磋商主要条款，对细节问题不很重视，并且在主要条款谈成之后便急于求成地要求签订合同；而后如果发现对他们不利，又常常会毁约，并要求修改合同或重新签署。因此，签约时要小心从事，用书面文字互相确认，保证最终的文件具有最终的法律约束力，以防他们不严格遵守，在市场行情不看好的时候撕毁协议。

法国人谈判思路灵活，手法多样，为促成交易，常会借助于行政、外交、名人或有关的第三者介入谈判。如有些交易中常会遇到进出口许可证问题，往往需要政府出面才能解决问题。当交易项目涉及政府的某些外交政策时，其政治色彩就很浓厚，为达成交易，政府可以从税收、信贷等方面予以支持，从而改善交易条件，提高谈判的成功率。

（4）重视个人力量，对商品要求严格。

法国人大多注重依靠自身力量达成交易，愿以自己的资金从事经营，因而他们办事不勉强。法国人喜欢个人拥有较大的办事权限，在进行商务谈判时，大多由一人承担并负责决策，很少有集体决策的情况，所以谈判效率较高。在法国中小企业中，也有许多商人是不熟悉国际贸易业务的，与他们做生意时，应尽量把每个细节都商定清楚。

法国人对商品的质量要求十分严格，条件比较苛刻，同时也十分重视商品的美感，要求包装精美。法国人从来就认为法国是精美商品的世界潮流领导者，巴黎的时装与香水就是典型代表，因此他们在穿戴上都极为讲究。在他们看来，衣着可以代表一个人的修养与身份，所以谈判时稳重考究的着装会带来好的效果。

法国全国在 8 月份都会放假，很多法国人都去度假，任何劝诱都难以让他们放弃或推迟假期去做生意，甚至在 7 月底、9 月初他们的心思都还放在度假、休息之上，所以应注意尽量避免在这段时间与法国人谈生意。

（四）德国商人的谈判风格

德国人刚强、自信、谨慎、保守、刻板、严谨，办事富有计划性、雷厉风行，工作注重效率、追求完美、纪律观念强，有军旅作风。诚实和正直是德国人最欣赏的品质。德国人身上所具有的这种日耳曼民族的性格特征会在谈判桌上得到充分地展现。

商务谈判

(1) 准备充分。

德国人严谨保守的特点使他们在谈判前往往准备得十分周到。他们会想方设法掌握大量翔实的第一手资料,不仅要调查研究对方要购买或销售的产品,还要仔细研究对方的公司,以确定对方能否成为可靠的商业伙伴。只有在对谈判的议题、日程、标的物品质、价格以及对方公司的经营、资信情况和谈判中可能出现的问题及对应策略做了详尽研究、周密安排之后,他们才会坐到谈判桌前。这样,他们立足于坚实的基础之上,就处于十分有利的境地。德国人对谈判对方的资信非常重视,不喜欢与声誉不好的公司打交道,因为他们不愿冒风险。因此,如果与德国人做生意,一定要在谈判前做好充分准备,以便回答关于你的公司和建议的详细问题。

(2) 讲究效率。

德国人的思维富于系统性和逻辑性,工作态度认真负责,非常讲究效率,信奉的座右铭是"马上解决"。他们认为那些"研究研究"、"考虑考虑"、"过段时间再说"等拖拖拉拉的行为,对一个商人来说简直是耻辱。德国人觉得判断一个谈判者是否有能力,只需看其办公桌上的文件是否快速有效地处理了。如果文件堆积如山,多是"待讨论"、"待研究"的一拖再拖的事情,那就大可断定该工作人员是不称职的。因此,德国商人在谈判桌上会表现得果断、不拖泥带水。他们喜欢直接表明所希望达成的交易,准确地确定交易方式,详细列出谈判议题,提出内容详尽的报价表,清楚、坚决地陈述问题。他们善于明确表达思想,准备的方案清晰易懂。如果双方讨论列出问题清单,德国商人一定会要求在问题的排序上体现出各问题的内在逻辑关系,否则就认为逻辑不清,不便讨论。并且他们认为每场讨论应明确议题,如果讨论了一上午却不涉及主要议题,他们必会抱怨意思不清楚,组织无效率。因此,在与德国商人谈判时,追求严密的组织、充分的准备、清晰的论述、鲜明的主题,可以促进谈判效率,在时间的利用、双方误解的减少等方面都可看到谈判效益的改善。

(3) 自信固执。

德国商人自信而固执。他们对本国产品极有信心,在谈判中常会以本国的产品为衡量标准。德国企业的技术标准相当严格,对于出售或购买的产品都要求有很高的质量,因此,要让他们相信对方公司的产品满足交易规定的高标准,他们才会做生意。德国商人的自信与固执还表现在他们不太热衷于在谈判中采取让步方式。他们考虑问题周到系统,缺乏灵活性和妥协性。他们总是强调自己方案的可行性,千方百计迫使对方让步,常常在签订合同之前的最后时刻还在争取使对方让步。鉴于日耳曼民族这种倔强的个性特点,应尽量避免采取针锋相对的讨论方法,而要"以柔克刚"、"以理服人"。常言道:"有理不在声高",要以灵活的态度选择攻击点,体现分歧,表明立场,同时始终保持友好、礼貌的态

第十章 国际商务谈判

度去扭转其僵硬的态度,不要激起对方的"犟脾气"。大多数德国人虽然固执,但还是更重理性。只要把握住这点,本着合理、公正的精神,以理服人就能最终软化其僵硬立场。

(4)严守信用。

德国人素有"契约之民"的雅称,他们崇尚契约,严守信用,权利与义务的意识很强。在商务谈判中,他们坚持己见,权利与义务划分得清清楚楚;涉及合同任一条款,他们都非常细心,对所有细节认真推敲,要求合同中每个字、每句话都准确无误,然后才同意签约。德国商人对交货期限要求严格,一般会坚持严厉的违约惩罚条款,外国客商要确保成功地同德国人打交道,就得同意严格遵守交货日期,而且可能还要同意严格的索赔条款。德国人受宗教、法律等因素影响,比较注意严格遵守各种社会规范和纪律。在商务往来中,他们尊重合同,一旦签约,就会努力按合同条款一丝不苟地去执行,不论发生什么问题都不会轻易毁约,而且签约后,对于交货期、付款期等的更改要求一般都不予理会。他们注重发展长久的贸易伙伴关系,求稳心理强,不喜欢做一锤子买卖。

(5)非常守时。

德国人非常守时,不论工作还是干其他事情,都是有板有眼,一本正经。因此与他们打交道,不仅谈判不应迟到,就是一般的社交活动也不应随便迟到。对于迟到者,德国人的厌恶之情就会溢于言表;对于迟到的谈判者,德国商人对之不信任的反感心理会无情地流露出来,破坏谈判气氛,令对方处于尴尬的境地。另外,在德国,谈判时间不宜定在晚上,除非特别重要。虽然德国人工作起来废寝忘食,但他们认为晚上是家人团聚、共享天伦之乐的时间,而且会认为对方也有相同的想法。所以,冒昧地请德国人在晚上谈判商务或是晚上对之进行礼节性拜访会让他们觉得此人不知趣。

(五)意大利商人的谈判风格

意大利人不习惯提国名,而愿意提故乡的名字。意大利人文化素质高,既有德国人的精明能干,又有法国人的健谈。

(1)思维活跃。

意大利人性格外向,善于社交,说话时手势较多,表情富于变化,易情绪激动。在谈判合同、做出决策时,他们一般不愿仓促表态。与日本等国家的谈判手不同的是,他们并非要与同僚协商,只是因为比较慎重。如果对方给他们一个做出决策的最后期限,他们往往会眼都不眨一下就迅速拍板决定。这说明他们办事都是胸有成竹,而且有较强的处理紧急情况的能力。

(2)重视个人力量。

意大利人与法国人有许多共同之处,都非常重视个人的作用。意大利的商业交往大部分都是公司之间的交往,在商务谈判时往往是出面谈判的人决定一切。意大利人在交往活

267

动中比其他任何国家的人都更有自主权,个人权力较大。所以,和意大利谈判对手相处的好坏是谈判成功与否的决定性因素之一。

(3) 注重价格。

意大利人有节约的习惯,对于合同条款的注重明显不同于德国人,而接近于法国人。谈判时,他们在商品的质量、性能、交货日期等方面则比较灵活,但特别看重商品的价格,在价格方面显得寸步不让。他们力争节约,不愿多花钱追求高品质,而德国人却宁可多付款来换取高质量产品和准确的交货日期。另外,与意大利人做生意要有耐性,要让他们相信你的产品比他们国内生产的产品更为物美价廉。

(4) 崇尚时髦。

意大利人追求时髦,衣冠楚楚,潇洒自如。他们的办公地点一般都设施讲究,比较现代化,并且对生活中的舒适也十分注重。与他们谈判时,着装时尚潇洒会给他们留下好的印象。

(六) 俄罗斯商人的谈判风格

鉴于中、俄是世界上两个大的邻国,双方贸易往来不断加强,因此,研究俄罗斯商人的谈判风格具有重要意义。

(1) 固守传统,缺乏灵活性。

受前苏联计划经济体制的影响,俄罗斯人带有明显的计划经济体制的烙印,习惯照章办事、上传下达。在正式谈判时,喜欢按计划办事,缺乏灵活性。如果对方的让步与他们原定的具体目标相吻合,则容易达成协议;如果有差距,则很难让步。因为谈判者往往要对所经办的商品质量以及所做出的决策承担全部责任,所以他们非常谨慎,喜欢墨守成规。与俄罗斯人谈判做生意,切勿急躁,要耐心等待。

(2) 善于在价格上讨价还价。

俄罗斯人十分善于与外国人做生意,在谈判桌前显得非常精明。他们不仅擅长寻找合作伙伴,而且很看重价格,会千方百计地迫使对方降价。不论对方的报价多么低,他们都不会接受对方的首轮报价,而要想方设法挤出其中的水分。俄罗斯人的压价手法多种多样、软硬兼施。例如,他们会"诱以远利",说"我们第一次向你们订货,希望你给个最优惠价,以后我们会长期向你订货",以日后源源不断的新订单引诱对手降价。一旦对方降低了价格,他们就会永远将价钱压在低水平上。另外,他们会"欲擒故纵",告诉对手:"你的开价实在太高,你的竞争者们报价都相当低。如果跟他们做生意,现在都可以达成协议了。"再不然,他们就使出"虚张声势"的强硬招数,比如大声喊叫"太不公平了",或是嘲讽地敲着桌子以示不满,甚至拂袖而去。这时千万别太实在,最好报个虚价,坚守阵地,不为所动,坚持到底。更为灵活的做法是:事先为他们准备好一份标准报价表,所有价格都有适当溢价，为后面的洽谈减价留下后路，迎合俄罗斯人的心理。

（3）注重礼仪。

俄罗斯人文明程度较高，不仅家中搞得比较整洁，而且注意公共卫生。俄罗斯人很重视仪表，喜欢打扮。在公共场合注意言行举止，如从不将手插在口袋里或袖子里，即使在大热天也不轻易脱下外套。在商务谈判中，他们也注意对方的举止，如果对方仪表不错，他们会比较欣赏；相反，如果对方不修边幅就坐到谈判桌前，他们会很反感。俄罗斯人对于研究过俄罗斯文化艺术的外商特别尊重，这会给商务谈判带来友善的气氛。

（七）北欧商人的谈判风格

挪威、丹麦、瑞典、芬兰、冰岛位于日德兰半岛、斯堪的纳维亚半岛上，被统称为北欧人。这5国人均是基督教的信徒，历史上宣布中立以求安定和平。这种背景使北欧人自主性强，态度平和，谦逊坦率，不易激动，心地好，朴素，沉着而亲切。

首先，北欧人十分讲究文明礼貌，也十分尊重具有较高修养的商人。他们在与外国人交往时比较讲究礼仪。不论是正式谈判还是非正式谈判，如果他们是东道主，则会安排得有条不紊，尽量让客人满意。

其次，北欧人对自己产品的质量非常看重，其产品质量在世界上也是一流的。近几年，他们更倾向于具有高附加值的、高度专业化的产品出口。他们在工作期间严肃认真、一丝不苟，但娱乐时决不工作。

再次，北欧人在谈判中十分沉着冷静，即使在十分关键时刻也不动声色，耐心、有礼貌，但他们不喜欢无休止地讨价还价。如果他们与你做生意，主要是因为他们确认你公司的产品在市场上是十分优秀的，他们信得过你。但如果你只为自己利益着想，忽视了他们的利益或建议，那么，他们就会改变对你的看法，很可能放弃与你合作。

最后，北欧人的一个共同特点就是喜欢桑拿浴，这已经成为他们生活中的一部分。如果与北欧人洽商，他们请你洗桑拿浴，说明你受到了他们的欢迎，这是个好的开端。在许多情况下，你可以在洗桑拿浴时与他们交谈，这可以免除正式谈判的许多不便。

在北欧三国中，流行着这么一句话："挪威人先思考，接着瑞典人加以制造，最后丹麦人负责销售。"由此可见，挪威人比较注重理论，善于形成体系，并富于创造性；瑞典人则是能工巧匠，善于应用，精于产业化；至于丹麦人则善于推销，是商业方面的一流人才。

（八）东欧商人的谈判风格

东欧诸国一般是指捷克、斯洛伐克、波兰、匈牙利、罗马尼亚、保加利亚、前南斯拉夫等国，这些国家与我国的交往比较密切。这些国家的政治体制、经济体制改革对社会文化的影响很大，国家制度的变化给这些国家的人民的思想带来了很大冲击。其谈判手在此

背景下显得作风散漫，待人谦恭，缺乏自信。在谈判中，他们显得急于求成，注重实利，虽然顾及历史关系，但对现实利益紧抓不放。

在现时东欧政治经济不稳定的历史条件下，更加剧了东欧商人的不安定情绪。他们言行随便，谈判准备工作懈怠，信誉较差。对此，应采取以律制散的办法，在谈判之前就约法三章，在谈判时循章行事；对于无诚意的对方则应尽早结束谈判，不要再耗费时间和精力。

东欧商人特别需要别人的尊重，对于微小的不敬会报之以十倍的反击。所以与他们谈判时，应以尊重为前提，以敬换情，通过一系列尊敬对方的举措感动对方，换取信任，促进思想的沟通和信息的交流，以方便谈判。现在的东欧商人更为注重现实利益，因此谈判时不要过分怀念传统，而应在珍惜传统的同时追求开阔的眼界和更高的利益，对于各种交易条件，都要严格利益均衡，以利换利。对已获得口头承诺的利益，应立即用严格的书面形式明确，确保自己的利益。

东欧商人有以上共同特征，也有各自的差异。

匈牙利人具有东方人的气质，商人大多重视商业道德。在谈判中，良好的人际关系是重要的环节之一。

罗马尼亚人非常善于交际，和蔼可亲、快乐、爽朗。在东欧诸国中，罗马尼亚人比较善于做生意。在谈判中，他们长于察言观色，精于讨价还价。罗马尼亚人严格遵守时间，谈判时切切不可迟到。

波兰人的办事效率较慢，进行商务谈判时往往需要多次交涉。

捷克商人反应迅速，以头脑精明而著称，而且谈判时准时赴约。

四、其他地区商人的谈判风格

（一）拉美商人的谈判风格

拉美是指美国以南的美洲地区，包括墨西哥、中美洲、加勒比地区南美洲的30多个国家。这些地区的大多数国家历史上长期受西班牙、葡萄牙的殖民统治，受这两国的影响较大，谈判风格多少有一些欧洲的味道。

拉美人不喜欢妥协，他们认为固执是个人人格至上和男子气概的象征。这种性格特征使他们必须捍卫自己所有的一切，什么也不能放弃。因此，在制定谈判战略时要注意这一点，尽可能根据预测，决定愿意不附加任何条件给予拉美人的东西，以换取己方想要的东西。

与处事敏捷的北美人相比，拉丁美洲的商人显得更为悠闲。他们谈判时常会说："明天就办。"但到了第二天，仍然是"明天就办"这句话。因此，拉美商人进行谈判的节奏较慢，需要耐心地等待。

拉美人要求谈判对方遵守时间。在谈判中，拉美人往往愿意用本国货币支付货款，行政干预较多。

拉美人热情好客，在洽谈中感情成分很重，如果彼此成为知己，则诸事会优先办理，也会照顾到对方的要求，商谈便可以顺利进行。因此，在与拉美商人谈判时，态度应该是善解人意的，冷酷无情是不适宜的。

巴西商人热情豪放，感情外露，爱好娱乐，决不会让生意妨碍其享受闲暇的乐趣。谈判时，重视个人之间的良好关系。如果喜欢对方，就会同对方做生意。

阿根廷商人穿着正式、保守，注重礼节，谈判时的态度也是保守谨慎。

委内瑞拉人的性格直爽，谈判时开门见山，直截了当。商人们对时间很看重，做事效率较高。

智利商人大多是德国、英国、意大利或西班牙人的后裔，他们着装讲究、彬彬有礼，谈判时遵守时间，比较保守，商业风格与欧洲方式很相近。

秘鲁商人也相当保守、正式。谈判时需要耐心，尤其与政府谈判者打交道时更是如此。秘鲁人的时间观念不强，但要求谈判对方守时。

哥伦比亚人也较保守，谈判时穿着庄重、严肃，而且对时间观念也较模糊，凡事喜欢慢慢来。进行谈判时，哥伦比亚人从不急于达成协议。他们缺乏商业意识，但自尊心强，谈判起来，进程不会太顺利。但哥伦比亚人注重人际关系，一旦双方有了交情，生意就会好做。

（二）大洋洲商人的谈判风格

大洋洲包括澳大利亚、新西兰、斐济、巴布亚新几内亚等20多个国家和地区。其中澳大利亚和新西兰是两个较发达也较为重要的国家。

澳大利亚人在商务谈判中很重视办事效率。他们派出的谈判人员一般都具有决定权，同时希望对方的谈判代表也具有决定权，以免在决策中浪费时间。他们极不愿意把时间花在不能作决定的空谈中，也不愿意在讨价还价上耗费时间。因此，在谈及价格时，澳大利亚人往往不愿采用开始高报价，然后慢慢讨价还价的做法。他们采购货物时大多采用招标方式，以最低报价成交，根本不给予对方讨价还价的机会。

澳大利亚商人待人随和，不拘束，乐于接受款待。他们认为招待与生意无关，是两项活动，公私分明。所以，与他们交往，不要以为在一起喝过酒生意就好做了。恰恰相反，澳大利亚人在签约时非常谨慎，不太容易签约，但一旦签约，就较少发生毁约现象。他们善用谈判技巧，重视信誉，而且成见较重，加上全国行业范围狭小，信息传递快，如果谈判中有不妥的言行会产生广泛的不良反应。谈判者必须给他们留下良好的第一印象，才能使谈判顺利进行。

澳大利亚一般员工都很遵守工作时间，不迟到，不早退，但也不愿多加班，下班时间一到就会立即离开办公室。经理阶层的责任感很强，对工作很热心。澳大利亚人不太注意

商品的完美性，加上以进口关税来控制外来商品的竞争，所以他们的商品质量提高得很慢，国内市场上进口商品的销售也处于不利地位。

新西兰是一个农业国，工业产品大部分需要进口。国民福利待遇相当高，大部分都过着优裕生活。其商人在商务活动中很重视信誉，责任心很强。他们都精于谈判，很难应对。

（三）非洲商人的谈判风格

非洲是面积仅次于亚洲的世界第二大洲，东临印度洋，西濒大西洋，北面隔地中海与欧洲相望，东北角的苏伊士运河与亚洲相连，地理位置十分重要。非洲大陆有50多个国家，近6亿人口。绝大多数国家属于第三世界国家，人民健康水平低，卫生状况差，教育和福利水平落后，经济贸易不发达。加上不少国家内部的暴力冲突和外部战乱连年不断，天灾人祸使这些国家在经济上严重依赖大国。

按地理习惯，非洲可分为北非、东非、西非、中非和南非5个部分。不同地区、不同国家的人在种族、历史、文化等方面的差异极大，因而国情、生活、风俗、思想等方面也各具特色。

（1）讲礼节。

非洲各国内部存在许多部族，各部族之间的对立意识很强，其族员的思想大多倾向于为自己的部族效力，对于国家的感情则显得淡漠。非洲人有许多禁忌需要注意，例如，他们崇尚丰盈，鄙视柳腰，因此在非洲妇女面前不能提"针"这个字。再如，非洲人认为左手是不洁的，因此尽管非洲商人也习惯见面时握手，但千万注意别伸出左手来握，即使对方人多也一样，否则会被视为大不敬。

（2）权力意识很强。

每个拥有权力的非洲人，哪怕是拥有极小的权力，都会利用它索取财物。在非洲，利用采购权吃回扣的事也屡见不鲜。因此，去非洲做生意，要肯吃小亏，以取得各环节有关人士的信任和友谊，使交易进展顺利。

（3）不大熟悉商务知识。

由于历史的原因，整个非洲的文化素质较低，有些从事商务谈判的人员对业务并不太熟悉，因此与其洽谈时，应把所有问题乃至各问题的所有细节都加以书面确认，以免日后产生误解或发生纠纷。另外，在非洲还要避免与那些"皮包商"做生意。他们往往只为骗取必要的许可证再转卖或是为了拿到提供的样品，才积极找你谈生意并一口答应你的条件和建议，待得手后便逃之夭夭。非洲国家的法制不健全，很难依靠法律追究责任。

在非洲诸国中，南非的经济实力最强，黄金和钻石的生产流通是其经济的最大支柱。南非商人的商业意识较强，他们讲究信誉，付款守时。他们一般派出有决定权的人负责谈判，一般不会拖延谈判时间。尼日利亚的经济实力也较强，虽以农业为主，但石油储量丰

第十章 国际商务谈判

富,工业发展很快;其当权人物都受过高等教育,能巧妙运用关税政策,低价进口物美价廉的外国产品。扎伊尔以农业为主,是重要的矿产国,但国民缺乏商业知识和技巧。坦桑尼亚、肯尼亚和乌干达3国位于非洲东部,形成共同市场,期望经济合作。3国的地方资本已有所发展,但商人缺乏经验,推销也不可靠,因此与当地商人洽谈时不能草率从事。

 思考题

1. 你怎样理解国际商务谈判的内涵?
2. 国际商务谈判的特征有哪些?
3. 东西方文化差异主要表现在哪些方面?
4. 商务谈判中的服饰礼仪有哪些?
5. 日本人的谈判风格是怎样的?
6. 美国人的谈判风格是怎样的?
7. 英国人的谈判风格是怎样的?
8. 法、德两国商人的谈判风格有何不同?
9. 与阿拉伯商人谈判应该注意什么?

 阅读材料

日航缘何贱买麦道客机

日本航空公司决定从美国麦道公司引进10架新型麦道客机,指定常务董事任领队,财务经理为主谈,技术部经理为助谈,组成谈判小组去美国洽谈购买事宜。

日航代表飞抵美国稍事休息,麦道公司立即来电,约定次日在公司会议室开谈。第二天,3位日本绅士仿佛还未消除旅途的疲劳,行动迟缓地走进会议室,只见麦道公司的一群谈判代表已经端坐一边。谈判开始,日航代表慢吞吞的喝着咖啡,好像还在缓解时差的不适。精明狡猾而又讲究实效的麦道主谈,把客人的疲惫视为可乘之机,在开门见山地重申双方购销意向之后,迅速把谈判转入主题。

从早上9:00—11:30,3架放映机相继打开,字幕、图表、数据、电脑图案、辅助资料和航行图表应有尽有,欲使对方仿佛置身于迪斯尼乐园的神奇之中,会不由自主地相信麦道飞机性能及定价都是无可挑剔。孰料日方三位谈判代表自始至终默默地坐着,一语不发。

麦道的领队大惑不解地问:"你们难道不明白?你们不明白什么?"

日航领队笑了笑,回答:"这一切。"

麦道主谈急切地追问:"这一切是什么意思?请具体说明你们什么时候开始不明白的?"

日航领队随意地说:"对不起,从拉上窗帘的那一刻起。"日方主谈随之咧咧嘴,用连连点头来赞许同伴的说法。"笨蛋!"麦道领队差一点脱口骂出声来,泄气地倚在门边,松了松领带后气馁地呻吟道:"那

商务谈判

么你们希望我们再做些什么呢?"日航领队歉意地笑笑说:"你们可以重放一次吗?"别无选择,只得照办。但麦道公司谈判代表重复那两个半小时的介绍时,已经失去了最初的热忱和信心。是日本人开了美国佬的玩笑吗?不是,他们只是不想在谈判开始阶段就表明自己的理解力,不想用买方一上来就合作这种方式使卖方产生误解,以为买方在迎合,讨好卖方。谈判风格素来以具体干脆明确而著称的美国人哪会想到日本人有这一层心思呢?更不知道自己在谈判伊始已输一盘了。

谈判进入交锋阶段,老谋深算的日航代表忽然显得听觉不敏,反应迟钝,很难甚至根本无法明了麦道方在说些什么,让麦道公司代表十分恼火,觉得是在跟愚笨的人谈判,早已准备好的论点,论据和措辞根本没用,精心选择的说服策略也无用武之地。连日来麦道方已被搅得烦躁不安,只想尽快结束这种与笨人打交道的灾难,于是直截了当的把皮球踢向对方:"我们飞机性能是最佳的,报价也是合情合理的,你们有什么异议吗?"

此时,日航谈判代表似乎由于紧张,忽然出现语言障碍。他结结巴巴地说:"第……第……第……""请慢慢说。"麦道主谈虽然嘴上是这样劝说,心中却不由得又恨又痒。"第……第……第……""是第一点吗?"麦道主谈忍不住问,日航主谈点头称是。"好吧,第一点是什么?"麦道主谈急切地问。"价……价……价……""是价钱吗?"麦道主谈问。日航主谈又点了点头。"好,这点可以商量。第二,是什么?"麦道主谈焦急地问。"性……性……性……""你是说,性能吗?只要日航方面提出书面改进要求,我们一定满足。"麦道主谈脱口而出。

至此,日航一方说了什么呢?什么也没说。麦道一方做了什么呢?在帮助日方跟自己交锋。他们先是帮日方把想说而没有说出来的话解释清楚,接着还未问明对方后面的话,就不假思索地匆忙做出许诺,结果把谈判的主动权拱手交给了对方。

麦道轻率地许诺让步,日航就想得寸进尺地捞好处。这是一笔价值数亿美元的大宗贸易,还价应按国际惯例取适当幅度。日航的助谈却故意装着全然不知,一开口就要求削价 20%。麦道主谈听了不禁大吃一惊,再看看对方是认真的,不像是开玩笑,心想既然已经许诺让价,为表示诚意就爽快地让吧,于是便说:"我们可以削价 5%。"

双方差距甚大,都竭力为自己的报价陈说大堆理由,第一轮交锋在激烈的争辩中结束。经过短暂的沉默,日方第二次报价削减 18%,麦道还价是 6%,于是又唇枪舌剑,辩驳对方,尽管口干舌操,可谁也没有说服谁。麦道公司的主谈此刻对成交已不抱太大希望,开始失去耐心,提出休会:"我们双方在价格上距离很大,有必要为成交寻找新的方法。你们如果同意,两天以后双方再谈一次。"

休会原是谈判陷于僵局时采取的一种正常策略,但麦道公司注入了"最后通牒"意味,"即价钱太低,宁可不卖"。日航谈判代表将不得不慎重地权衡得失:价钱还可以争取削低一点,但不能减得太多,否则将触怒美国人,那不仅丧失主动权,而且连到手的 6%让价也捞不到,倘若空手回日本怎么向公司交代呢?他们决定适可而止。

重新开始谈判后,日航一下子降了 6%,要求削价 12%;麦道公司增加 1%,只同意削价 7%,谈判又

形成僵局。沉默,长时间的沉默。麦道公司的主谈决定终止交易,开始收拾文件。恰在此时,口吃了几天的日航主谈突然消除了语言障碍,十分流利地说道:"你们对新型飞机的介绍和推销使我们难以抵抗,如果同意削价8%,我们现在就起草购销11架飞机的合同。"(这增加一架几乎是削价得来的)说完他笑吟吟地起身,把手伸给麦道公司的主谈。"同意!"麦道的谈判代表们也笑了,起身和三位日本绅士握手:"祝贺你们用最低的价钱买到了世界最先进的飞机。"的确,日航代表把麦道飞机压到了前所未有的低价位。

　　日本航空公司以最低的价格购进了世界上最先进的飞机,这由于他们的谈判代表在谈判中充分利用了美国人率直的谈判方式和谈判风格。而相反的是,美国麦道公司的失利则主要是因为他们没有充分了解日本人的谈判方式和谈判风格。这种不同的谈判方式和谈判风格正是来自于他们之间的文化差异。

【问题与思考】

(1) 分析说明美日两国在谈判方式和谈判风格的差异。

(2) 分析本案例美日双方都分别运用了哪些策略。

参 考 文 献

[1] 贾蔚，栾秀云. 现代商务谈判理论与实务[M]. 北京：中国经济出版社，2006.
[2] 毛国涛. 商务谈判[M]. 北京：北京理工大学出版社，2006.
[3] 刘昊. 商务谈判与技巧[M]. 西安：西安地图出版社，2002.
[4] 周忠兴. 商务谈判原理与技巧[M]. 南京：东南大学出版社，2003.
[5] 李品媛. 现代商务谈判[M]. 大连：东北财经大学出版社，2005.
[6] 赵素洁. 商务谈判[M]. 北京：冶金工业出版社，2008.
[7] 姚立. 商务谈判——理论、实务、风格[M]. 北京：中国城市出版社，2003.
[8] 宫捷. 现代商务谈判[M]. 青岛：青岛出版社，2001.
[9] 王晓. 现代商务谈判[M]. 北京：高等教育出版社，2007.
[10] 刘文广. 商务谈判[M]. 北京：高等教育出版社，2001.
[11] 袁其刚，崔京波. 国际商务谈判[M]. 济南：山东人民出版社，2006.
[12] 龚荒. 商务谈判与推销技巧[M]. 北京：清华大学出版社，2005.
[13] 周海涛. 商务谈判成功技巧[M]. 北京：中国纺织出版社，2006.
[14] 杨晶. 商务谈判[M]. 北京：北京清华大学出版社，2005.
[15] 张军. 商务谈判僵局处理的方法和技巧[M]. 北京：中国职业技术教育，2004.
[16] 崔新有. 商务谈判[M]. 北京：中国商业出版社，2006.
[17] 马克态. 商务谈判理论与实务[M]. 北京：中国国际广播出版社，2004.
[18] 杨群祥. 商务谈判与推销[M]. 大连：东北财经大学出版社，2005.
[19] 王洪耕. 商务谈判[M]. 北京：首都经济贸易大学出版社，2005.
[20] 刘阳. 商务谈判手册[M]. 北京：企业管理出版社，2004.
[21] 潘肖珏，谢承志. 商务谈判与沟通技巧[M]. 上海：复旦大学出版社，2004.
[22] 王国梁. 推销与谈判技巧[M]. 北京：机械工业出版社，2003.
[23] 周琼，吴再芳. 商务谈判与推销技术[M]. 大连：东北财经大学出版社，2005.
[24] 陈向军. 商务谈判技术[M]. 武汉：武汉大学出版社，2004.
[25] 李景霞. 国际商务谈判[M]. 北京：机械工业出版社，2004.
[26] 罗瑞韧. 哈佛经理手册[M]. 北京：企业管理出版社，1998.
[27] 丁建忠. 商务谈判教学指引[M]. 北京：中国人民大学出版社，2003.
[28] 宋贤卓. 商务谈判[M]. 北京：科学出版社，2004.
[29] 袁革. 商贸谈判（第二版）[M]. 北京：中国商业出版社，2000.
[30] 周乾. 交易谈判技巧[M]. 济南：山东人民出版社，1997.
[31] 王淑贤. 商务谈判理论与实务[M]. 北京：经济管理出版社，2003.
[32] 樊建廷. 商务谈判[M]. 大连：东北财经大学出版社，2001.